신경과학 시대에
인간을 다시 묻다

김남호

2004년 울산대학교 철학과를 졸업(B.A.)한 뒤에, 2010년 독일 브레멘(Bremen) 대학에서 철학 학사(BA)와 예술학 학사(BA) 학위를, 2017년 독일 본(Bonn) 대학에서 철학 박사(Ph.D) 학위를 받았다. 2016년부터 울산대학교에서 철학을 가르치고 있다. 전문 분야는 철학적 인간학, 형이상학, 윤리학이며, 주요 논문으로는 "인격, 인간인격, 그리고 인격 동일성"(2017) 외 다수가 있다.

저서로는 『철학자가 된 셜록 홈즈: 현대 심리철학으로의 모험』(새물결플러스, 2018)이 있으며, 역서로는 『철학의 모든 것』(요나스 피스터 저, 손영식 외 공역, 북코리아, 2019)이 있다.

신경과학 시대에 인간을 다시 묻다

2020년 2월 25일 제1판 발행
2023년 7월 25일 제2판 발행

지은이   김남호
펴낸이   이찬규
펴낸곳   북코리아
등록번호   제03-01240호
주소   13209 경기도 성남시 중원구 사기막골로 45번길 14
           우림2차 A동 1007호
전화   02-704-7840
팩스   02-704-7848
이메일   ibookorea@naver.com
홈페이지   www.북코리아.kr
ISBN   978-89-6324-465-5 93100

값 20,000원

인간인격, 동일성 그리고 자유의지

신경과학 시대에 인간을

다시 묻다

김남호 지음

은 행 나 무

머리말

『왜 인간인가?』(마이클 가자니가, 박인균 역, 추수밭, 2009), 『뇌과학
자는 영화에서 인간을 본다』(정재승, 어크로스, 2012), 『김대식의 인
간 vs. 기계』(김대식, 동아시아, 2016), 『인간을 읽어내는 과학』(김대
식, 21세기북스, 2017), 『인간 본성에 대하여』(에드워드 윌슨, 이한음 역,
사이언스북스, 2017)

　위에 열거한 책들에는 적어도 두 가지 공통점이 있다. 첫째, 저
자가 모두 과학자이며, 둘째, 제목에 '인간'이라는 단어가 들어 있
다. 이 책의 저자들은 생물학자(윌슨), 신경과학자들(가자니가, 정재승,
김대식)이며, 모두 인간을 그 주제로 다루고 있다. 아리스토텔레스
Aristotle가 인간을 '이성적 동물', '정치적 동물'로 규정한 이래, 데카
르트R. Descartes가 그의 저서 『성찰』에서 "나는 도대체 무엇인가?"
라고 물었고, 칸트I. Kant가 『칸트의 논리학: 강의를 위한 교본』 서문
에서 "인간이란 무엇인가?"라고 묻고 답을 시도해왔다. 그 밖의 많
은 철학자들의 작업이 직간접적으로 "인간이란 무엇인가?"라는 물
음과 연관되어 있다.
　그러나 위의 책 목록들을 보건대, 마치 이제 인간에 대한 탐구
라는 커다란 과제가 과학자들의 손에 넘어간 것처럼 보인다. 이제

철학philosophy은 인류의 스승 철학자들이 물어왔던 이 빅 퀘스천big question과 결별해야 하는가? 철학은 과학이 발전함에 따라 역사에서 사라지게 될 운명을 가진 학문이었던가? 신경과학이 급속도로 발전하고 있는 오늘날, 과연 철학은 무엇을 할 수 있는가? 아니, 도대체 철학은 무엇이었던가?

이 책은 이런 문제의식에서 구상되었다. 철학은 과학이 다룰 수 없는 문제 영역을 다룬다는 확신 이외에 독일의 철학자 마쿠스 가브리엘의 『나는 뇌가 아니다』라는 책의 출간이 내게 큰 자극을 주었다. 가브리엘 교수는 내가 독일 본Bonn 대학의 박사과정에 있을 때 '독일 생명윤리연구센터DRZE: Das Deutsche Referenzzentrum fuer Ethik in den Biowissenschaften'에서 주관하는 포럼 및 학술회에서 자주 보았다. 독일의 신진 철학자를 대표하는 가브리엘 교수의 신간 소식에 반가웠고, 무엇보다 신경과학이 발전하고 있는 오늘날 철학이 무엇을 할 수 있는지를 웅변해주고 있었기에 인상 깊었다. 그는 나와 같이 주체, 도덕적 행위자, 자유의지(의지의 자유의)를 가진 존재 및 가능성을 이론적으로 방어하려는 노선을 걷고 있다. 구체적인 전략과 사상적 뿌리는 서로 다르지만, 가브리엘의 기본기 탄탄하고 재치 넘치는 책은 다른 사회에서 전문 철학자로 살아가고 있는 나에게

이 책을 출간할 수 있는 용기를 주었다.

이 책은 가브리엘의 신간과 달리[1] 2016년부터 2019년까지 등재된 논문들로 구성된 학술서다. 1장은 논문 "창발적 이원론은 데카르트적 이원론을 극복하였는가?"(『인간연구』, 2016)를, 2장은 논문 "인격, 인간인격, 그리고 인격 동일성"(『인간연구』, 2017)을, 3장은 논문 "확장된 자아는 도덕적 주체일 수 있는가?: 행위자로서의 인격"(『철학연구』, 2017)을, 4장은 "강한 결정론과 그 대안으로서의 합리주의적 양립론"(『인간연구』, 2017)을, 5장은 "니체에게 있어서 '자유의지'와 '자기조형'의 양립가능성"(『니체연구』, 2018)을, 6장은 "능력주의와 새로운 귀족주의: 사건-인과 자유론자로서의 니체"(『철학』, 2023)를, 7장은 "인공물과 책임귀속 조건"(『철학연구』, 2018)을, 8장은 "구성적 인격 이론과 인격적 삶의 서사적 구조성"(『철학연구』, 2019)을, 9장은 "자유의지는 경험과학의 문제인가"(『대동철학』, 2023)를, 10장은 "섹스로봇은 인격적 동반자가 될 수 있는가"(『대동철학』, 2021)를, 11장은 "실체 이원적 인간론에 대한 비판과 그 대안"(『기독교철학』, 2017)을, 12장은 "신의 형상과 인간인격"(『기독교철학』, 2021)을 그 출처로 하고 있다.

여전히 다뤄야 할 문제와 난점이 많아서 이 책의 주제들을 이후의 연구를 통해 보완 및 발전시켜가도록 할 것이다.

이 책이 "우리는 도대체 어떤 존재인가?"에 관한 물음으로 진지하게 사유하고 고민하는 모든 독자분들을 초대할 수 있기를 바

---

1 나의 『철학자가 된 셜록 홈즈: 현대 심리철학으로의 모험』(새물결플러스, 2018)이 가브리엘 교수의 신간과 비슷한 성향을 가진 책에 가까울 것이다.

란다. 개정판에 추가된 9장의 논문은 난제 중의 난제로 꼽히는 자유의지 문제가 과연 신경과학 등의 발전만으로 해결될 수 있는지를 다루며, 10장의 논문은 나날이 발전하고 있는 섹스로봇을 우리 사회가 어떻게 바라볼 것인지를 다룬다. 특히 10장의 내용은 최근 등장한 오토 챗GPT급의 자연언어 구사가 가능한 섹스로봇이 출현할 때, 우리 사회에 초래될 혼란을 합리적으로 대처하고, 대안을 모색하고자 할 때 중요한 통찰을 제공해줄 것이라 기대한다.

개정판 출간을 허락해주신 북코리아의 이찬규 대표님께 감사드린다. 인격으로 성장해가는 그 신비로운 과정을 엿보게 해주는 나엘과 이엘, 두 엘에게 감사 인사를 전한다.

차례

신경과학 시대에 인간을 다시 묻다

신경과학 시대에 인간을 다시 묻다

프롤로그

　"우리는 무엇인가?", "인간이란 무엇인가?" 이 물음은 지성의 역사에서 아주 오래전부터 제기되어온 대표적인 빅 퀘스천^{big question}이다. 일찍이 소크라테스(기원전 470경~기원전 399)는 인간을 육체에 영혼이 깃들어 있는 존재로 보았다. 인간의 영혼은 진리의 세계에서 왔으며, 다시 그곳으로 돌아가기 위해서는 육체적 욕구와 충동을 잘 조절하여 끊임없이 더 나은 앎을 추구하는 삶을 갈망해야 한다고 보았다. 반면 아리스토텔레스(기원전 384~기원전 322)는 소크라테스나 플라톤과 달리 인간을 영혼과 육체가 결합된 존재로 보지 않고, 통전적으로 보고자 했다. 그는 끊임없이 충동과 욕구에 휘둘리지만 이성적 능력을 갖추고 다른 사람들과 더불어 사회를 만들어 살아가는 인간의 모습에 주목했다. 인간을 영혼과 육체의 결합체로 볼 것인가, 아니면 두 요소로 분리 불가능한 통전적인 존재로 볼 것인가라는 문제는 중세, 근세 시대를 거쳐 오늘날까지도 여전히 지성인들의 관심거리다.

　근세 철학자 데카르트(1596~1650)는 마치 기계와 같이 움직이는 우주 내에서 어떻게 인간만이 가진 듯이 보이는 특성과 능력들이 가능할 수 있는지에 관해 고민했다. 데카르트가 살던 시대에는 대략 2천 년 동안 서구 사회를 지배해온 아리스토텔레스의 목적론적 세계관이 기계론적 세계관으로 대체되고 있었다. 자연은 더 이상 궁극적 목적을 가진 존재가 아니었다. 인간을 포함한 자연 사물은 기계와 그 부속품의 관계로 설명될 수 있다는 생각이 힘을 얻었다. 뉴턴(1643~1727)은 기하학과 방정식을 통해 자연적인 운동을 기술하고 예측할 수 있는 가능성을 열어주어 기계론적 세계관을 확립하는 데 결정적으로 기여했다. 기계론적 세계관에서 인간의 심장이 혈액을 순환시키는 원리는 펌프의 원리와 다를 바 없다. 또한 인간이 손가락으로 물건을 집어 올리는 원리는 기중기의 원리와 다를 바 없다. 그런데 인간은 기계와 달리 언어를 사용한다. 옳고 그름에 대해 숙고하며, 단지 감정이나 욕구를 가지는 것을 넘어서 특정한 감정을 느끼고 있음을, 특정한 욕구에 사로잡히고 있음을 안다. 즉, 인간은 자기의식self consciousness을 갖추고 있다. 데카르트는 이런 능력에 대해 기계와 달리 우리 인간이 영혼을 갖고 있기 때문이라고 보았다. 물론 데카르트는 '인간'이라는 단어를 사용하는 데 망설인다. 왜냐하면, '인간'이라는 단어는 우리가 만들어낸 용어이며, 우리의 본질을 담아낼 수 없다고 보았기 때문이다. 그래서 그는 『성찰』의 제2성찰에서 "인간이란 무엇인가?"라고 묻지 않고 "나는 무엇인가?"라고 물었다. 그에 대한 답으로 '나는 사유하는 것res cogitans'이라는 결론을 이끌어낸다. 왜냐하면, 내가 사유하는 동안에 나는 존재하기 때문이며, 사유가 멈추면 내가 존재하는지 아닌지 알 수 있는 확실한 기준이 사라지기 때문이다. 데카르트에게 사유한다는 것은 우리가 일상에서 하는 정신적 활동들, 가령 추론, 추측, 의심, 회상, 느낌 등을 모두 포괄한다. 즉, 데카르트는 우리 인간을 피

신경과학 시대에 인간을 다시 묻다

와 살을 가진 물질 덩어리로 본다면 인간을 온전히 이해할 수 없다고 보았다는 점에서 당시의 기계론적 세계관의 한계를 넘어서고자 했다. 왜냐하면 그가 보기에 정신적인 능력들은 물질 덩어리에 대한 과학적인 탐구로는 설명되지 않는 것처럼 보였기 때문이다.

『칸트의 논리학: 강의를 위한 교본』 서문에서 독일의 철학자 칸트I. Kant는 4개의 물음을 언급한다. 이 중 3개의 물음은 "① 나는 무엇을 알 수 있는가?was kann ich wissen? ② 나는 무엇을 행해야 하는가?was soll ich tun? ③ 나는 무엇을 희망해도 좋은가?was darf ich hoffen?"이다. 칸트는 이 물음들이 각각 형이상학, 윤리학, 종교의 영역에 해당한다고 보았다. 그는 일련의 저작들을 통해 이 물음들에 답을 제시했고, 칸트의 생각은 오늘날까지 영향력을 행사하고 있다. 하지만 칸트는 위의 책에서 또 다른 물음 하나를 던지고 있다. 그것은 바로 "인간이란 무엇인가?was ist der Mensch?"이다. 이 물음은 철학적 인간학의 영역에 속하며, 앞의 3개의 물음이 궁극적으로 연결되는 마지막 물음이다.

그러면, 칸트는 이 네 번째 물음에 대해 어떤 답을 하고 있는가? 그는 이 물음에 분명한 답을 제시하고 있지는 않다.[1] 하지만 우리는 그의 주요 저작들을 통해 그가 인간존재를 어떻게 이해하고 있는지 추측해볼 수 있다. 칸트에게 인간존재는 특정한 인식구조를 갖추고 세계를 인식하는 존재(『순수이성비판』)이고, 자연법칙을 초월해서 의

---

[1] 『이성의 한계 안에서의 종교』 초판 서문에서 인간을 "자유로운, 그러나 바로 그렇기 때문에 스스로 자신의 이성에 의해 자신을 무조건적인 법칙에 묶는 존재자"라고만 언급하고 있다.

지적 행위를 할 수 있고 자신의 행위에 책임을 질 수 있는 존재(『실천이성비판』)이며, 인식의 대상은 아니지만 영혼의 불멸성과 신의 존재를 희망해볼 수 있는 존재(『실천이성비판』)다.

칸트는 영혼, 자유의지, 신과 같은 문제는 인간이 인식할 수 있는 대상이 아니므로 탐구의 대상이 아니라고 보았다. 다만 이들은 도덕적 완성이나 더 나은 삶을 향한 희망을 위해 요청Postulat될 수 있는 대상으로 보았다. 그러나 대략 20세기 중반 이후부터 발전하기 시작한 현대 형이상학은 칸트의 이런 발상 전환에 동의하지 않는 방향으로 흘러가고 있다. 특히 인간의 의식consciousness과 자유의지free will를 둘러싼 문제들은 현대 형이상학에서 가장 활발히 논의되고 있다.

칸트 이후 지성의 역사에는 지각변동이 일어나기 시작한다.[2] 그 계기로는 우선 철학에서 갈라져나간 사회학, 심리학, 생물학 등과 같은 개별 과학의 전문화를 꼽을 수 있다. 칸트가 사망하고 5년 뒤에 태어난 다윈C. R. Darwin이 발표한 진화론과 19세기 후반부터 발전하기 시작한 신경과학을 다른 중요한 계기들로 꼽을 수 있다. 진화론은 첫째, 인간뿐만 아니라 모든 생물 종이 어떤 본질을 갖고 있다는 소위 '생물학적 본질주의biological essentialism'에 큰 타격을 주었다. 왜냐하면, 생물학적 종은 진화를 거치면서 그 속성이 계속 변해왔고, 앞으로도 어떤 식으로든 변해갈 것이기 때문이다. 둘째, 진화론

---

2   아리스토텔레스의 '자연학'이 약 2천 년 동안 서구 지성사에 큰 의심 없이 받아들여졌으나 근세 시대에 발전하기 시작한 물리학과 여러 개별 과학의 분과학들은 인류 지성사에 역동적으로 큰 흔적을 남기기 시작했다.

은 인간이 신의 형상imago dei에 따라 뭔가 기적적인 방식에 의해 창조되었다는 전통적인 기독교 인간관에 큰 타격을 주었다. 진화론은 인간이 다른 종들과 마찬가지로 진화의 과정을 거쳐 지금의 모습에 이르게 되었다는 사실을 의심할 수 없는 것으로 만들어주었다.

두 번의 세계대전을 거치면서 뇌의 특정 부위에 손상을 입은 부상자들이 특정 정신적 능력을 잃어버리는 수많은 사례를 목격하면서 의학자들은 정신적 능력들이 두뇌에 기반을 두고 있음을 확신하게 되었다. 결정적으로 1980년대에 컴퓨터단층촬영CT과 자기공명영상법MRI이 상용화되면서 급속도로 발전한 신경과학은 수많은 실험과 임상적 사례들을 통해 인간의 정신현상이 특정한 두뇌 부위 활동의 결과물이라는 점을 보여주었다.

신경과학의 급격한 발전은 결국 칸트의 인간 이해에 변형 및 수정을 야기하게 될까? 이 물음에 대해 학자들 사이에서 찬반이 엇갈린다. 1980년대에 리벳이 주도한 실험은 의식적으로 자유롭다는 느낌이 착각일 수도 있다는 결과를 보여주었다. 의식적으로 무언가를 선택하기 전에 뇌에서 준비전위 신호가 감지된 것이다. 즉, 내가 선택하기 전에 뇌가 먼저 반응한 것이다. 자유의지 회의론자들은 리벳의 실험 결과를 통해 우리가 내리는 선택은 사실 뇌가 내리는 선택이라고 해석했다. 만일 자유의지 회의론이 옳다면, 칸트의 인간 이해는 큰 타격을 받을 수밖에 없다. 또한 종교적 체험이 일어날 때 두뇌 안에서 어떤 과정이 일어나는지 등을 연구하는 신경신학Neurotheology은 그 해석에 따라 종교적 체험도 두뇌 활동의 결과에 불과하다는 결론으로 귀결될 수 있다. 칸트는 영혼과 신이 과학적 탐구의 대상이 될 수 없다고 생각했지만, 신경신학이 영혼 불멸과 신의 존재에 대한 우리의 희망이 특정한 두뇌상태와 불확실한 것에서 확실한 것을 보려는 인간의 심리가 빚어낸 '환상'에 불과할 수 있음을 암시해줄 수도 있는 실험 결과를 제시하고 있다는 점에서 인간에 대한 다른 이해에 이를 수도 있다.

칸트뿐만 아니라 서구의 지적 전통은 거칠게 말해 플라톤과 아리스토텔레스의 영향력 아래에 있다. 플라톤과 아리스토텔레스의 웅장한 형이상학은 기본적으로 인간을 자유로운 존재로, 이성적인 능력을 통해 욕구와 충동을 조절할 수 있는 존재로 보았다. 그래서 인간은 자신의 행위와 선택에 책임을 질 수 있으며, 사회적으로 보면 더 나은 사람으로 만들고자 하는 교육이 가능하고, 나쁜 행위를 저지른 사람을 처벌할 수 있다고 믿었다. 만일 인간의 정신적인 영역조차 과학적으로 설명이 가능하다면, 또한 인간의 자유의지도 실은 신경화학적 과정에 불과하다면, 지금까지 인류의 문명을 떠받치고 있던 플라톤과 아리스토텔레스 전통의 인간 이해는 대대적인 수정이 불가피할 것이다. 이는 단순히 인간 이해의 수정을 넘어 교육, 법, 정치, 제도 등의 수정으로까지 이어진다.

"인간은 무엇인가?"라는 물음은 당위적인 물음, 즉 "인간은 무엇이어야 하는가?"와 달리 인간에 대한 존재론적인 본성을 묻는다. 우리는 인간이 무엇인지 알기 위해 가장 먼저 현대의 과학적 성과를 참조해야 한다. 생물학, 유전학, 고인류학, 심리학, 인지과학, 신경과학 등에 대한 이해 없이 인간이 어떤 존재인지 설명하려는 시도는 그 자체로 난센스일 것이다. 그러나 흔히 쉽게 간과되는 점이 있다. 그것은 바로 과학적 연구 결과만으로는 인간이 어떤 존재인지에 대한 설명이 충분하지 않다는 점이다. 단순히 인간에 대한 생물학적·신경과학적 사실들을 나열한다고 해서 그것이 곧 인간에 대한 설명인 것은 아니다. 이는 한 개인에게도 들어맞는 이치다. '내 팔은 두 개이고, 내 눈은 두 개이고, 눈은 뭔가를 보는 역할을 하며, 내 간은 하나이고, 심장은 하나이고, 심장은 피를 온몸으로 보내는 역할을 하며…' 이런 생물학적 사실을 나열하는 것만으로는 "나는 누구인가?"에 대한 물음에 답을 줄 수 없다. 생물학적 사실들은 내가 지구에 있기 위한 '물질적 조건들'일 뿐 그것들이 곧 '내'가 아니기 때문이다. 마찬가지로 인간에 대한 생물학적 사실들은 '물질적 조건들'일 뿐 인간이 어떤 존재인지에 대한 설명이 아니다.

과학이 발전해도 철학이 사라질 수 없는 이유가 바로 여기에 있다. 철학은 과학과 달리 경험적 탐구가 아닌 선험적^a priori[3] 탐구를

---

3 '선험적(a priori)'이란 '경험 이전'이라는 뜻이다. '선험적 지식'은 그것의 참과 거짓이 경험과 독립적으로 판별될 수 있는 그런 종류의 지식이다. 가령, "언어 없이 자기의식도 없다"는 명제를 생각해보자. 누군가는 이 명제의 참과 거짓을 발달심리학을 통해 판별하려고 할 것이다. 즉, 인간이 언어를 습득하는 평균적인 연령을 알아내고, 자기의식이 그전에 형성되는지 아니면 그 후에 형성되는지 파악해보는 식으로 말이다. 그러나 그런 방식으로는 위의 명제를 판단해볼 수 없다. 왜냐하면, 위의 명제는 우선적으로 '언어'와 '자기의식'이라는 개념을 먼저 해명할 것을 요구하기 때문이다. 즉, '언어'와 '자기의식'에 대한 정의(definition)를 요구한다. 이 두 개념에 대한 파악은 언어와 자기의식의 가장 일반적인 본성을 통찰함으로써만 가능하다. 즉, 한국어, 영어 같은 구체적인 언어를 넘어서 뭔가를 '언어'라고 할 수 있다면, 그것은 어떤 필요충분조건을 갖춰야 하는지에 대한 문제이며, 이는 '자기의식'에도 똑같이 해당한다. 따라서 위의 명제가 참인지 거짓인지에 대한 문제는 일차적으로 경험적인 방식으로 얻을 수 있는 자료나 사실에 의존하기보다는 개념에 대한 규정에 의존한다. 이런 이유로 위의 명제는 '선험적인 성격'을 갖는다.

하면서 과학이 묻지 못하고 설명할 수 없는 영역으로 우리를 안내해준다. 가령, 아리스토텔레스가 "인간은 사회적 동물"이라고 규정했을 때, 이 판단은 경험적인 성격이 아닌 선험적인 성격을 갖는다. 즉, 현미경으로 인간의 세포를 분석하거나 뇌를 해부해보는 방식으로는 아리스토텔레스의 판단이 참인지 알아낼 수 없다. 이 판단을 확인해보기 위해서는 인간의 생물학적 조건들뿐만 아니라 인간이 지금까지 만들어내고 발견한 구체적인 제도, 질서, 도덕 규칙 등에 대한 이해를 넘어서 인간의 '일반적인 본성'을 통찰해내야 한다. 존재하는 것의 일반적인 본성을 탐구하는 철학의 분과를 형이상학metaphysics이라고 하며, 아리스토텔레스 이래 현재까지도 여전히 그 장대한 역사를 써 내려가고 있다.

이 책은 좁게는 영혼, 자유의지, 인격 동일성 등과 같은 형이상학의 주제들을 다루고 있지만, 크게는 인간에 대한 궁극적인 이해를 꾀하고 있다. 비록 로크(1632~1704)의 '인간human'과 '인격person'의 구분을 받아들여 '인간' 대신에 '인격'이라는 단어를 사용하고 있지만, 인간이 곧 인격이라면 결국 인간에 대한 이해라고 할 수 있을 것이다. 이 책에서는 베이커L. R. Baker 등이 지지하는 '구성적 인격 이론'을 계승·발전하여 수많은 지성인이 물었고 또 묻고 있는 "인간이란 무엇인가?"라는 물음에 대한 전통적인 인간관을 새롭게 옹호하고자 한다. 즉 플라톤, 아리스토텔레스, 칸트 등이 생각했듯 인간은 다른 동물과는 뭔가 다른 능력을 갖고 있고, 제한적이지만 의지의 자유를 행사할 수 있으며, 따라서 자신의 선택에 책임을 물을 수 있다는 것이다.

신경과학 시대에 인간을 다시 묻다

태양 아래 새로운 것은 없다. 철학 이론의 출현은 과거의 내용을 새로운 지적 지평에서 재해석하고 발전시키면서 이뤄진다. 또한 다른 철학적 입장들에게도 해당하는 말이지만, 완벽한 철학 이론은 없을 것이다. 다만 앎을 향한 사랑, 즉 철학의 정신에 따라 더 나은 앎을 향해 나아갈 뿐이다. 이 책 역시 광활한 지적 여정을 향한 아주 작은 한 걸음에 지나지 않을 것이다.

제1장

창발적 이원론의 도전과
그에 대한 평가

1. 서론

1872년 독일의 신경생리학자 뒤부아 레몽Du Bois-Reymond은 라이프치히에서 그 유명한 '이그노라비무스 연설Ignorabimus-Rede'을 했다.[1] 레이몽드는 물리학과 화학에 근거한 '인과분석적' 생리학의 창시자로서, 경험과학적으로 검증되지 않는 '생기'를 가정하는 '물활론Vitalism'의 반대자로 활동했다. 1861년에는 브로카 영역, 1874년에는 베르니케 영역이 발견되면서 인간의 여러 정신 능력이 결국 두뇌 활동의 산물이라는 인식이 확대되어가던 시대 분위기 속에서 레이몽드는 의식적 경험의 질적인 측면이 어떻게 두뇌 활동에서 나오는지에 대해 "우리는 모르고 모를 것이다Ignoramus et ignorabimus"라는 회의적인 예측을 했다. 그 후 두 번의 세계대전을 거치면서 의학계에 알려진 뇌 손상을 입은 환자들의 사례는 의학자들에게 특정 정신적 능력이 특정 두뇌 기관과 밀접한 연관이 있음을 부정하기 어려운 강력한 증거가 되었고, 그런 계기를 통해 신경과학은 눈부신 발전을 거듭하기 시작했다. 이러한 지성사적 배경 속에서 1950년대 후반에 등장한 심물 동일론identity theory은 레이몽드식의 회의론을 불식시키고, 정신 현상에 관한 과학적 탐구의 장밋빛 미래에 확신을 가져다주기에 충분한 듯 보였다. 플레이스의 「의식은 두뇌

---

1 '이그노라비무스 연설'이라는 표현은 파우엔의 것이다. Michael Pauen, *Was ist der Mensch? Die Entdeckung der Natur des Menschen*, München, Deutsche Verlags-Anstalt, 2007, p. 80.

의 과정인가?」(1956)와 스마트의 「감각과 두뇌 과정」(1959)은 심적인 것은 곧 신경적인 것이라는 '심물 동일성'을 주장했다. 심물 동일론은 그때까지 발전해온 신경과학적 지식으로 심적인 영역을 환원적으로 설명해줄 수 있다는 가능성을 열어 보여주는 듯했다. 그러나 1967년 퍼트넘에 의해 소위 "다수 실현 가능성"이 제시되고, 1980년 크립키에 의해 심물 동일론이 전제하는 동일성 개념에 반론이 제기되면서 심물 동일론은 급격한 쇠퇴의 길로 들어선다.

　고전적 심물 동일론의 등장과 쇠퇴는 결국 심리철학의 역사에서 새로운 입장과 이론이 발전하는 계기가 되어주었다. 이 새로운 움직임은 '비환원적 물리주의' 혹은 '비환원적 물질주의'로 특징지어질 수 있다.[2] 첫째로 데이빗슨의 소위 '무법칙적 일원론'은 환원론을 피하면서도 심물 동일성을 주장하는 '개별자 동일성'의 가능성을 열어 보여주었다.[3] 둘째로 퍼트넘은 '심적 속성'을 한 시스템 내에서 물리적으로 다양하게 실현되는 '기능적 상태functional state'로 볼 것을 제안하면서 '기능주의'라는 새로운 입장을 태동시켰다. 마지막으로 비환원주의의 흐름을 타고 새로운 형태의 이원론이 등장했다. 이원론은 다시 물리적 속성과 본질에서 다른 심적 속성이 있

2　필자는 심리철학의 입장을 크게 '환원적 물리주의' 혹은 '환원적 물질주의', 실체 이원론과 속성 이원론을 포함하는 '비환원적 물리주의' 혹은 '비환원적 물질주의'로 구분한다. 또한, 필자는 두 용어, 즉 '물리주의(physicalism)'와 '물질주의(materialism)'를 통상 그러하듯 동일한 의미로 사용하겠다. 국내의 경우 백도형은 「참을 수 없는 존재론의 가벼움」(2000)의 각주 1에서 "앞으로 이 글에서는 '물질주의(physicalism)'와 '유물론(materialism)'을 동일한 의미로 사용하겠다"라고 밝히고 있다. 그러나 필자는 physicalism을 물리주의라고 번역하듯, materialism을 유물론이 아닌 물질주의라고 번역하겠다.

3　이후 고전적 심물 동일론은 '유형 동일론'으로 분류된다.

다고 주장하는 '속성 이원론'과 물리적 실체와 본질에서 다른 정신적 실체의 실재성을 옹호하는 '실체 이원론'으로 구분된다. 후자는 전자를 포함한다는 점에서 더 강한 이원론이라고 볼 수 있다.[4]

이 장에서는 유형 심물 동일론 이후 등장한 네 가지 입장 중에서 실체 이원론을 검토해보는 것을 목적으로 한다. 필자가 보기에 현대 실체 이원론에서 크게 세 가지 논변이 중요한 역할을 맡고 있다. '상상 가능성-논변the conceivability-argument', '통합성-논변unity-argument', '창발-논변emergence-argument'이 그것이다.[5] 첫 번째 논변은 육체로부터 영혼 혹은 정신적 실체의 논리적인 분리 가능성을 주장하는 논변으로 데카르트가 『성찰』에서 선구적으로 보여주었으며, 현대의 이원론자들 중에서 스윈번(1986)과 탈리아페로(1996) 등에 의해 계승되었다. 두 번째 논변은 의식의 통합성이 존재론적으로 가능하기 위해서는 심적 상태들의 담지자인 정신적 실체가 가정되어야 한다는 주장으로 로위(2008), 해스커(1999)에 의해 지지되고 있다. 마지막 논변은 정신적 실체의 존재론적 기원에 대한 문제와 관련되는 논변으로 창발 개념을 통해 상위 층위에서 하위 층위의 속성들로 환원적으로 설명되지 않는 정신적 실체가 창발된다는 주장을 담고 있다.

이 책은 현대 실체 이원론에서 중요한 논변 중 포퍼(1989), 해스

4　Edward Jonathan Lowe, *Personal Agency: The Metaphysics of Mind and Action*, Oxford-New York, Oxford University Press, 2008, p. 93.

5　'상상 가능성-논변'과 '통합성-논변'은 통상적으로 사용되어온 표현이며, '창발-논변'은 '창발적 이원론'과 관련하여 필자가 만든 표현이다.

커(1999), 로위(2008) 등에 의해 지지되고 있는 '창발-논변'을 검토하면서 현대 실체 이원론이 데카르트적 실체 이원론[6]의 난점들을 극복했는지 살펴보는 것을 목적으로 한다. 그러기 위해 우선 데카르적 이원론이 왜 인격의 통일성을 확보하지 못하고 있는지를 '사유하는 것res cogitans'과 '인격person' 개념의 갈등을 통해 살펴본다. 이 갈등은 단지 긴장 관계에 그치지 않고 데카르트적 이원론에 치명적인 난점들을 허용한다는 것이 분명해질 것이다. 그다음에 창발 개념이 가장 과감히 도입된 해스커의 '창발적 이원론emergent dualism'이 데카르트적 이원론의 난점들을 해결해줄 수 있는지를 알아볼 것이다. 그러기 위해 우선 해스커가 전제하고 있는 창발의 종류를 알아볼 것이다. 그런 뒤에 창발 개념으로부터 어떻게 창발적 이원론이 형성되는지 탐색해볼 것이다. 끝으로 창발적 이원론은 데카르트적 이원론의 난점들을 일부 해결해주기는 하지만, 데카르트적 이원론이 직면하지 않는 다른 종류의 난점들을 허용한다는 것을 보여줄 것이다. 그것을 통해 데카르트적 이원론과 창발적 이원론 모두 하나의 딜레마에 빠질 수밖에 없음이 드러날 것이다.

---

6 '데카르트의 심물 실체 이원론'은 이하 '데카르트적 이원론(cartesian dualism)'이라고 부르기로 한다.

신경과학 시대에 인간을 다시 묻다

2. 데카르트의 인간론과 그 난점들

데카르트는 학문을 '확고하고 불변하는 것' 위에 세우기 위해 자신이 옳다고 생각한 모든 것을 의심하기 시작한다. 데카르트는 결국 '사유하는 것res cogitans'과 '신체corpus'가 서로 다른 실체라는 결론에 도달한다. 전자는 '사유cogitatio'를 본질적 속성으로 가지지만, 후자는 '연장extensio'을 본질적 속성으로 가진다. 그러나 데카르트는 『성찰』과 보헤미아의 엘리자베스 공주에게 보낸 서신 등에서 "인간은 통합적 존재"라는 점을 언급하고 있다. 따라서 데카르트의 인간론을 다음과 같이 요약해볼 수 있다.

a) '사유하는 것'은 '사유'를 본질로 하는 실체다.
b) '신체'는 '연장'을 본질로 하는 실체다. 더 정확히 말하자면, '물질'이란 실체에 속한다.
c) 두 실체는 존재하는 데 서로의 존재를 필요로 하지 않는다(데카르트의 실체 정의에 따라).
d) 인간은 두 실체의 통합체다.

곧 보게 되겠지만 데카르트는 인간의 통합성을 부정하지 않았다. 따라서 데카르트 인간론의 성공 여부는 테제 a), b), c)와 테제 d)가 양립할 수 있는가에 있다고 볼 수 있다.

필자는 데카르트가 가지고 있던 '형이상학적인 인간 이해'와

'상식적인 인간 이해'의 갈등이라는 문제의식을 통해 데카르트적 이원론의 문제점이 어디에 있는지 살펴보고자 한다.

1) 데카르트에게 있어서 '사유하는 것'과 '인격'

데카르트의 인간론은 잘 알려진 바대로 심물 실체 이원론으로 특징지어진다. 데카르트의 형이상학적 인간론은 그의 진리관과 밀접한 관련을 맺고 있다. 데카르트는 기존의 지식을 부정하여 확고하고 불변하는 것을 세우기 위한[7] 작업으로 관념론Ideentheorie[8]을 발전시켰다. 데카르트에게 있어서 하나의 생각이 참인지 거짓인지의 문제는 그 생각을 담고 있는 관념이 정확한지 아닌지의 문제다. 그런데 관념이 정확하다는 말은 무슨 뜻인가? 관념이 정확하다는 말은 관념이 명석clara하고 판명distincta하다는 것이다. 데카르트는 『철학의 원리』에서 한 관념이 숙고하는 정신에 현재적이고 명확하게 주어질 때 명석하다고, 한 관념이 다른 관념들과 다르며 분리될 수

7　르네 데카르트, 『성찰』, 이현복 옮김, 문예출판사, 1997, 34쪽.

8　데카르트에게 관념 개념은 맥락에 따라 다른 의미가 있다. 도미니크 페를러에 따르면, 데카르트의 텍스트들에서 관념은 다음과 같은 세 가지 의미로 사용된다. ① 두뇌 상태(Hirnzustände), ② 개념 형성 및 사용 능력, ③ 정신적 상태와 활동(geistige Akte und Zusände). 이 책에서는 데카르트의 진리론이 논의되므로 세 번째 의미로 사용한다. 세 번째 의미로서의 관념은 데카르트에 따르면, 순전히 정신적인 사건이 아니다. 관념은 사유활동의 내용(Gehalt des Denkaktes)을 담고 있으므로 객관적으로 관찰이 가능하다. 가령, 사유주체가 "나는 태양이 크다고 생각한다"라고 말할 경우, 그에게 특정한 정신적인 사건이 발생했다. 그러나 동시에 그 정신적 상태는 "태양은 크다"라는 객관적인 내용을 재현하고 있다. 데카르트는 이 사유활동 내용의 실재성을 스콜라 철학적 구별에 따라 실제 존재가 가지는 실재성과는 다른 '객관적 실재성(realitas objectiva)'이라고 불렀다. Dominik Perler: *René Descartes*, München, Verlag C. H. Beck, 1998, p. 150.

　신경과학 시대에 인간을 다시 묻다

있을 때 그 관념을 판명하다고 말한다.[9]

그러나 한 관념이 정신에 현재적이고 명확하게 주어진다는 말은 무슨 뜻인가? 이런 입장표명은 인식의 객관성 확보를 어렵게 만드는 일종의 심리주의를 옹호하고 있는 게 아닌가? 관념의 명석함에 대한 척도는 무엇인가? 데카르트는 명석함의 척도에 대해 명쾌하고 상세한 부연설명을 내놓지 않았다. 다만 우리는 『성찰』의 제2성찰에서 데카르트가 든 밀랍의 예를 통해 명석판명함의 척도가 무엇인지 추측해볼 수 있다.

주의 깊게 고찰해보자. 밀랍에게 속하지 않는 것을 모두 제거해보자. 그런 다음 무엇이 남는가를 살펴보자. 이제 남아 있는 것은 연장성, 유연성 및 가변성뿐이다. (⋯) 그러나 정신에 의해서만 지각되는 이 밀랍은 도대체 무엇이란 말인가? 물론 그것은 내가 보고, 만지고, 상상하는 것과 같은 것, 즉 내가 처음부터 생각했던 것과 같은 것이다. 그러나 주의해야 할 것은, 밀랍을 지각하는 작용은 전에 그렇게 생각되었다고 하더라도 시각, 청각, 상상력은 결코 아니며, 오히려 그것은 오로지 정신의 통찰solius mentis inspectio이라는 점이다. 그리고 이런 통찰은 그 구성요소에 관한 주의 집중력의 정도에 따라 전처럼 불완전하고 애매할 수 있고, 지금처럼 명석하고 판명할 수도 있다.[10]

---

9 René Descartes, *Principles of Philosophy*, Modified & Paginated by Dr. Robert A. Hatch (eds.), p. 32.

10 르네 데카르트, 앞의 책, 51−52쪽.

데카르트는 밀랍의 예를 통해 감각이 아닌 정신의 통찰을 통해 밀랍의 본질적 속성을 파악해내는 과정을 설명하고 있다. 데카르트는 밀랍의 본질적 속성은 연장성이며, 이 본질적 속성은 명석판명하다고 보는 것이다. 즉 연장성은 현재 숙고하는 정신서 분명하게 파악될 수 있으며, 다른 속성들과 명확하게 구분된다는 것이다. 이런 이유로 데카르트에게 있어서 '명석판명함의 척도'란 곧 '본질 파악'으로 볼 수 있다.[11]

데카르트의 인간론은 이러한 그의 진리론과 밀접하게 연관된다. 『성찰』의 제2성찰에서 데카르트는 "나는 무엇인가?"라는 질문을 던지고, '나는 사유하는 것res cogitans'이라는 결론을 끌어낸다. 왜냐하면, 나는 내가 사유하는 동안에 존재하기 때문이며, 사유가 멈추면 내가 존재하는지 아닌지 알 수 있는 확실한 기준이 사라지기 때문이다.[12] '나는 사유하는 것'이라는 관념은 데카르트가 소위 '방법적 회의'를 수행한 뒤에 가장 먼저 발견한 명석판명한 관념이다. 그러나 문제는 비록 내가 사유하는 것이 명석판명하더라도 내가 신

---

11 Perler, *op. cit.*, p. 160.

12 제2성찰에서 데카르트는 사유활동을 의심하고 이해하며, 긍정하고 부정하며, 의욕하고 의욕하지 않으며, 상상하고 감각하는 것을 포함하는 것으로 보고 있다. 이러한 데카르트의 이해는 오직 지성적 활동만을 영혼의 본질적인 요소로만 보았던, 아퀴나스로 대표되는 플라톤 전통의 스콜라 철학적 이해와 다른 것이었다. 데카르트는 사유활동의 여러 종류를 제3성찰에서 '사유 양태(cogitandi modus)'라고 칭하는데, 이는 현대 심리철학에서 말하는 '심적 상태(mental states)'라고 볼 수 있다. 가령 로위는 심적 상태를 감각, 지각, 믿음, 욕구, 의도, 공포 등과 같은 다양한 종류를 포함하는 것으로 본다. Edward Jonathan Lowe, *An Introduction to the philosophy of mind*, Cambridge, Cambridge University, 2004, p. 39. 이 점이 데카르트 실체 이원론을 현대 심리철학에서 가장 의미 있는 출발점으로 보는 이유 중 하나다.

체와 일체를 이루고 있다는 것을 부인하기 어렵다는 점이다.

그런데 이런 자연이 나에게 매주 분명히 가르쳐주는 바는 내가 신체를 갖고 있다는 것, 즉 고통을 느낄 때는 상태가 좋지 않으며, 허기나 갈증을 느낄 때는 음식과 물을 필요로 하는 신체를 갖고 있다는 것이다. 따라서 나는 이 속에 어떤 진리가 있음을 의심할 수 없다. 나아가 자연은 고통, 허기, 갈증 등과 같은 감각을 통해 선원이 배 안에 있는 것처럼 내가 내 신체 속에 있을 뿐만 아니라, 신체와 매우 밀접하게 결합해 있고, 거의 혼합되어 있어서 신체와 일체를 이루고 있음도 가르쳐주고 있다.[13]

데카르트는 『성찰』에서뿐만 아니라 보헤미아의 엘리자베스 공주에게 보낸 서신을 통해 철학 함 없이 우리는 스스로 항상 '신체-정신 통합체'로 체험한다는 점을 고백하고 있다. 데카르트는 이 '신체-정신 통합체'를 인격person이라고 칭한다.

> 각자가 철학 함 없이 자기 자신을 신체와 정신을 함께together a body and a thought 가진 단일한 인격a single person으로 감지합니다. 정신은 신체를 움직이며, 신체에 발생하는 사건들을 느낍니다. 이는 자연적으로 그러합니다.[14]

---

13 르네 데카르트, 앞의 책, 112쪽.

14 Lisa Shapiro (eds.), *The Correspondence between Princess Elisabeth of Bohemia and René Descartes*, London-Cicago: The University of Chicago Press, 2007, p. 70.

데카르트는 각자가 자기 자신을 인격으로 감지한다는 점을 부정하지 않는다. 그러나 실체로서의 '마음mentis' 혹은 '사유하는 것res cogitans'과 또 다른 실체인 물체에 속하는 '신체corpus'는 명석판명한 관념인 반면, '정신-신체 통합체'로서의 인격은 명석판명한 관념이 아니다. 정신과 신체의 통합성은 오직 감각에 의해서만 분명하게 알려질 뿐 지성에 의해서는 그렇지 못하기 때문이다.[15] 그런 이유로 인격은 데카르트에게 있어서 '실재의 존재론적 목록das Ur-Inventar der Wirklichkeit'에 속할 수 없다.[16]

사유하는 것과 신체가 서로 다른 실체, 즉 존재의 세계에서 어떤 다른 것도 필요로 하지 않고 존재하는 것[17]으로 보는 데카르트적 이원론에서 두 실체의 존재론적 자존성과 통합성은 갈등 관계에 놓여 있다. 데카르트는 위에서 언급한 바처럼 '나는 사유하는 것'이라는 결론에 도달했다. 반면, 데카르트는 보헤미아의 엘리자베스 여왕에게 보낸 서신에서 각자는 자신을 '신체-정신 통합체'로 감지한다고 고백하고 있다. '사유하는 것'이 형이상학적 사유의 결론인데 비해, '인격'은 일상에서 각자가 별다른 철학적 숙고 없이 직접 체험할 수 있는 '상식commen sense'에 속한다. 따라서 데카르트의 심물 실체 이원론이 직면한 갈등은 '형이상학적 인간 이해'와 '상식

---

15 Shapiro, *op. cit.*, p. 69.

16 Andreas Kemmerling, "Was macht den Begriff der Person so besonders schwierig?," in Günter Thomas & Andreas Schüler (eds.), *Gegenwart des lebendigen Christus: Festschrift für Michael Welker zum 60. Geburtstag*, Leibzig: Evangelische Verlagsanstalt, 2007, p. 548.

17 르네 데카르트, 『방법서설』, 이현복 옮김, 문예출판사, 1997, 186쪽.

적 인간 이해' 사이의 갈등이라고도 볼 수 있다.[18] 그런데 이런 갈등은 어디서 유래하는 것인가? 형이상학적 인간 이해와 상식적 인간 이해 중 하나가 틀렸다고 보면 되지 않는가? 그러나 데카르트는 상식적인 인간 이해가 비록 명석판명한 관념에 기초해 있지 않다고 보았음에도 불구하고 전적으로 틀렸다고 생각하지는 않았다.[19] 결국 이 두 인간 이해의 갈등은 형이상학적 인간 이해가 상식적으로 의심할 수 없는 인간의 어떤 고유한 특징을 제대로 설명해주지 못하고 있음을 암시한다.

2) 데카르트적 이원론의 난점들

해스커는 『창발적 자아』의 6장에서 데카르트적 이원론이 직면

---

18 켐머링은 보헤미아의 엘리자베스 공주에게 보낸 서신에서 드러난 데카르트의 인격개념을 다음과 같이 정리하고 있다. "(1) 인격개념은 신체-정신 통합체 개념이다. (2) 인격개념은 선천적이고 원초적인, 즉 분해될 수 없는 개념이다. (3) 인격개념은 명석판명하지 않다. 그것은 어떤 영향력을 행사할 수 있는 참된 지식이 아니다. (인격개념의 원초성 때문에 인격개념은 명석판명한 관념들로 환원될 수 없다. 즉, 인격개념은 본질적으로 명석판명하지 않다.) (4) 그러나 인격개념은 실용적으로, 즉 우리의 삶을 위해 가치가 있다. 왜냐하면, 우리는 인격개념을 통해 우리 자신을 가장 자연스러운 방식으로 알게 되기 때문이다. 그러나 이론적으로는 그렇지 않다. 인격개념은 심신 문제를 해결하는 데 도움을 주기보다는 심신 문제를 없는 것으로 만드는 데 도움을 주기 때문이다." Kemmerling, *op. cit.*, p. 552.

19 데카르트가 두 실체 사이의 연결점을 설명하기 위해 '송과선 가설'을 제시했다는 점에서도 알 수 있듯이, 데카르트는 자신의 심물 실체 이원론 내에서 두 실체 사이의 통합이 잘 설명되지 않는 난점이라는 점을 알고 있었다. 이는 데카르트가 각자 자연스럽게 감지하는 단일한 인격을 실재하는 것의 목록에서 배제했을지라도 인격의 통합성은 부정하지 않았음을 의미한다.

하고 있는 다음과 같은 난점들을 언급한다.[20] 첫 번째 난점은 '인과 직 상호작용의 문제'다. 데카르트에 따르면, 인간은 두 실체의 결합체다. 그런데 두 실체는 정의상 존재하기 위해 다른 존재를 필요로 하지 않는 존재론적 자족성을 가진다. 결국, 서로 다른 실체 사이에 어떻게 인과적 상호작용이 가능하냐는 문제가 발생한다. 두 번째 난점은 '관찰 가능한 연속성 문제'와 연관된다. 현대 생물학은 인간과 다른 동물들 사이에 생물학적인 차이점보다 공통점이 더 많다는 점을 잘 보여준다. 그러나 데카르트적 이원론은 인간이 가진 고유한 정신적 능력들을 오직 영혼으로만 설명하기 때문에 다른 동물들과의 생물학적 연속성을 간과한다는 것이다. 데카르트적 이원론이 직면한 마지막 난점은 '마음의 두뇌 의존성'이다. 현대 신경과학은 수많은 사례를 통해 인간의 정신 능력이 두뇌의 상태에 의존적이라는 것을 보여주고 있다. 결국, 데카르트적 이원론이 현대 철학과 과학에서 받아들여지지 않는 이유 중 하나는 이 이론이 정신적 능력의 근원을 영혼에서 찾기 때문에 경험과학적 사실에 어긋난다는 데 있다.[21] 이 세 난점 중에서 첫 번째 난점은 형이상학적 문제와 직접

---

20 필자는 데카르트적 이원론의 난점에 대한 해스커의 생각이 독창적이라기보다는 데카르트적 이원론에 대한 기존의 비판들을 종합해서 평가한 것으로 생각한다. 따라서 해스커의 생각은 대부분의 심리철학자들에게 받아들여질 수 있는 내용이라고 본다.

21 해스커는 인간과 다른 동물들 사이의 생물학적 연속성과 마음의 두뇌 의존성에 대해서는 별다른 언급을 하지 않는다. 그 이유는 이 테제들이 현대 생물학과 신경과학에 따라 충분히 설명될 수 있기 때문에, 즉 별다른 철학적 논증이 필요 없는 테제이기 때문인 것 같다. 필자 역시 이 두 테제에 대해서는 이미 많은 연구 자료가 있으므로 별다른 설명을 하지 않겠다.

신경과학 시대에 인간을 다시 묻다

적으로 연관되며,[22] 왓슨의 주장처럼 데카르트적 이원론의 쇠락을 야기한 결정적 이유라는 점에서 특히 중요하다고 할 수 있다.[23]

잘 알려진 바와 같이, '인과적 상호작용의 문제'는 이미 데카르트와 서신을 주고받은 보헤미아의 엘리자베스 공주에 의해 제기되었다.

> 저는 당신에게 인간존재의 영혼이 자발적인 행위를 하기 위해 어떻게 신체적 영혼들에 영향을 주는지에 관해 묻고 싶습니다. 움직임에 대한 모든 결정은 움직이는 사물의 충돌을 통해, 즉 움직이게 하는 것에 의해 밀려지거나 혹은 후자의 구체적인 성질들이나 표면의 모양에 의해 발생합니다. 물리적 접촉은 처음 두 조건을 요구하며, 세 번째 조건으로 연장extension을 요구합니다. 당신은 그중 한 가지(연장)를 영혼의 개념에서 완전히 배제했습니다. 저에게 다른 물리적 접촉은 비물질적인 것과 양립하지 않는 것처럼 보입니다.[24]

김재권은 보헤미아 엘리자베스 공주의 이러한 문제 제기를 정교한 논증으로 제시했다. 김재권의 이른바 '짝지음 문제pairing prob-

---

22 물론 '마음의 두뇌 의존성 문제' 역시 형이상학적인 논의가 필요하다고 할 수 있다. 왜냐하면 '의존성' 개념에 대한 해명이 필요하기 때문이다. '의존 관계'를 '동일 관계'로 보느냐, '수반 관계'로 보느냐, 아니면 '창발적 관계'로 보느냐에 따라 다른 이해를 얻게 된다. 그러나 신경과학이 제시하는 여러 사례가 말해주는 '의존성'에 대해 특정한 정신적 능력은 특정한 뇌의 부위의 활성화와 밀접한 연관이 있다는 정도로 이해될 수 있을 것이다.

23 Richard A. Watson, *The Downfall of Cartesianism 1673-1712*, Martinus Nijhoff, The Hague, 1966, Introduction.

24 Shapiro, *op. cit.,* p. 62.

lem'는 물체들 사이의 인과적 상호작용에서 '물리적 공간의 틀the framework of physical space'이 필요조건임을 보여준다. 김재권이 제시한 다음과 같은 상황을 생각해보자. 총 A와 B는 동시에 발사된다. 그리고 애덤과 밥의 죽음을 동시에 초래한다. 김재권은 무엇이 A의 발사는 아담의 죽음을, B의 발사는 밥의 죽음을 초래하게 하는지 묻는다.[25] 즉, 어떤 원리에 의해 원인과 결과의 '올바른 짝지음correct pairings'과 '옳지 않은 짝지음incorrect pairings'이 가능하냐고 묻는 것이다. 김재권에 따르면, 원인과 결과가 올바로 짝지어졌는지 아닌지를 파악하기 위해서는 먼저 양자 사이에 필연적으로 공간적 관계 R이 주어져야 한다. R이 있어야 결과의 원인을 추적하거나 원인에 의해 야기되는 결과를 파악할 수 있다는 것이다. 가령, A의 발사와 아담의 죽음의 연관성은 A의 방향이나 A와 아담의 거리 등을 고려함으로써 파악될 수 있다. 김재권에 따르면, 데카르트적 이원론이 말하는 영혼과 같은 정신적 실체가 물질세계에 인과력을 행사할 수 없는 이유는 분명하다. 정신적 실체는 그 규정상 공간을 점유하고 있지 않으므로 정신적 실체와 물질적 대상 사이에 R이 존재하지 않기 때문이다. '짝지음 문제'가 실체 이원론과 관련해 말하고자 하는 바는 명확하다. 정신적 실체와 신체를 포함한 물질적 세계 사이에는 R이 주어져 있지 않으므로 인과관계가 성립될 수 없다는 것이다. 설령, 마음 M이 신체 B에 인과력 C를 행사했다고 할지라도 C가 M에 의해 B에게 행사된 것인지 확인할 방법이 없다. 왜냐하면, 이

---

25 Jaegwon Kim, *Physicalism or Something Near Enough*, rinceton-Oxford, Princeton University Press, 2005, p. 79.

신경과학 시대에 인간을 다시 묻다

경우 '옳은 짝지음'과 '옳지 않은 짝지음'을 판별하게 해주는 필요조건 R이 충족되지 않기 때문이다.

데카르트적 이원론을 계승하기 위해서는 '인과적 상호작용의 문제'를 비롯한 위의 난점들을 해결해줄 수 있는 이론적 모색이 필수다. 해스커의 창발적 이원론이 이 난점들을 어떻게 해결하고자 하는지 알아볼 것이다.

3. 창발적 이원론의 도전

'창발(영: emergence, 독: Emergenz)'은 '올라오다', '떠오르다'라는 뜻을 가진 라틴어 동사 emergere에서 유래한 개념이다. 거칠게 말해서 창발은 이전에 존재하지 않았던 새로운 체계system, 속성property, 실재entity 등이 생겨나는 것을 의미한다. 아리스토텔레스의 '엔텔레키' 개념이나 플로티누스의 '유출설' 등을 원시적인 형태의 창발 개념이나 이론으로 볼 수 있지만,[26] 현대적인 의미에서 창발 개념은 영국의 철학자이자 문예비평가인 루이스George Henry Lewes 가 1875년 출간한 *The Problem of Life and Mind*에서 처음 사용했

---

26 Philip Clayton, "Conceptual Foundations of Emergence Theory," in Philip Clayton & Paul Davies (eds.), *The Re-Emergence of Emergence: The Emergentist Hypothesis from Science to Religion*, Oxford-New York: Oxford University Press, 2006, pp. 5-6.

다. 이후 1920년대에 모건Lloyd Morgan, 알렉산더Samuel Alexander, 브로 드Charles Dunbar Broad 같은 영국의 철학자 및 심리학자들과 미국의 철학자 셀라스Roy Wood Sellars에 의해 현대적인 창발 이론이 형성되었다.[27]

창발 이론은 당시 세계와 생물체에 대한 두 가지 주요 관점인 기계론mechanism과 물활론vitalism의 극단을 지양하면서 등장한 새로운 세계관으로,[28] 1세대 창발론자들의 등장 이후 침체기를 겪다가 1970년대에 스마트와 플레이스의 심물 동일론이 쇠퇴하면서 다시 주목받기 시작했다.[29] 즉 1세대 창발론자들이 기계론과 물활론의 양 극단을 극복하는 데 관심을 두었다면, 1960년 후반부터 다시 등장한 창발 이론은 환원적 물리주의reductive physicalism에 맞서 물리·화학적 프로세스와 다른 성격을 가진 듯 보이는 실재entity와 속성property의 실재성을 옹호하는 데 관심을 두고 있다고 할 수 있다.[30]

---

27 1세대 창발론자들의 기념비적인 저작들은 다음과 같다. Samuel Alexander, *Space, Time, and Deity* (1920); Conwy Lloyd Morgan, *Emergent Evolution* (1923); Charles Dunbar Broad, *The Mind and its Place in Nature* (1925); Roy Wood Sellars, *Evolutionary Naturalism* (1922).

28 1세대 창발론자들의 공통적인 문제의식에 대해서는 아힘 슈테판(Achim Stephan) 의 *Emergenz. Von der Unvorhersagbarkeit zur Selbstorganisation* (2007) 2장과 브라이언 맥로플린(Brian McLaughlin)의 "The Rise and Fall of British Emergentism" (1992) 참조.

29 창발 이론은 아힘 슈테판(Achim Stephan)의 표현처럼 '르네상스'를 맞이했다. "창발 이론은 심리철학에서뿐만 아니라 인지과학, 특히 연결주의(Konnektionismus)와 창조성 연구에서, 그리고 일반적으로는 자기형성 이론, 공동역학(synergestik)과 카오스 연구에서 르네상스를 체험하고 있다." Stephan Achim, *Emergenz. Von der Unvorhersagbarkeit zur Selbstorganisation*, Paderborn, mentis Verlag, 2007, p. 159.

30 통상적으로 '강한 창발(strong emergence)' 지지자와 '약한 창발(weak emergence)'

창발 이론의 발전에 힘입어 창발론적 세계관을 받아들여 새로운 형태의 실체 이원론을 시도하려는 움직임이 일어나기 시작했다.[31] 로위E. J. Lowe, 스윈번R. Swinburne, 해스커W. Hasker 등이 현대적 실체 이원론에 창발 개념을 도입한 대표적인 철학자들이다.[32] 이들 중에서 필자는 해스커의 입장만을 다루고자 한다. 그 이유는 해스커가 '창발적 이원론emergent dualism'이라는 용어를 만들어냈으며, 포퍼 이후 가장 과감하게 창발 이론을 통해 정신적 실체의 실재성을 옹호하고 있기 때문이다. 그러기 위해 먼저 해스커의 창발 개념을 알아보아야 한다. 창발의 종류와 구분에 대해서는 학자마다 조금씩 의견의 차이를 보이기 때문이다.

지지자로 구분된다. 약한 창발론자들은 자연 내에 출현하는 것으로 보이는 '순전히 새로운 것'은 단지 '이론 상대적'일 뿐이라고 본다. 즉, 이들은 창발 현상 혹은 속성이 현대 과학적 지식의 불완전함으로 인해 새로운 것처럼 보일 뿐 과학이 발전하면 더는 새로운 현상이나 속성이 아니게 될 것이라고 주장한다. 이런 의미에서 약한 창발을 '인식론적 창발(ontological emergence)'이라고 부른다. 반면, 강한 창발론자들은 자연 내에 그 부분 요소들의 속성과는 전적으로 새로운 속성을 가진 체계(system)와 인과적 프로세스(causal processes)가 출현한다고 본다. 이런 점에서 강한 창발은 '존재론적 창발(ontological emergence)'이라고도 불린다. Philip Clayton, op. cit., pp. 7-8.

31 포퍼와 에클스는 The Self and its Brain (1977)에서 두뇌의 활성화로부터 비물질적인 자아가 창발된다고 주장했다. 아직 정교한 창발 개념이 발전하기 전에 등장한 이들의 이론은 큰 영향을 주지는 못했지만, 새로운 형태의 실체 이원론의 가능성을 열어 보여주었다는 점에서 나름의 의의가 있다고 할 수 있다.

32 실체 이원론과 관련해서 이들의 주요 저작들은 다음과 같다. Richard Swinburne, The Evolution of soul (1986); Edward Jonathan Lowe, Subjects of Experience (1996); Personal Agency (2008); William Hasker, The Emergent Self (1999).

1) 해스커의 창발 개념

창발적 실체 이원론을 위한 창발 개념에 대한 해스커의 견해는
존 설J. Searle의 창발 구분에 대한 비판으로부터 시작된다. 설은 '체
계 특성system features', '인과적으로 창발된 체계 특성causally emergent
system feature', '창발$_1$emergence1', '창발$_2$emergence2' 개념을 통해 자연 내
에서 의식의 위치를 설명한다.[33] 이 개념들은 다음과 같이 요약될
수 있다.

(1) 체계 특성: 요소들 a, b, c … 로 구성된 체계 S가 있다고 해
보자. 가령, 구성요소가 분자들인 바위의 경우, 만일 S가 구성요소
들이 필연적으로 갖지 않는 어떤 특성 F를 가진다면, 이 F는 체계
특성system feature이다. 가령, 바위는 100kg의 무게를 가지지만, 구
성요소들 각자는 그렇지 않다. 바위의 모양이나 무게 등은 체계 특
성들이다. 체계 특성들은 요소들의 구성이나 배열로부터 유추되거
나 계산될 수 있다.

(2) 인과적으로 창발된 체계 특성: S의 어떤 특성의 경우 요소들
의 배열이나 구성으로부터 연역되거나 계산될 수 없고, 오직 요소들
사이의 인과적 상호작용의 어휘로만 설명될 수 있다. 가령, 물의 견
고함solidity, 유동성liquidity, 투명성transparency 같은 특성들은 인과적

---

33 John R. Searle, *The Rediscovery of the Mind*, Cambridge-Massachusetts, the
Brandford Book, 1992, pp. 111-112.

으로 창발된 체계 특성의 예다. 또한 의식consciousness도 원칙적으로 뉴런들 사이의 인과적 상호작용으로 설명될 수 있다는 점에서 인과적으로 창발된 체계 특성에 속한다.

(3) 창발$_1$: 인과적으로 창발된 체계 특성 F를 창발$_1$이라고 한다.

(4) 창발$_2$: 오직 어떤 특성 F가 창발$_1$이고, F가 요소들 a, b, c … 의 인과적 상호작용으로 설명되지 않는 인과력causal powers을 가질 때, F는 창발$_2$이다.

설의 창발 이해에 대한 해스커의 입장은 의식이 창발$_1$에 속하지 않는다는 것이다. 해스커는 설이 주장한 의식이 뉴런들의 인과적 상호작용 때문에 생성된다는 점으로부터 의식은 뉴런들의 인과적 상호작용에 대한 어휘로 설명된다는 결론을 너무 성급하게 내렸다고 본다. 해스커가 보기에 현재의 과학 수준에서 의식이 뉴런들의 인과적 상호작용에 대한 어휘로 설명될 수도 없지만, 앞으로도 그럴 것 같지는 않다. 왜냐하면, 의식은 물의 유동성, 견고함, 투명성 등과는 전적으로 다른 종류의 특성이 있기 때문이다. 그래서 해스커는 창발$_1$을 창발$_{1a}$와 창발$_{1b}$로 다시 구분한다. 창발$_{1a}$와 창발$_{1b}$의 차이는 물리학과 화학의 일반적 법칙들ordinary laws에 의해 설명되고 예측될 수 있는 창발$_{1a}$와 달리, 창발$_{1b}$의 경우 창발적 법칙들emergent laws에 의해서만 기술된다. 구성요소들의 상호작용을 통해 상위 차원the higher-level에 새로운 속성이 창발되며, 이 새로운 속성은 구성요소들에 인과력을 행사한다. 이때 새로운 형태의 인과력은 일반적인 법칙들의 지배를 받지 않으므로 하부 차원에 대한 물리 · 화학적 설명은 통용되지 않는다. 창발$_{1b}$는 티모시 오코너Timothy O'Connor가 '새로운 인과적 영향novel causal influence'이라고 부른 특징을 가진다고 볼 수 있다.

> 이 용어는 창발의 인과적 영향이 그것이 수반되는 미시 속성들에 환원 불가능하다는 강한 의미를 포착하려는 의도를 가진다. 이 인과적 영향은 그것의 인과적 영향이 미시 속성들의 활동을 통해 발생하는 단순하게 구성된 거시 속성의 작동과 달리, 직접적으로 '하향downward'적 방식으로 행사된다.[34]

설이 자신의 구분에서 의식을 창발$_2$로 보지 않으려 한 이유 중 하나는 창발$_2$가 '인과의 이행the transitivity of causation'에 어긋나는 것처럼 보이기 때문이다.[35] 인과의 이행에 따르면, 만일 A가 B를 일으키고, B가 C를 일으킨다면, A는 C를 일으킨다. 그러면, 해스커의 창발$_{1b}$는 미시 속성에 영향을 미치는 창발적 법칙에 따르는 새로운 형태의 인과력을 가정하므로 인과의 이행에 어긋나는 것이 아닌가? 그러나 해스커는 의식의 작동에 비결정론적 요소indeterministic element가 있으므로, 즉 의식은 뉴런들의 인과적 행동으로 설명될 수 없는 속성을 일으키므로 인과의 이행에 어긋나는 사례가 아니라고 주장

---

34 Timothy O'Connor, "Emergent Properties," *American Philosophical Quarterly* 31, 1994, p. 98.

35 Searle, *op. cit.*, p. 112.

신경과학 시대에 인간을 다시 묻다

한다.[36]

두 가지 창발에 대한 설의 구분은 창발의 종류에 대해 체계적으로 구분한 아힘 슈테판Achim Stephan과도 일치한다. 슈테판은 창발을 모두 여섯 가지 종류로 구분한다.[37] '약한 창발schwacher emergentismus', '공시적 창발synchrone emergentismus', '약한 통시적 창발schwacher diachroner emergentismus', '통시적 구조 창발diachroner strukturemergentismus', '강한 통시적 창발starker diachroner emergentismus', '강한 통시적 구조 창발starker diachroner strukturemergentismus'이 그것이다. 슈테판에 따르면, 인위적으로 만들어낸 '강한 통시적 구조 창발'을 제외하고는 자연계 내의 모든 창발적 현상 및 속성들은 이 다섯 가지 창발에 속한다. 이 중에서 해스커의 창발$_{1a}$는 '약한 창발'과, 창발$_{1b}$는 '공시적 창발'과 일치하며, 슈테판의 분석을 통해 더 체계적으로 이해할 수 있다.

슈테판이 말하는 '약한 창발'은 '물리적 일원론Physischer monismus', '체계 속성Systematische eigenschaften', '공시적 결정성Synchrone determiniertheit'이라는 3개의 테제로 특징지어진다.[38]

(1) 물리적 일원론: 이 세계의 모든 실재entitaeten는 물리적 요소들로 구성되어 있다. 창발적 특징을 가지는 속성들 역시 오직 물리

---

36 William Hasker, *The Emergent Self*, Ithaca-London, Cornell University Press, 1999, p. 177.

37 Stephan, *op. cit.,* pp. 66-72.

38 *Ibid.,* p. 67.

적 요소로 이뤄진 체계에 의해서만 예화 된다.

(2) 체계 속성들: 체계 속성들이 있다. 만일 체계의 구성요소가 가지지 않는 유형의 속성을 체계가 가질 때, 그 속성은 체계 속성이다.

(3) 공시적 결정성: 한 체계의 속성과 행동 성향들은 그것의 미시 구조, 즉 구성요소들의 속성과 배열에 의존해 있다. 체계의 구성요소들 내의, 혹은 배열 내의 차이 없이는 체계 속성들 내의 차이도 없다.

'약한 창발'이 가정하는 체계 속성들은 구성요소들의 활동 분석을 통해 혹은 구성요소들의 속성에 대한 분석에서 도출될 수 있다는 점에서 원칙적으로 '환원적 물리주의reductive physikalismus'와 양립할 수 있다. 반면, '공시적 창발'의 경우 '환원 불가능성 테제'가 추가되며, 이로 인해 환원적 물리주의와 양립할 수 없는 '강한 창발'의 형태를 가진다.

(4) 환원 불가능성: 체계 속성들은 연역 가능한 속성들과 연역되지 않는 환원 불가능한 속성들로 구분된다. 체계 속성들이 만일 (a) 행동적으로 분석되지 않거나, (b) 그들이 수반되는 체계 부분들의 행동이 환원 불가능하면, 환원 불가능하다.

슈테판에 따르면, 어떤 체계 속성들의 단순한 행동적 분석 불

신경과학 시대에 인간을 다시 묻다

가능성을 함축하는 (a)와 달리 (b)는 하향 인과의 가능성을 함축한다. 왜냐하면, (b)의 경우 체계의 구성요소들의 행동으로 환원되지 않는 새로운 형태의 행동을 인정하기 때문이다.[39] 따라서 해스커의 환원$_{1b}$는 창발에 대한 슈테판의 체계적 분석에 의하면, 두 번째 종류의 환원 불가능성 테제를 가지는 '공시적 창발'에 속한다고 볼 수 있다. 해스커 역시 환원 불가능성의 원리는 통시적이라기보다는 공시적이라고 말한다.

환원 불가능성의 원리는 통시적이라기보다는 공시적이라는 점을 명심하자. 그것은 특정 시점에 부분들의 속성들과 전체의 속성들 사이의 관계에 대한 것일 뿐, 창발적 속성들의 발생이나 시간의 경과에 따른 관계에 대한 것이 아니다.[40]

해스커의 이러한 창발 개념이 어떻게 실체 이원론으로 발전해 가는지 알아보자.

2) 해스커의 '창발적 개별자'

데카르트 이후 새롭게 등장한 실체 이원론은 공통적으로 정신적 실체 혹은 통합적 자아와 심적 인과의 실재성을 설명하고자 한다. 심적 인과는 자유의지를 가능하게 해주는 인과력이며, 정신적 실체 혹은 통합적 자아는 그 새로운 인과력의 존재론적 근원이라고 할 수 있다. 따라서 로위, 스윈번, 해스커 등과 같은 실체 이원론자

---

39 *Ibid.*, p. 44.

40 Hasker, *op. cit.*, p. 177.

들이 자유의지 논쟁에서 리버테리어니즘libertarianism(이하 자유주의)을 지지하는 것은 놀라운 일이 아니다.[41]

새로운 실체 이원론으로 향하는 여정에서 해스커는 기존의 입장들을 비판적으로 고찰한다. 우선 물질주의는 소위 '설명상의 틈the explanatory gap'을 설명해주지 못한다. 해스커가 보기에 감각질qualia, 심적 내용mental content, 지향성intentionality은 물리적 속성으로 환원될 수 없기 때문이다. 이런 상황은 기능주의 역시 마찬가지라고 평가한다. 수반 이론의 경우 심적 인과의 실재성을 설명해주지 못한다. 해스커는 기존의 이원론에도 비판을 가한다. 속성 이원론은 심적 실체를 가정하지 않고 심적 인과의 실재성을 옹호하려고 하지만, 해스커가 보기에 심적 인과의 궁극적 근원으로서의 심적 실체를 묻지 않는다면, 불충분한 설명이 될 수밖에 없다. 이미 살펴본 바와 같이 데카르트적 이원론의 경우, 현대 과학과 심각한 마찰을 일으키며, 두 실체 사이의 인과적 상호작용의 원리는 미스터리로 남겨져 있다는 난점이 있다. 해스커는 새로운 실체 이원론을 통해 이 난국을 타파하고자 한다.

해스커의 창발 개념과 실체 이원론을 이어주는 연결고리 역할을 하는 개념은 '창발적 개별자emergent individual'라고 할 수 있다. 해스커는 윌프리드 셀라스Wilfrid Sellars의 sensa 개념을 창발적 개별자

---

41 로버트 케인은 리버테리어니즘의 전략을 '추가적 요인(extra factor)'이라고 부른다. 물리적 인과의 사슬에서 행위자의 자유로운 선택을 가능하게 하기 위해서는 추가적인 요인이 있어야 한다는 것이다. 실체 이원론자들의 경우 '심적 실체', '영혼', '통합적 자아' 등이 추가적 요인에 해당한다고 할 수 있다. Robert Kane, *A Contemporary Introduce to Free Will*, Oxford-New York, Oxford University Press, 2005, p. 39.

신경과학 시대에 인간을 다시 묻다

로 해석한다. 셀라스는 색채로 물듦being colored이 기초 층위 대상들의 속성이라는 생각을 거부한다. 셀라스에 따르면, 사물들의 색채에 물듦은 색채에 물들지 않은 부분들의 관계로 구성되어 있지 않다.[42] 경험은 '이성의 공간에서in space of reasons' 성립한다. 색채에 대한 감각 인상은 이미 개념적이다. 색채에 대한 감각 인상을 물리적인 것으로 보면, 이른바 '소여의 신화the myth of the given'에 빠진다. 셀라스는 자신의 이러한 감각 인상에 대한 입장을 경험주의적 입장과 구분하기 위해 sensa 개념을 도입한다. 해스커는 두 가지 이유로 sensa를 창발$_{1b}$로 해석한다. 우선 sensa는 신경적 층위의 작동을 지배하는 법칙으로부터 출현하지 않는다. 그리고 sensa는 우리의 지각적 상태와 행동에 인과력을 행사한다.[43]

sensa 이외에 또 다른 창발적 개별자가 존재하는가? 우선 확실한 점은 해스커에게 심적 속성들은 창발$_{1b}$에 속한다는 점이다. 왜냐하면, 심적 속성들은 그것의 부재로는 설명할 수 없는 새로운 인과력을 행사하기 때문이다. 여기까지는 프랭크 잭슨Frank Jackson처럼 부대 현상론을 지지하는 속성 이원론자를 제외하면, 모든 속성 이원론자들이 동의할 수 있는 내용이다. 그러나 해스커는 의식적 체험conscious experience을 설명하기 위해서는 심적 속성들 이외의 요소가 개입되어야 한다고 생각한다. 왜냐하면, 우리의 의식적 체험은 단순한 심적 속성들의 나열이 아니라 통합된 무엇이기 때문이다.

---

42 Wilfrid Sellars, "Science, Sense Impression, and Sensa: A Reply to Cornman," *Review of Metaphysics* 24, 1971, p. 408.

43 Hasker, *op. cit.,* p. 178.

따라서 의식적 체험의 통합성은 더 근본적인 존재론적 실재, 즉 '통합적 자아'를 가정할 수밖에 없도록 한다는 것이다. 해스커는 이 '통합적 자아' 역시 창발적 개별자로 이해한다.

> 여기서 요구되는 것은 하나의 창발적 개별자, 즉 뇌와 신경 시스템의 물질적 구성요소들의 특정한 기능적 구성의 결과로 생성되는 개별적 실재individual entity다.[44]

두뇌의 기능적 활동으로부터 의식 혹은 마음이 창발되는 것은 자석에서 자기장이 창발되는 것과 비교할 수 있다.[45] 자기장은 특정한 방식으로 배열된 자석의 물질적 구성요소들에 의해 발생한다. 그러나 자기장은 창발되는 즉시 고유한 인과력을 행사한다. 차이점은 자기장의 경우 그 발생에 대한 정확한 필요충분조건이 밝혀졌지만, 의식의 경우에는 그렇지 않다는 점이다.[46]

해스커는 자신의 실체 이원론에 '창발적 이원론emergent dualism'이라는 이름을 붙인다. 이 새로운 이원론은 통합된 의식적 체험을 존재론적으로 가능하게 해주는 '심적 실재'를 설명해줌과 동시에 의지의 자유freedom of will의 가능성도 설명해준다. 만일 창발적 개별자가 창발$_{1b}$라면, 창발적 개별자는 두뇌의 기능적 활동성으로 설명되지 않는 인과력을 행사할 수 있기 때문이다. 즉, 창발적 개별자는

---

44 *Ibid.*, p. 190.
45 해스커는 마음(mind), 의식(consciousness), 영혼(soul)을 별도로 구분하지 않고 사용한다.
46 *Ibid.*, p. 191.

신경과학 시대에 인간을 다시 묻다

심적 인과를 행사한다. 해스커는 이를 '자유의 창발emergence of free-dom'이라고 부른다.[47]

한편으로 해스커의 실체 이원론은 행위자 없는 행위자 원인의 비일관성을 지적하며, 창발적 개별자를 행위자 원인의 존재론적 근거로 파악하고, 심적 실체가 없는 의식적 체험의 통합성은 불가능하다고 지적하며, 창발적 개별자를 의식적 체험의 존재론적 근거로 파악하는 입장이라고 할 수 있다. 다른 한편으로 해스커의 실체 이원론은 창발 이론에 이론적 토대를 두며, 심적 실체를 두뇌의 기능적 활동에서 창발된 개별자로 본다는 점에서 데카르트적 실체 이원론과는 차별성을 가진다. 그러나 창발적 이원론이 과연 데카르트적 이원론의 난점들을 극복할 수 있느냐는 물음이 남겨져 있다.

4. 창발적 이원론의 난점들

위에서 살펴본 바와 같이 데카르트적 이원론에는 적어도 세 가지 난점이 있었다. 창발적 이원론은 이 난점들을 어떻게 극복하고자 하는가? 필자는 창발적 이원론은 '인과적 상호작용의 문제', '관찰 가능한 연속성의 문제', '마음의 두뇌 의존성' 중에서 두 번째와

---

47 *Ibid.*, p. 177.

세 번째 문제에만 설득력 있는 답을 해줄 수 있다고 생각한다. 그리고 창발적 이원론은 데카르트적 이원론과 달리 '일관성의 문제'에 직면한다.

우선 창발적 이원론의 가장 큰 장점은 생물학적 진화와 갈등을 일으키지 않는다는 점에 있다. 해스커는 마음 혹은 의식을 만들어 내는 두뇌가 신에 의해 창조된 것이라기보다는 자연적인 힘the natural powers으로 형성된 것이라고 주장한다. 이런 이유로, 창발적 이원론은 데카르트적 이원론과 달리 생물학적 진화와 갈등을 일으키지 않는다.[48] 또한 창발적 이원론은 두뇌에서 마음이 창발되었다고 보기 때문에 신경과학의 발전을 통해 신경과학과 심리철학에서 일반적으로 의심 없이 받아들여지는 '마음의 두뇌 의존성 테제'와도 문제를 일으키지 않는다.

창발적 이원론에는 데카르트적 이원론과 비교하여 이런 장점들이 있음에도 불구하고 새로운 문제에 직면한다. 그것은 '일관성의 문제'다. 해스커의 창발적 개별자는 공간적 실재spatial entity[49]라는 점에서 데카르트의 비물질적 실체와 다르다. 위에서 언급했듯이 실체 이원론은 속성 이원론을 포함한다. 왜냐하면, 심적 실체는 물리적 대상들에 대한 어휘로 설명되지 않거나, 하부 층위의 구성요소들로 환원되지 않는 심적 속성 및 상태들의 담지자이기 때문이다. 그렇다면, 해스커의 창발적 개별자는 공간적 실재임과 동시에 심적 속성 및 상태들의 담지자라는 말이 된다. 또한 창발적 개별자는 그것

---

48 *Ibid.*, p. 196.

49 *Ibid.*, p. 192.

신경과학 시대에 인간을 다시 묻다

의 하부 층위에 인과력을 행사한다. 즉, 창발적 개별자는 물리적 에너지를 가진다. 해스커는 마음과 두뇌 사이의 에너지 교환exchange of energy between mind and brain이 몸과 마음의 인과적 상호작용의 원리라고 생각한다.[50] 문제는 여기서 발생한다. 어떻게 공간적 실재가 비공간적 특성을 보이는 심적 속성 및 상태들의 담지자가 될 수 있는가? 프랭크 딜리Frank B. Dilley는 이 물음과 관련하여 다음과 같이 말한다.

> 나는 해스커의 자아에 대한 견해가 불충분하다고 논증하려 한다. 왜냐하면, 해스커의 견해는 서로 모순되는contradictory 요소들을 마음의 개념 안으로 조화시키려고 노력하기 때문이다. 만일 마음이 공간적 존재이며 에너지 시스템이라고 한다면, 그것은 감각질을 포함할 수도, 의식awareness, 합리성, 지향성의 통일을 가질 수도 없으며, 자유롭게 행위를 할 수도 없다.[51]

이 문제는 창발적 이원론이 결코 쉽게 간과해서는 안 되는 문제다. 왜냐하면, 이 문제는 실체 이원론으로서의 정체성 문제와 연관되는 듯 보이기 때문이다. 만일 창발적 이원론이 공간적 실재이자 에너지를 가지는 창발적 개별자를 옹호한다면, 왜 창발적 이원론을 '실체 이원론'의 한 종류라고 보아야 하는가? 여기에 실체 이원론의 태생적인 난점이 놓여 있는 듯하다. 즉 심적 실체를 공간을 점유

---

50 *Ibid.*, p. 201.

51 Fank B. Dilley, "A Critique of Emergent Dualism," *Faith and Philosophy* Vol. 20, 2003, p. 42.

하지 않는 실재, 즉 비물리적인 실재로 간주하면, 데카르트적 실체 이원론이 직면하는 난점들에 직면하게 된다. 반대로 심적 실체를 공간을 점유하는 물리적 실재로 볼 경우, 실체 이원론으로서의 정체성이 위협받게 된다. 이것은 실체 이원론이 직면한 하나의 딜레마처럼 보인다.

끝으로 창발적 이원론이 '인과적 상호작용 문제'를 해결해주고 있는지 살펴보자. 필자는 이미 김재권의 '짝지음 문제'를 통해 데카르트적 이원론이 직면한 가장 치명적인 난점을 설명했다. 우선 해스커의 창발적 이원론은 창발적 개별자를 에너지를 가지는 공간적 실재로 본다는 점에서 공간을 점유하지 않는 비물질적인 심적 실체와 물질적 세계 사이의 관계는 적용되지 않는다. 해스커는 마음과 신체의 인과적 상호작용을 '마음과 두뇌 사이의 에너지 교환'으로 보려 한다. 그러나 이것은 해스커 자신도 인정했듯이 하나의 가설hypothesis에 불과하다. 다른 구절에서 해스커는 심적 인과는 인간의 현재 지식의 수준으로는 파악할 수 없는 미스터리라고 고백한다.[52] 이는 결국 '인과적 상호작용의 문제'가 창발적 이원론에서 여전히 해결되지 못하고 있음을 말해준다.

---

52 Hasker, *op. cit.,* p. 200.

신경과학 시대에 인간을 다시 묻다

5. 결론

　해스커는 물질주의에 맞서 인간의 의식적 체험의 중요한 요소들, 즉 감각질, 심적 내용, 지향성의 실재성을 설명하고자 했다. 또한, 속성 이원론과 달리, 심적 속성 및 상태들을 통일시켜주는 담지자로서의 통합적 자아를 설명하고자 했다. 이러한 시도의 핵심은 창발 개념에 있었다. 해스커는 창발$_{1a}$와 창발$_{1b}$의 구분을 도입하여 구성요소들의 활동으로 환원되지 않음과 동시에 구성요소들에 인과력을 행사하는 창발적 개별자를 설명하고자 했다. 이를 통해 데카르트적 이원론이 직면한 난전들에 새로운 해결 가능성을 열어주었다. 그러나 창발적 이원론이 데카르트적 이원론이 직면한 모든 난점을 극복했는지는 회의적이다. 창발적 개별자가 어떻게 두뇌와 인과적 상호작용의 관계를 맺고 있는지는 창발적 이원론에 여전히 미스터리로 남아 있다. 물론, 이런 비판은 부당한 비판이라고 볼 수도 있다. 왜냐하면, 심적 인과의 실재성을 옹호하는 입장 중에서 심적 인과의 메커니즘을 완전히 설명해주는 입장은 아직 없기 때문이다. 이런 점을 고려하더라도 창발적 이원론은 데카르트적 이원론의 대안이 되기에는 여전히 불충분해 보인다. 창발적 이원론이 주장하는 창발적 개별자가 공간을 점유하는 에너지를 가진 실재일 때, 어떻게 이런 실재가 비물질적인 심적 속성 및 상태들을 담지할 수 있는지에 대해 설득력 있는 답변이 제시되고 있지 않기 때문이다. 더 나아가 공간적 실재와 비공간적 속성은 모순 관계처럼 보이므로 과연 이 문제에 대한 설득력 있는 답변이 가능할는지에 대해 회의적이다. 끝으로 창발적 이원론은 이원론으로서의 정체성에 혼란을 겪을 수밖에 없다. 필자는 창발적 개별자가 공간적인 실재이기 때문에 그런 실재를 가정하는 입장에 '이원론'이라는 명칭을 부여할 수 있는지도 회의적이다.

이런 이유로 창발적 이원론이 데카르트적 이원론의 난점들을 충분하게 극복했다고 말하기 어려울 것 같다.

참고문헌

르네 데카르트, 『방법서설』, 김현복 옮김, 문예출판사, 1997.

_____ , 『성찰』, 김현복 옮김, 문예출판사, 1997.

백도형, 「참을 수 없는 존재론의 가벼움: 속성 이원론에 대한 비판」, 『철학적분석』 제6호, 2002, 1-27쪽.

Clayton, Philip, "Conceptual Foundations of Emergence Theory," in Philip Clayton & Paul Davies (eds.), *The Re-Emergence of Emergence: The Emergentist Hypothesis from Science to Religion*, Oxford-New York: Oxford University Press, 2006, pp. 1-34.

Dilley, Frank B., "A Critique of Emergent Dualism," *Faith and Philosophy* Vol. 20, 2003, pp. 37-49.

Hasker, William, *The Emergent Self*, Ithaca-London: Cornell University Press, 1999.

Kane, Robert, *A Contemporary Introduce to Free Will*, Oxford-New York: Oxford University Press, 2005.

Kemmerling, Andreas, "Was macht den Begriff der Person so besonders schwierig?," in Günter Thomas & Andreas Schüler (eds.), *Gegenwart des lebendigen Christus: Festschrift für Michael Welker zum 60.Geburtstag*, Leibzig: Evangelische Verlagsanstalt, 2007, pp. 541-565.

Kim, Jaegwon, *Physicalism or Something Near Enough*, Princeton-Oxford: Princeton University Press, 2005.

Lowe, Edward Jonathan, *An Introduction to the philosophy of mind*, Cambridge: Cambridge University, 2004.

_____ , *Personal Agency: The Metaphysics of Mind and Action*, Oxford-New York: Oxford University Press, 2008.

McLaughlin, Brian, "The Rise and Fall of British Emergentism," in A. Beckermann, H. Flohr & J. Kim (eds.), *Emergence or Reduction?: Essays on the Prospects of Nonreductive Physicalism*, Walter de Gruyter, 1992, pp. 49-93.

O'Connor, Timothy, "Emergent Properties," *American Philosophical Quarterly* 31, 1994, pp. 91-104.

Paeun, Michael, *Was ist der Mensch?: Die Entdeckung der Natur des Menschen*, München, Deutsche Verlags-Anstalt, 2007.

Perler, Dominik, *René Descartes*, München, Verlag C. H. Beck, 1998.

Popper, Karl R. & Eccles, John C., *The Self and its Brain*, 1977.

Searle, John, *The Rediscovery of the Mind*, Cambridge-Massachusetts, the Brandford Book, 1992.

Sellars, Wilfrid, "Science, Sense Impression, and Sensa: A Reply to Cornman," *Review of Metaphysics* 24, 1971.

Shapiro, Lisa (eds.), *The Correspondence between Princess Elisabeth of Bohemia and René Descartes*, London-Cicago: The University of Chicago Press, 2007.

Stephan, Achim, *Emergenz. Von der Unvorhersagbarkeit zur Selbstorganisation*, Paderborn: mentis Verlag, 2007.

Watson, Richard A., *The Downfall of Cartesianism 1673-1712*, Martinus Nijhoff: The Hague, 1966.

제2장

구성적 인격 이론

1. 서론

만일 자연계 내에 항아리, 장미꽃, 코끼리 외에 인격이라고 지칭할 만한 대상이 존재한다면, 어떤 조건이 충족되어야 하는가? 미래사회에서 발생 가능한 다음과 같은 상황에 대해 생각해보자.

상황 a. 열 살 된 소녀 순이는 바이올린을 배우고 오는 길에 교통사고를 당한다. 신속하게 응급실로 옮겨졌지만, 순이는 척수 손상으로 끝내 회복이 불가능한 전신마비 상태에 빠지고 만다. 순이는 더 이상 바이올린을 연주할 수 없고, 스스로 뭔가를 먹을 수도 없으며, 자신의 신체에 대한 느낌을 포함해서 외부 세계에 대한 그 어떤 감각도 느끼지 못한다. 그러던 어느 날, 비슷한 또래의 여자아이가 뇌사 상태에 빠져 응급실에 실려 온다. 순이, 순이의 가족, 뇌사 상태에 빠진 여자아이의 가족이 서로 상의한 끝에 합법적인 절차를 거쳐 순이의 뇌를 뇌사 상태에 빠진 여자아이에게 이식하는 수술을 하기로 한다. 이식 수술은 성공적이었고, 순이는 의식을 되찾았다.

이 상황의 경우 적어도 2개의 물음이 제기될 수 있다. 첫 번째 물음은 시간의 경과에도 한 인격이 동일한 인격이라면, 그 기준은 무엇인지에 대한 것이다. 수술 전과 수술 후의 순이는 동일한 인격인가? 만일 맞다면, 그 기준은 무엇인가? 만일 아니라면, 그 기준은 무엇인가? 인격 동일성의 기준을 기억의 지속성에서 찾을 경우, 만일 순이가 수술 후에도 이전의 기억을 갖고 있다면, 순이는 동일한 인격일 것이다. 인격 동일성의 기준을 살아있는 유기체에서 찾을 경우, 순이의 유기체는 더 이상 살아서 존재하지 않기 때문에 기억의 지속성 유무와 무관하게 수술 후의 순이는 수술 전의 순이와 동일한 인격이 아닐 것이다. 두 번째 물음은 우리는 본질적으로 무엇인지에 대한 물음이다. 우리는 본질적으로 살아있는 유기체인가? 아니면, 기억의 지속성 같은 본질적 속성을 가진 인격인가? 이 두 물음은 서로 연결되어 있다. 왜냐하면, 수술 전과 수술 후의 순이의 동일성에 대한 기준을 무엇으로 보느냐는 문제는 곧 순이를 본질적으로 무엇으로 규정하느냐의 문제이기 때문이다. 즉, 인격 동일성의 문제는 인격에 대한 본질 규정 문제와 연결되어 있다.[1]

김선희는 『사이버시대의 인격과 몸』에서 인격Person을 "인간이 지닌 특정한 속성들의 집합"[2]으로 정의한다. 인격 개념은 인간이 지닌 특정한 속성들의 집합, 즉 법적 · 도덕적 · 사회적 속성들의 집합을 중심으로 개별자를 이해하는 하나의 방식이며, 인격은 인간

---

1   개별자의 동일성과 인격 동일성은 분명히 다르다. 항아리의 본질적 속성에 대한 유무와 무관하게 한 항아리가 동일한 개별자인지 아닌지에 대해 물을 수 있다. 반면, 인격의 동일성은 의미론적으로 '인격'이라고 지칭되는 존재의 동일성을 의미한다. 따라서 '인격'의 동일성 문제는 인격의 본질 규정 문제와 연관될 수밖에 없다. 그렇다면, 중요한 문제는 우리를 본질적으로 인격이라고 할 때, 그 본질적 속성은 무엇인지에 대한 것이다. 김선희 (2004)는 인격 동일성 문제는 인격의 본질적 속성에 대한 문제가 아니라 개별자의 동일성 문제라고 주장한다. 인격 동일성이 개별자의 동일성을 함축하며, 속성의 동일성을 의미하지 않는다는 점에서 김선희의 주장은 옳다. 그러나 인격 동일성은 인격에 대한 본질 규정을 요구하기 때문에 더 일반적인 개별자의 동일성으로 대체될 수 없다. 따라서 김선희의 주장과 달리 인격의 본질적 속성 규정 없이는 인격 동일성의 기준을 설정할 수 없다.

2   김선희, 앞의 책, 37쪽.

의 그러한 속성들을 만족하는 개별자라는 것이다. 인격 동일성의 문제가 인격에 대한 본질 규정의 문제를 함축한다고 할 때, 그의 인격 개념은 인격에 대한 본질 규정으로서 모호하다. 그는 한편으로 인격은 개별적 인간을 이해하는 방식으로서 여전히 의미 있는 개념이며, 때로는 시대에 따라, 사회와 문화에 따라 적용 대상이 달라질 수도 있다고 주장하며, 가령 태아나 식물인간을 인격으로 볼 것인가는 한 사회 구성원들이 그들을 어떻게 지각하고 대우할 것인가에 부분적으로 의존한다고 말한다. 즉, 사회와 시대에 따라 인격의 외연이 어느 정도 달라질 수 있다는 것이다. 그래서 천사나 지적 외계 생명체처럼 인간종이 아닌 개별자에게도 인격의 지위가 부여될 수 있다고 주상한다.[3] 다른 한편으로 그는 인격 동일성의 기준[4]과 관련해서 윌리엄스[B. Williams]의 입장, 즉 인격 동일성의 기준은 신체 혹은 몸이라는 입장을 지지한다. 김선희는 인격 개념을 기본적으로 속성들의 집합으로 보며, 어떤 속성이 고려되어야 할지는 사회 의존적이라고 생각하기 때문에 어쩌면 인격 동일성의 기준으로 인격에 대한 본질 규정의 유무와 상관없이 확인 가능한 신체 혹은 몸의 동일성을 제시하는 것은 자연스러운 결론으로 보인다. 하지만 첫째, 그의 경우 몸 혹은 신체가 인격 동일성의 기준이라고 할 때, 왜 이것이 단지 개별자의 동일성이 아닌 인격 동일성의 기준인지에 대

---

3 김선희, 앞의 책, 40-41쪽.

4 김선희는 인격 동일성 문제를 ① 개별화(individuation)의 문제, ② 재인식(individual reidentification)의 문제로 이해한다.

한 의미론적인 문제가 발생한다.[5] 둘째, 자연 내에 인격이라고 지칭할 만한 개별자가 존재하고, 그 이유는 인격의 본질적 속성 x 때문이라고 할 때, 이것이 곧 인격 동일성의 문제가 수적 동일성numerical identity의 문제가 아니라 속성의 동일성 문제라는 것을 의미하지는 않는다. 자연계 내에 존재하는 대상 a, b, c 중에서 오직 b를 인격이라고 지칭한다는 것은 b가 a나 c가 가지지 못한 어떤 본질적인 속성을 가지고 있다는 것을 의미한다. 이 경우에만 b에 대해 인격 동일성의 문제가 발생한다. 김선희의 경우 b를 인격이라고 규정할 때, 그 기준이 되는 속성들은 임의적이고, 상대적이며, 관계적이다. 어떤 대상 a가 본질적으로 혹은 우연적으로 인격일 수 있을 때에만 인격 동일성에 대해 물을 수 있다. 만일 어떤 대상 a가 임의적이고 사회 의존적으로만 인격이라면, 인격 동일성에 대해 묻는 것은 무의미하다.[6]

필자는 데카르트가 『성찰』의 제2성찰에서 던진 물음, 즉 "그러면 도대체 나는 무엇인가?sed quid igitur sum"라는 물음이 우리의 본질 규정에 대한 물음이며,[7] 이 물음을 둘러싼 입장은 크게 우리를 본

---

5   실제로 그는 인격을 인간이 지닌 특정한 속성들의 집합으로 주장하다가 인간종 이외의 개별자도 인격이 될 수 있다고 주장하기도 한다. 인격에 대한 이런 이해는 혼란스럽고 명료하지 못하며, 그 이유는 그가 인격의 본질적 속성을 제시하지 않고 있기 때문이다.

6   여기서 이 말은 '개별자 a의 동일성'과 '인격 개념의 동일성'으로 구분될 수 있음을 의미하지 않는다는 점에 유의해야 한다. 필자는 기본적으로 인격을 '이성적 · 합리적 · 지성적 본성을 지닌 개별적 실체'라는 보에티우스(Boethius)의 인격 규정에 동의한다. 즉, 인격은 곧 어떤 본질적 속성 x를 지닌 개별자다. 이에 대해서는 다시 상술할 것이다.

7   "우리는 무엇인가? 즉, 형이상학적으로 우리는 무엇인가? 우리의 가장 일반적이고 근본적인 특징들은 무엇인가? 우리의 가장 기본적인 형이상학적 본성은 무엇인가?," Olson (2007), p. 3.

신경과학 시대에 인간을 다시 묻다

질적으로 '살아있는 인간 유기체'라고 주장하는 올슨E. Olson 등으로 대표되는 동물주의animalism와 우리를 본질적으로 인격으로 보는 인격 본질주의person essentialism[8]로 나뉜다고 생각한다. 인격 본질주의는 우리를 본질적으로 인격이라고 보는 반면, 동물주의는 우리를 본질적으로 살아있는 유기체이며, 단지 우연적으로만 인격이라고 주장한다.[9]

필자가 보기에 김선희의 입장은 분명히 인격 본질주의에 속하지 않는다. 인격 동일성의 기준으로 신체를 제시하며, 인격이 지닐 수 있는 여러 속성을 인정하면서도 인격 동일성의 기준에 적합하지 않다고 주장한다는 점에서 동물주의에 가까운 듯 보이지만 확실하지는 않다. 그렇다고 이 두 입장과 중대한 차이점을 보여주는 제3의 입장도 아닌 것 같다.[10]

이 책에서 필자는 동물주의를 비판적으로 논한 뒤에 인격 본질주의에 속하는 구성적 인격 이론을 대안으로 제시하고자 한다. 구성적 인격 이론은 인격에 대한 본질적 속성을 제시해주어 김선희의 입장이 직면한 난점을 극복하게 해주면서도 인격이 가지는 여러 측면, 즉 도덕적 행위자, 사회적 존재로서의 측면들도 설명해줄 수 있음이 분명하다. 그러나 구성적 인격 이론이 인격 동일성 문제와 관련해서 직면한 문제는 앞으로 극복해야 할 문제라는 점을 지적할 것이다.

---

8 인격 본질주의는 데그라치아의 용어로, 다음 장에서 자세히 설명할 것이다.

9 Corcoran (2003), p. 218.

10 필자는 인격의 신체가 신분 확인과 도덕적 책임의 근거라는 그의 입장, 인격은 사회적 존재라는 그의 통찰에 대해서는 전적으로 동의한다.

2. 동물주의 vs. 인격 본질주의

올슨(1997; 2007), 데그라치아(2005) 등이 지지하는 소위 동물주의는 우리는 본질적으로 살아있는 유기체a living organism이며, 단지 우연적으로만 자기의식, 반성 능력 등을 가진 인격이라고 보는 반면, 로크J. Locke를 계승한 현대의 심리적 관점the psychological view 지지자들이나 베이커L. R. Baker 등은 인격을 본질적 속성 x를 필연적으로 가지는 존재로 이해하는 인격 본질주의를 지지한다. 두 입장은 구체적으로 무엇이며, 또 어떤 문제들에 직면하고 있는지 살펴보고자 한다.

1) 심리적 관점

인격 본질주의person essentialism는 인격을 본질적으로 어떤 본질적 속성 x를 가진 존재로 규정한다.

> 일반적으로, 속성 x를 가짐 없이 어떤 것이 존재할 수 없을 때, 그 속성 x는 그것의 본질적 속성이다.[11]

인격 본질주의의 대표적인 입장은 심리적 관점이다. 심리적 관

---

11 DeGrazia (2005), p. 29.

점에 따르면, 인격은 필연적으로 자기의식 같은 특정한 심리적 능력psychological capacities을 본질적 속성으로 가지는 존재이며, 심리적 지속성은 인격 동일성의 필요충분조건이다.[12] 심리적 지속성이란 로크의 전통에 따라 기억의 지속성으로 이해된다. 상황 a에 나오는 순이의 경우 만일 순이가 수술 이후에도 수술 전의 기억을 가지고 있다면, 순이는 인격이며, 수술 전과 수술 이후의 로사는 동일한 인격이다.

인격 본질주의의 가장 큰 장점은 자연계 내에 존재하는 어떤 개별자를 인격이라는 개념으로 지칭할 수 있다고 할 때, 그에 상응하는 본질적 속성들을 제시해준다는 점이며, 특정한 본질적 속성은 곧 인격 동일성의 기준이 되어준다는 점이다. 만일 어떤 존재가 필연적으로 본질적 속성 x를 가진다면, x는 곧 그 존재의 존재적 지속 조건de re persistence condition[13]이라고 할 수 있다. 인격 본질주의는 다음과 같은 몇 가지 상황을 어떻게 설명하는지 살펴보자.

상황 b. 인격 1과 인격 2의 두뇌가 어떤 특수한 경우에 서로의 신체에 이식된 경우. 만일 인격 1을 물리적으로 구현했던 신체가 이식 이전의 인격 2와 심리적 지속성을 가지며, 인격 2를 물리적으로

12　심리적 관점은 로크(J. Locke)로부터 연원한다. 로크의 경우 인격은 "이성과 반성 능력을 갖고, 자기 자신을 자기 자신으로 생각할 수 있는 생각하는 지적인 존재"이며, "다른 시간과 공간에서도 동일한 생각하는 존재"다[Locke (1694), Book II, ch. 27, sect. 9]. 로크의 인격 및 인격 동일성에 대한 논제는 존재적(de re) 주장을 함축하지 않지만, 현대의 심리적 관점을 옹호하는 입장들은 존재적 주장, 즉 인격을 인격이게 해주는 존재론적 속성에 대한 주장을 함축한다(DeGrazia, Ibid., p. 30).

13　Baker (2000), pp. 35-39.

구현했던 신체가 이식 이전의 인격 1과 심리적 지속성을 가진다면, 두 인격은 신체의 뒤바뀜과 무관하게 서로 바뀌게 된다.

상황 c. 어떤 특수한 경우에 인격 1의 두뇌가 거대한 컴퓨터 시스템에 이식되고, 컴퓨터 시스템이 인격 1의 심리적 지속성을 가지게 된다면, 컴퓨터 시스템이 인격 1이 된다.[14]

일상에서 보통 과거의 자신과 현재의 자신이 같은 이유로 기억의 지속성을 든다는 점을 생각해보면, 이 입장은 상식common sense에 부합한다고 할 수 있겠다.

지금까지 인격 본질주의에 제기된 반론은 올슨E. Olson으로부터 나온 것이다. 올슨이 제기한 3개의 반론은 다음과 같다.[15]

a. "태아 문제fetus problem"[16]: 인격 본질주의에 따르면, 오직 심

---

14 김선희는 특히 상황 c에 대해 컴퓨터 시스템은 인격 1이 될 수 없다고 주장할 것이다. 왜냐하면, 그에게 몸은 인격적 존재의 필수조건이기 때문이다[김선희(2004), 77쪽]. 이런 주장은 이해하기 어렵다. 김선희는 한편으로 그 컴퓨터 시스템이 어떤 개별자가 인격으로 간주되느냐 아니냐는 부분적으로 사회 공동체에 의존적이라고 주장하면서, 다른 한편으로 인격적 존재의 필수조건은 몸이라고 주장한다. 분명히 어떤 개별자가 도덕적 행위자일 수 있기 위해서는 몸과 같이 경계가 정해진 물리적 조건이 필수다. 그렇지 않을 경우, 도덕적 책임을 물을 수 없기 때문이다. 그러나 인격을 어떤 본질적 속성을 필연적으로 갖는 개별자로 정의할 경우, 신체성은 필요조건이 아니다. 가령 신체를 갖지 않은 개별자도 인격적 존재가 될 수 있다.

15 DeGrazia (2005)는 올슨이 제기한 다섯 가지 주요 반론을 언급하고 있지만, 다섯 가지 반론은 모두 비슷한 문제의식을 공유하고 있으며, 세 가지 반론이 가장 핵심적이라고 생각한다.

16 Olson (1997a), pp. 95-97; Olson (1997b), pp. 73-76.

신경과학 시대에 인간을 다시 묻다

리적 능력을 가진 존재만이 인격이며, 우리가 본질적으로 인격이라면, 최소한 생후 4개월 동안 우리는 존재하지 않았다. 왜냐하면, 생후 4개월 전에는 인격의 본질적 속성인 심리적 능력이 결여되어 있기 때문이다.

b. 당신, 인격, 그리고 초기 인간 유기체 사이의 관계에 대한 설명상의 문제[17]: 만일 당신이 본질적으로 인격이라면, 중요한 심리적 능력이 태아 상태 때나 혹은 유아기 동안 창발된 이후에야 그렇게 되었을 것이다. 그렇다면, 그러한 능력을 갖추기 전의 태아 상태나 유아기의 유기체는 어디로 가는가? 그것은 사라진 것일까? 그리고 당신, 즉 인식은 인간 유기체와 같은 공간을 차지하고 있다. 만일, 인간 유기체가 수적으로 당신과 다르다면, 서로 다른 존재가 동일한 공간을 점유하고 있다는 말이 된다. 이것은 받아들이기 어려운 결론이다.

c. 당신과 지속적 식물인간PVS 상태 사이의 관계에 대한 설명상의 문제[18]: 만일 당신이 생물학적 죽음을 맞이하기 전에 PVS 상태에 빠진다고 가정해보자. 이전에 당신은 인격이었지만, 이제는 아니다. 침대에 누워 있는 존재는 인간 유기체다. 만일 당신이 본질적으로 인격이라면, 지금 당신은 어디에 있는가? 존재하지 않는 것인가?

---

17 Olson (1997b), pp. 79-81. 이 문제는 이미 Carter (1982)가 제기했다.
18 Olson (1997b), pp. 88-89.

위의 반론들은 모두 인격의 본질적 속성에 관한 것이다. 본질적 속성 x가 결여된 상태나 상실된 상태의 경우 어느 시점부터 인격으로 지칭하게 될 개별자나 어느 시점까지 인격으로 지칭했던 개별자가 존재하지 않았거나 존재하지 않게 되지 않겠냐는 것이다. 인격 본질주의가 직면한 이런 일련의 난점들은 우리를 본질적으로 인간 유기체로 규정하고, 우연적으로만 인격으로 보는 동물주의의 입장을 설득력 있게 만들어주는 듯 보인다.

2) 동물주의

동물주의에 따르면, 우리는 본질적으로 인간 유기체이며, 우연적으로만 인격이다. 우리가 어느 시점에 생물학적 조건들이 충족되면서 자기의식 등과 같은 특정한 능력들을 갖게 되는 것은 사실이지만, 이 능력들이 우리의 본질적인 지속 조건은 아니다. 동물주의는 인격 동일성의 문제와 관련해서 위에 언급한 인격 본질주의의 난점들을 해결하고자 제시된 입장이며, 우리를 생물학적인 의미에서의 유기체로 보기 때문에 우리에 대한 설명은 인간 유기체에 대한 현대 생물학이나 신경과학적 설명으로 대체된다.

동물주의의 경우 인격 본질주의에 제기된 문제 a, b, c는 쉽게 해결된다. 나는 본질적으로 인간 유기체이므로 태아와 지금의 내가 동일한 유기체라면, 존재론적 연속성을 갖는다. 설령 내가 PVS에 빠지게 되더라도 인간 유기체가 생명 기능을 유지하는 한 나는 존재한다. 동물주의는 인격 본질주의가 직면한 난점, 즉 인격과 인간

신경과학 시대에 인간을 다시 묻다

유기체 사이의 존재론적 차이로 인한 설명상의 문제를 해결해주는 것 같다. 그러나 동물주의에도 몇 가지 문제점이 있다.

첫 번째 문제는 동물주의가 인격 동일성은 곧 인간 유기체의 동일성이라고 주장할 때, 인간 유기체를 인격으로 볼 수 있느냐는 문제다. 인간 유기체는 인격인가? 만일 그렇다면, 보에티우스나 로크 전통의 인격 개념에 부합하지 않는다. 인간 유기체는 인격이 될 수 없다. 인간 유기체는 명백히 생물학적 개념일 뿐이며, 인간 유기체 개념은 자기의식을 가지고, 자유롭게 행위할 수 있는 능력을 가지고, 자기 행위에 책임을 질 수 있는 이성적 개별자인 인격 개념을 대체할 수 없다. 따라서 인간 유기체의 동일성은 인격 동일성의 기준으로는 충분하지 않다. 두 번째 문제는 인간 유기체는 인격 동일성의 필요조건이 될 수 없다는 것이다. 그 이유는 인간 유기체가 아니면서도 인격의 지위를 가질 수 있는 존재가 있을 수 있기 때문이다. 가령, 신과 같은 존재의 경우 만일 그가 이성을 가진 개별자라면, 인격이 될 수 있다. 세 번째 문제는 어떻게 시시각각으로 변화하는 물질적 조직의 합성체인 몸의 동일성을 확보할 수 있는지에 대한 것이다. 이는 흔히 '테세우스 배의 난제'로 알려져 있다. 이 문제를 김선희가 제시한 앤드루의 예를 통해 알아보고자 한다.

김선희는 아이작 아시모프의 소설 『양전자 인간*The Positronic Man*』에 등장하는 주인공 앤드루의 이야기를 인공두뇌 로봇이 인간의 몸을 취함으로써 기계의 인간화를 보여주는 대표적인 경우라고 평한다. 이는 곧 그에게 양전자 두뇌 인간이 인격적 존재가 되어가는 과정에 대한 이해이기도 하다.[19] 앤드루의 '인격 되기 과정'과 관련해서는 세 단계가 중요하다.

> (1) 앤드루의 양전자 두뇌를 안드로이드 몸체로 옮김
> (2) 소화기관을 안드로이드 몸체에 이식
> (3) 양전자 두뇌를 유기적 몸과 하나로 연결

단계 (1) 이전에 앤드루는 이미 인간과 같은 방식으로 느끼고 사고하고 대화하고 행동하는 존재였지만, 김선희에게 아직 앤드루는 완전한 인격이 아니다. 왜냐하면, 아직 유기적 신체를 가지고 있지 않기 때문이다. 우리의 논의에서 세 번째 문제와 관련해서 다음과 같은 상황을 생각해보자.

> 상황 d. 앤드루는 자신의 두뇌를 유기적 몸과 연결했고 마침내 법적으로 인간으로 인정받았다. 그러나 아직 기술적 문제로 양전자 두뇌와 유기적 신체의 접촉 부위에 피부 괴사를 막을 수 없었다. 이 문제를 해결하기 전까지 앤드루는 정기적으로 망가진 유기체를 새로운 유기적 신체로 교체해주는 수술을 받아야 한다.

상황 d에서 앤드루의 신체 1은 새로운 신체들인 신체 2, 신체 3, 신체 4 등으로 교체된다. 이 경우 진짜 앤드루는 누구인가? 만일

---

19 김선희, 앞의 책, 190쪽.

신경과학 시대에 인간을 다시 묻다

신체 1이 진짜 앤드루라면, 앤드루의 양전자 두뇌와 신체 2가 결합한 경우 앤드루가 아니게 되는가? 만일, 앤드루가 신체들의 교체에도 불구하고 동일한 앤드루로 남아 있을 수 있다면, 앤드루의 유기적 몸은 앤드루의 동일성 조건으로 충분하지 않다. 이 문제가 '테세우스 배의 난제'와 다른 점은 인격적 존재가 신체의 전적인 교체에도 불구하고 자신을 자기 자신으로 인지할 수 있는 가능성이 있다는 점이다. 앤드루의 경우 세 단계를 거치면서도 그랬듯이, 유기적 신체의 교체에도 불구하고 앤드루 자신뿐만 아니라 주위의 지인들은 앤드루를 동일한 인격으로 간주할 것이다. 따라서 김선희의 인격 이론과 동물주의의 결론은 반직관적이며 상식적이지 않다고 할 수밖에 없다.

3. 구성 개념과 인간인격

인격 본질주의는 인격과 인격 동일성의 개념에 부합하는 본질적 속성과 기준을 제시해준다는 장점이 있다. 그러나 인격이기 위한 조건에서 몸 혹은 유기체의 중요성이 쉽게 간과된다. 김선희가 정확하게 지적하고 있듯이 몸의 개별성을 갖추지 못한 행위자에게는 도덕적 책임을 지울 수 없으며, 도덕적 행위자로서의 지위를 갖기 어렵다. 반면, 동물주의는 적어도 인격 본질주의가 인격 동일성의 문제와 관련하여 직면한 난점들을 잘 피해가지만, 인간 유기체는 인격이 아니며, 인격 개념에 대한 새로운 통찰을 제시해주지도 못한다. 게다가 '테세우스 배의 난제'에 직면한다. 구성적 인격 개념이 두 입장이 가지는 장점을 모두 갖춘 대안적 이론이 될 수 있는지 검토해보고자 한다.

1) 구성 개념

베이커L. R. Baker와 코코런K. Corcoran 등에 의해 지지되는 구성적 인격 이론[20]은 인격person, 인간인격human person,[21] 인간 유기체human organism를 구분하며, 인간인격을 인간 유기체에 의해 구성된 인격으로 정의한다.

구성 관점constitution view은 어떤 물질적 사물과 그 사물을 구성하고 있는 부분들 사이의 관계를 어떻게 보아야 할 것인지에 대한 형이상학적 문제인 소위 물질적 구성material constitution 문제에 대한 하나의 해결책으로 제시된 입장이다. 가령, 로댕A. Rodin의 조각상 「생각하는 사람Le Penseur」과 그것을 구성하고 있는 청동 조각 사이의

---

20 베이커나 코코런에 따라 '구성 관점(Constitution View)'이라고 부르지만, 필자는 동물주의와 비교하여 다룰 경우 '구성주의적 인격 이론'으로 부르고자 한다.

21 human person을 한국어로 번역하기 곤란한 이유는 person의 번역어인 인격(人格)에 이미 human을 의미하는 뜻이 들어 있기 때문이다. 이런 번역상의 오류는 인격 개념을 이해하는 데 어려움을 준다. 왜냐하면, 보에티우스와 로크 전통에서 인간 유기체가 아닌 존재도 person일 수 있기 때문이다. '인격'이라는 번역어는 인간종만이 person일 수 있다는 착각을 일으킨다. 그럼에도 더 나은 대안이 아직 없기 때문에 human person을 '인간인격'으로 번역하고자 한다.

관계는 무엇인가? 신용카드와 그것을 구성하고 있는 플라스틱 조각 사이의 관계는 무엇인가? 양자는 동일한 것인가? 만일 동일하지 않다면, 어떻게 신용카드와 플라스틱 조각 같은 서로 다른 두 존재자가 동일 시점에 동일한 공간을 점유할 수 있는가?[22]

베이커는 레아M. Rea와 더불어 물질적 대상과 그 구성요소들 사이의 관계를 구성 관계로 본다.[23] 구성 관계는 다음과 같은 방식으로 정식화할 수 있다.

CR: 시점 t에서 y는 x에 의해 구성된다. 혹은 시점 t에서 x는 y를 구성한다.

이를 적용하면 다음과 같다. (1) 시점 t에서 로댕의 「생각하는

---

22 물질적 구성 문제와 관련하여 지금까지 a) 엉어(P. Unger)로 대표되는 제거주의, b) 루이스(D. Lewis)로 대표되는 환원주의 혹은 3차원주의, c) 사이더(T. Sider)로 대표되는 4차원주의, d) 버크(M. Burke)로 대표되는 우세종 이론, e) 기치(P. Geach)로 대표되는 상대적 동일성 이론 등이 제시되었다. 각 입장을 대표하는 주요 논문 및 저작은 다음과 같다. a) Unger, P., "There are no Ordinary Things," *Synthese*, 41, 1979, pp. 117–154; b) Lewis, D., "Counterparts of Persons and their Bodies," in *Journal of Philosophy*, 68, 1971, pp. 203–211; *On the Plurality of Worlds*, Oxford: Blackwell, 1986; c) Sider, T, *Four-Dimensionalism*, Oxford: Oxford University Press, 2001; d) Burke, M., "Copper Statues and Pieces of Copper: A Challenge to the Standard Account," in *Analysis*, 52, 1992, pp. 12–17; "Persons and Bodies: How to Avoid the New Dualism," in *American Philosophical Quarterly*, 34, 1997, pp. 457–467; e) Geach, P., *Reference and Generality*, Ithaca: Cornell University Press, 1962.

23 그러나 레아의 구성 개념은 베이커의 그것과 달리 아리스토텔레스의 질료 형상론 (hylomorphism)에 토대를 두고 있다. Rea, M., "Sameness without Identity: An Aristotelian Solution to the Problem of Material Constitution," in *Ratio*, 3, 1998, pp. 316–328 참조.

사람」은 청동 조각에 의해 구성된다. (2) 시점 t에서 신용카드는 플라스틱 조각에 의해 구성된다. 구성 관계는 몇 가지 특징을 가진다.

우선 (1) 구성 관계는 일차 종primary kind들 사이에서만 성립한다. 일차 종이란 각각의 개별자들이 속하게 되는 종이며, "x는 가장 근본적으로 무엇인가?"라는 물음의 답에 해당한다.[24] 조각상 하나, 청동 조각 하나, 지폐 한 장, 플라스틱 조각 하나 등은 일차 종에 속한다. (2) 구성 관계는 비대칭적이다. 즉, x(가령, 청동 조각 하나)가 y(가령, 「생각하는 사람」)를 구성할 경우, 그 어떤 경우에도 y는 x를 구성하지 못한다. 즉, 「생각하는 사람」은 청동 조각을 구성하지 못한다. (3) 구성 관계는 시간 제약적인 관계다. 즉, 시점 t_1에서 x는 y를 구성하지만, 시점 t_2에서 x는 y를 구성하지 않을 수도 있다. 가령, 시점 t_1에서 조각상 「생각하는 사람」은 존재하지만, 시점 t_2에서 망치로 「생각하는 사람」을 부숴뜨려버리면, 더 이상 조각상 「생각하는 사람」은 존재하지 않는다. (4) 구성 관계는 새로운 인과력을 낳는다. 가령, 플라스틱 조각에 의해 구성된 신용카드는 한 사회 내에서 플라스틱 조각이 갖지 못한 인과력을 행사한다. (5) 구성 관계는 동일성 관계가 아니다. 여기서 동일성은 강한 동일성 혹은

---

24 베이커는 구성 관계가 상이한 일차 종들 사이에서 성립한다고 주장한다[Baker (2000), p. 40]. 그러나 베이커가 구성 관계는 오직 상이한 일차 종들 사이에서만 성립한다고 생각하고 있는지는 불명확하다. 그러나 이미 베이커가 든 예들을 고려해보면, 베이커가 구성 관계를 상이한 일차 종들에서만 성립한다고 보지 않는다는 점을 알 수 있다. 필자가 보기에 구성 관계는 반드시 일차 종 사이에서만 성립하지는 않는다. 가령, 다이아몬드 반지와 그것을 구성하고 있는 탄소 분자의 경우 탄소 분자들의 특정한 배열을 일차 종이라고 부르기 어렵다. 그러나 다이아몬드 반지와 탄소 분자들 사이에는 물질적 구성 문제가 발생하며, 이를 구성 관계를 통해 설명하는 것은 가능하다.

필연적 동일성으로 $\forall F[x = y \rightarrow (Fx \,\&\, Fy)]$로 기호화할 수 있다. 즉, 모든 속성 F에 대하여 x가 F를 갖고 y가 F를 가질 때에만 x와 y는 동일하다. 구성 관계는 이런 의미에서의 동일성 관계가 될 수 없다. 가령, 시점 t_1에 망치로 조각상 「생각하는 사람」을 조각낸다고 해보자. 이 경우 더 이상 「생각하는 사람」(y)은 존재하지 않지만, 청동 조각(x)은 존재한다. 즉, 「생각하는 사람」과 청동 조각의 지속 조건persistence condition은 다르다. 따라서 서로 같지 않은 속성이 존재하므로 x와 y는 동일하지 않다. (6) 구성 관계는 통합 관계다. 시점 t_1에 y가 x에 의해 구성된다면, x와 y가 시점 t_1에서 동시에 존재하는 것이 아니라 단 하나의 통합된 개별자, 즉 일차 종으로서의 y만 존재한다. 가령, 시점 t에서 하나의 청동 조각이 「생각하는 사람」을 구성할 때, 같은 공간을 점유하는 2개의 대상이 존재하는 것이 아니라 하나의 대상, 즉 「생각하는 사람」만 존재한다. 이런 이유로 구성된 존재the constituted thing는 구성하는 존재constituter에 비해 존재론적 우선권ontological priority을 갖는다.[25] (7) 구성 관계는 그것이 성립되기 위한 특정한 환경circumstance을 필요로 한다. 종잇조각이 대학 졸업장을 구성하기 위해서는 특정한 의도적 상태를 가진 존재가 필요하며, 사회적 · 법적 제도가 요구된다.

---

25 Baker (2007), p. 166.

2) 인간인격

구성 관점은 우리를 본질적으로 인간인격the human person으로 본다. 베이커의 구성 관점은 인격the person, 인간 유기체the human organism, 인간인격the human person을 구분한다. 우선, 인격은 본질적으로 일인칭 시점a first-person perspective을 가진 존재이며, 인간 유기체는 생물학적 종, 즉 호모 사피엔스를 가리킨다. 인간인격은 구성 관계에 따라 인간 유기체에 의해 구성된 인격이다.[26]

위에 언급한 구성 관계의 특징들은 인간인격에 그대로 적용된다. 우선, (1) 인간인격은 두 일차적 종, 즉 인간 유기체와 인간인격들 사이의 관계다. (2) 인간 유기체는 인간인격을 구성할 수 있지만, 그 역은 성립하지 않는다. (3) 인간인격은 시간 제약적이다. 즉 시점 t1에서 한 인간 유기체는 인간인격을 구성할 수 있지만, 시점 t2에서는 아닐 수도 있다. (4) 시점 t에서 인간 유기체가 인간인격을 구성할 때, 하나의 통합적 존재, 즉 인간인격만이 존재한다. 즉, 시점 t에서 인간 유기체와 인간인격이 동시에 존재하는 것이 아니라 하나의 인간인격만이 존재한다. 즉, 구성 관점에서의 인간인격은 존재론적으로 일원적이다. (5) 인간 유기체가 인간인격을 구성할 때, 인간 유기체와 인간인격은 동일하지 않다. 식물인간의 경우처럼 일인칭 시점을 상실할 경우, 인간인격은 존재하지 않지만 인간 유기체는 여전히 남겨진다. 즉, 인간인격과 인간 유기체는 지속 조건이 다르므로 양자 사이에 동일성 관계가 성립하지 않는다. 이

---

26 Baker (2000), p. 93.

신경과학 시대에 인간을 다시 묻다

런 이유로 구성 관점은 우리를 곧 유기체와 동일한 것으로 보는 일원적 인간론의 한 형태인 동물주의animalism와 다르다. (6) 인간인격은 자연계 내에 새로운 형태의 인과력을 행사한다. 가령, 생일선물을 주고, 악수를 건네고, 예술작품을 창조하는 등. (7) 인간 유기체가 인간인격을 구성하기 위해서는 여러 사회적 제도를 포함하는 특정한 환경을 필요로 한다.

위에서 간략한 정의를 통해 언급했듯이, 구성 관점은 인격과 인간 유기체를 구분한다. 인격을 인간 유기체로부터 구분시켜주는 본질적 차이는 바로 일인칭 시점이다.[27] 인간인격을 구성하는 인간 유기체는 단지 우연적으로만contingently 일인칭 시점을 가지는 반면, 인격은 본질적으로essentially 가진다.[28] 나는 일인칭 시점을 통해 비로소 나를 나 자신으로 인지하며, 나의 느낌, 생각, 기억 등을 나의 것으로 인지할 수 있다. 이런 점에서 일인칭 시점은 자기의식self consciousness의 필요조건이면서도 인간인격인 우리의 내적인 체험을 가능하게 해주는 필요조건이다.

일인칭 시점은 두 종류, 즉 기초적 일인칭 시점the rudimentary first-person perspective과 강한 일인칭 시점the robust first-person perspective으로 구분된다. 이를 구분하는 기준은 개념적 수준의 자기의식이다. 즉, 강한 일인칭 시점은 기초적 일인칭 시점과 달리 개념적 수준에서 — '나'라는 인칭대명사와 '나의'라는 소유대명사를 통해 — 자

---

27 베이커는 구성 관계를 통해 자연 내에 새로 등장하는 인과력 및 속성들을 창발적 속성으로 보는 데 동의하고 있다. Baker (2013), pp. 207-233.

28 Baker (2000), p. 59.

신을 이해하는 것을 가능하게 한다. 베이커는 자아중심적 관점의 어휘로 설명 가능한 행동을 하는 동물들은 약한 일인칭 현상을 보인다고 주장한다.[29] 가령, 동료들에게 꿀을 머금고 있는 꽃의 위치를 가르쳐주는 꿀벌의 경우 우리는 그가 어떤 의도를 가지고 그런 행동을 하는 것처럼 기술할 수 있다. 그러나 그 꿀벌은 자신의 의도를 '나의 의도'로 이해하지 못한다. 반면, 개나 꿀벌 같은 지각능력을 가진 존재sentient being가 아닌 의식적 존재conscious being[30]는 강한 일인칭 현상을 보인다. 이런 의식적 존재는 갤럽G. Gallup의 거울 실험을 통과한 침팬지처럼 자기 자신을 자기 자신으로 단순히 인지하는 것을 넘어서[31] 자기 자신을 자기 자신으로 생각할 수 있는 능력을 갖고 있다. 인지와 생각의 차이는 개념화할 수 있는 능력 여부에 달려 있다. 즉, 강한 일인칭 시점 현상을 보이는 의식적 존재는 자기 자신을 자기 자신으로 개념화할 수 있다. 이 능력은 인칭 대명사 '나(I)'의 이해 및 사용을 통해 문법적으로 표현될 수 있다. 가령, 의식적 존재는 "나는 키가 더 크면 좋겠다"라거나 "수술만 하면 나는 농구를 다시 할 수 있다"와 같은 소망이나 믿음을 인칭대명사 '나'

---

29 Baker, *op. cit.,* p. 62.

30 '의식적'이라는 표현은 모호할 수 있다. 왜냐하면, 이 표현은 의식에 대한 정의와 맞물려 있으며, 의식은 다양하게 정의되고 있기 때문이다. 필자는 페터 비에리가 제시한 의식의 네 종류에 따라 의식을 ① 코마 상태의 반대 개념으로서의 의식, ② 인지 능력, ③ 자기의식, ④ 현상적 의식으로 구분하는 데 동의한다. 베이커가 말하는 '의식적 존재'라는 표현은 맥락을 고려해볼 때, 자기의식과 관련된다고 볼 수 있다. 의식의 네 종류에 대한 구분에 대해서는 Bieri (1994) 참조.

31 1960년대 후반 미국의 진화심리학자 고든 갤럽(G. Gallup)은 거울 테스트를 통해 일부 침팬지가 거울에 비친 자기 자신의 모습을 인지할 수 있다는 사실을 밝혀냈다.

뿐만 아니라 '좋겠다', '할 수 있다' 등과 같은 개념들의 이해와 사용을 통해 표현할 수 있다.

갓난아기나 다른 고등 동물들은 기초적인 일인칭 시점을 가진다. 비록 자기 자신을 개념적인 수준에서 인식하지는 못하지만, 그들의 행위는 욕구와 믿음을 통해 설명할 수 있다는 점에서 관점적인 태도perspective attitudes를 가진다. 갓난아기는 다른 고등 동물들과 달리, 언어 공동체에 속한 뒤 일정한 연령에 이르게 되면 개념적인 수준의 자기 인식을 할 수 있게 된다. 이는 인간인격의 형성에 대한 구성 관점이 발달심리학적인 근거를 가질 수 있음을 의미한다. 그렇다면, 일인칭 시점이 동일하다는 것은 구체적으로 무엇을 의미하는가? 내가 나른 누구도 아닌 나임을 안다는 것은 구체적으로 무엇을 의미하는가? 베이커는 구소련의 심리학자 루리아A. R. Luria가 보고한 차제츠키Zasetsky의 사례를 경험적 증거로 제시한다.[32] 차제츠키는 제2차 세계대전에 참전했다가 심각한 뇌 손상을 입게 된다. 그로 인해 자기 자신의 과거를 서사적이고 일관적으로 이해하는 능력을 잃어버리고 되고, 연결되지 않는 단편적인 에피소드들만 기억할 수밖에 없는 상태에 빠지고 말았다. 그럼에도, 차제츠키는 자기 자신을 그 누구도 아닌 자기 자신으로 이해하는 능력은 잃어버리지 않았다. 차제츠키 사례의 경우는 자기 자신을 자기 자신으로 이해한다는 것이 무엇인지를 보여주는 좋은 경험적 사례라고 할 수 있다.

---

32 Baker (2000), p. 88.

구성적 인격 이론은 강한 일인칭 시점을 인격의 필요충분조건으로 본다는 점에서 인격 본질주의의 한 형태라고 할 수 있다. 그러면, 구성적 인격 이론은 심리적 지속성 이론으로 대표되는 기존의 인격 본질주의와 동물주의가 직면했던 문제들을 잘 해결해줄 수 있는가?

우선 구성적 인격 이론은 인간인격을 인간 유기체에 의해 구성된 인격으로 본다는 점에서, 인간인격은 구성 관계의 특성상 통합적 개체라는 점에서 인격의 신체성을 배제하지 않는다. 이런 점에서 동물주의의 장점을 취한다. 그러나 동시에 인격과 인격 아닌 것의 객관적인 기준, 즉 일인칭 시점을 제시한다는 점에서 인격 본질주의의 장점을 취한다. 또한 기억의 지속성을 나의 기억이라고 인식하기 위해서는 일인칭 시점이 전제되어야 한다면, 구성 관점이 제시하는 기준이 심리적 관점이 제시하는 단순한 기억의 지속성보다 더 근본적이라고 할 수 있다.

구성적 인격 이론은 동물주의가 직면했던 '테세우스 배의 난제'를 피해갈 수 있다. 상황 d에서 앤드루는 일인칭 시점의 동일성만 확보된다면, 신체의 교체에도 불구하고 동일한 앤드루로 남아 있게 된다. 그러면, 앤드루의 양전자 두뇌가 안드로이드 몸체에 이식되기 전의 앤드루와 인간 유기체에 이식된 후의 앤드루는 동일한 인격인가? 만일, 일인칭 시점의 동일성만 확보된다면, 이 역시 동일한 앤드루라고 할 수 있다. 문제는 신체 없는 두뇌나 인간과 전혀 다른 몸을 가진 안드로이드가 현실적으로 개념의 의미론적 이해를 전제로 하는[33] 강한 일인칭 시점을 획득하는 것은 불가능해 보인다는 점이다.[34] 그러면, 올슨 등이 제기한 반론들에 대한 구성 관점의 대답은 무엇인가?

첫 번째로 일인칭 시점이 형성되지 않은 태아나 신생아기에 내가 존재하지 않았던 것은 아니다. 단지 인격이 아니었을 뿐이다. 따라서 "태아 문제fetus problem"는 성립하지 않는다. 일인칭 시점의 결여나 상실에 의해 존재하던 개별자가 존재하지 않게 되는 것이 아니다. 다만, '인격임'이 결여될 뿐이다. 또한 구성자인 인간 유기체는 남겨지기 때문에 개별자의 신분 확인을 위한 토대는 확보된다.[35] 이와 같은 이유로 세 번째 문제도 해결 가능하다. 첫 번째 문제에서처럼 일인칭 시점의 결여나 상실은 개별자의 부재를 초래하지 않는다. PVS 상태에 빠질 경우, 개별자가 사라지는 것이 아니라 어떤 개별자는 단지 인격이 아니게 될 뿐이다. 이 경우 신체는 남겨

---

33 특히 베이커의 구성 관점은 사회적 외재주의(social externalism)와 맞물리면서 강한 일인칭 시점의 획득에 언어 공동체의 역할을 강조한다. 개념의 사용은 사회 공동체에 의해 규정된다고 보는 것이다. 이는 별도의 연구논문이 필요한 주제다.

34 설(J. Searle)의 '중국어 방' 논증은 강한 일인칭 시점을 지닌 강한 인공지능의 기술적 실현에 있어 여전히 시사하는 바가 크다고 생각한다. 과학기술 발전의 놀라운 속도를 감안할 때 단정 짓기는 어렵지만, '현상적 의식'이 있어야 이해 가능한 개념들을 인간과 다른 신체적 조건을 가진 인공지능이 이해할 수 있을지 의문이 든다. '나임'이라는 현상적 의식이 없다면, 아무리 인칭대명사를 자유자재로 사용할 수 있다고 하더라도 강한 일인칭 시점을 가졌다고 할 수 없다.

35 신체는 신분 확인을 위한 중요한 토대라는 김선희의 입장에 동의한다. 그러나 신체는 신분 확인을 위한 충분조건일 뿐 필요조건은 아니다. 상황 d에서 언급한 신체가 교환되는 극단적인 상황의 경우 신체의 동일성만으로 신분을 확인하기 어렵다. 물론, 일인칭 시점을 가진 인격이 거짓말을 하는 경우도 가능하다. 그러나 신체의 교환 속에서도 일인칭 시점의 동일함을 확보할 수 있다는 점이 중요하다.

지므로 개별자의 신분 확인은 가능하다.[36] 두 번째 문제, 즉 "당신, 인격, 그리고 초기 인간 유기체 사이의 관계에 대한 설명상의 문제"는 구성 관계의 경우 성립하지 않는다. 인격과 달리 인간인격은 인간 유기체와 인격이 구성 관계를 맺고 있으며, 이때 인간인격은 그 어떤 심적 실체도 포함하지 않는 통합체다. 따라서 서로 다른 존재가 동일한 공간을 점유하고 있다는 반론은 심리적 관점에서만 들어맞는다.

4. 결론

인격 개념은 철학 역사상 가장 혼란스러운 개념이다. 케멀링A. Kemmerling은 이성을 가진 개별자, 행위에 책임을 지는 능력 등 모두 14가지 특징을 추려내고 있으며,[37] 툴리M. Tooley 역시 쾌락과 고통을 느낄 수 있는 능력 등 인격의 특징 목록을 제시하고 있다.[38] 그러나 이런 인격의 특징들은 모두 하나의 능력, 즉 자기의식을 필요

---

36 생명윤리적 관점에서, 구성 관점은 태아나 PVS에 빠진 사람의 경우 인격의 지위를 허락하지 않는다는 점에서 이들의 존재가치를 격하시키는 것은 아닌가? 이런 우려를 해소시키기 위해 모든 생명체의 지위는 동등하다는 입장을 취하거나 그들이 비록 인격이 아니더라도 우리와 같은 호모 사피엔스의 일원이므로 인격과 동등한 대우를 해주어야 한다는 입장을 취할 수 있을 것이다.

37 Kemmerling (2007), p. 545.

38 Tooley (1983), pp. 90-91.

신경과학 시대에 인간을 다시 묻다

로 한다는 공통점이 있다. 자기의식은 목록의 많은 특징들 중 하나에 불과한 것이 아니라, 인격적 개별자를 다른 개별자와 구분 지어주는 기준이다. 어떤 욕구를 '나의 욕구'로, 어떤 고통을 '나의 고통'으로, 어떤 믿음을 '나의 믿음'으로 이해하지 못한다면, 그를 인격적 개별자라고 할 수 없다. 자기의식은 일인칭 시점을 통해서만 획득할 수 있는 능력이다. 일인칭 시점의 유무야말로 인격적 개별자를 구분 짓는 객관적 기준이며, 이런 이해는 보에티우스와 로크의 전통, 즉 인격 본질주의의 전통에 잘 부합한다.

그러나 우리는 몸으로 존재한다. 우리는 단지 인격인 것만이 아니라 인간인격이다. 구성 관점은 구성 관계를 통해 인격적 개별자로서의 본질석 속성, 인격 동일성의 기준, 도덕적 책임과 인격 공동체라는 토대로서의 신체성을 설명해준다는 점에서 동물주의와 인격 본질주의의 대표적 이론인 심리적 관점의 장점을 모두 취하고 있다.

구성 관점은 인격의 본질적 속성의 결여나 상실이 개별자의 존재를 부정하는 것이 아니라는 점에서 올슨으로 대표되는 동물주의 지지자들이 심리적 관점에 제기한 문제를 피해갈 수 있으며, 일인칭 시점이 특정한 기억의 지속성을 특정 개별자에게 귀속하는 것으로 만들어준다는 점에서 심리적 관점의 단점을 보완해준다. 그리고 인격으로부터 인간인격의 구분을 통해 신분 확인의 근거로서의 신체성을 설명해주면서도 단지 사회 공동체의 합의에 의해 규정되는 상대적이고 임의적일 수 있는 인격 이헤를 지양한다는 점에서 김선희의 인격 이론과 차별성을 가진다.

마지막으로 일인칭 시점의 결여나 상실의 경우 인격의 지위를 부여받지 못하지만, 이것이 곧 개별적 인산 유기체의 가치절하를 의미하지 않는다는 점에서 구성 관점이 제시하는 인간인격에 대한 이해는 생명체에 대한 존중을 기본적으로 전제하는 생명윤리의 근본 원칙에 위배되지도 않는다.

참고문헌

김선희, 『사이버시대의 인격과 몸: 사이버자아의 인격성 논의를 중심으로』, 아카넷, 2004.

Baker, L. R., *Naturalism and the First-Person Perspective*, Oxford University Press, 2013.

_____ , *Persons and Bodies. A Constitution View*, Cambridge: Cambridge University Press, 2000.

Carter, W. R., "Do Zygotes become People?," *Mind New Series*, Vol. 91, No. 361, 1982, pp. 77-95.

Corcoran, K., "Material Persons, Immaterial Souls and an Ethic of Life," *Faith and philosophy: journal of the Society of Christian Philosophers* 20(2), 2003, pp. 218-228.

DeGrazia, D., *Human Identity and Bioethics*, New York: Cambridge University Press, 2005.

Kemmerling, A., "Was macht den Begriff der Person so besonders schwierig?" in Günter Thomas & Andreas Schüler (eds.), *Gegenwart des lebendigen Christus: Festschrift für Michael Welker zum 60. Geburtstag*, Leibzig: Evangelische Verlagsanstalt, 2007, pp. 541-565.

Olson, E. T., "Was I Ever a Fetus?," *Philosophical and Phenomenologica Research,* Vol. 57, No. 1, 1997a, pp. 95-110.

_____ , *The Human Animal*, New York: Oxford University Press, 1997b.

_____ , *What are We? A Study in Personal Ontology*, Oxford / New York: Oxford Press, 2007.

Tooley, M., *Abortion and Infanticide*, Clarendon Press, 1983.

제3장

확장된 자아 이론과
도덕적 주체

나의 단일한 목소리는 문학적인 비유에 불과하다.
- 앤디 클락, A Brain Speaks[1]

---

1 Andy Clark, "A Brain Speaks," *Science Fiction and Philosophy: From Time Travel to Superintelligence*, Oxford: Wiley-Blackwell, 2009, p. 171.

1. 서론

『성찰』의 제2성찰에서 데카르트는 "그러면 도대체 나는 무엇인가?sed quid igitur sum"라고 묻는다. 이 물음은 나의 우연적인 성질들, 가령 성격, 기질, 키, 몸무게 등을 묻는 물음이 아니다. 이 물음은 나의 형이상학적인 특징에 대한 물음이다.[2] 이 물음에 지금까지 많은 철학자들이 답을 해왔다. 가령, 올슨 등과 같은 동물주의자들은 우리를 본질적으로 '살아있는 인간 동물a living human animal'[3]로, 베이커 등과 같은 일부 인격 본질주의자들은 우리를 본질적으로 '인간 인격human person'으로 규정해왔다.

우리 자신에 대한 본질 규정을 둘러싸고 벌어지는 현대적 논의에서는 크게 자연주의와 전통적 인간상[4]이 대립하고 있다고 할 수 있다. 전통적인 인간상에 따르면, 우리는 의식과 자기의식 그리고 자유롭고 자신의 행위에 책임을 질 수 있으며, 행위 이유에 따를 수

---

2 올슨은 데카르트의 이 물음을 다음과 같이 표현하고 있다. "우리는 무엇인가? 즉, 형이상학적으로 우리는 무엇인가? 우리의 가장 일반적이고 근본적인 특징들은 무엇인가? 우리의 가장 기본적인 형이상학적 본성은 무엇인가?"(Eric Olson, *What Are We? A Study in Personal Ontology*, Oxford: Oxford Press, 2007, p. 3)

3 Eric Olson, *The Human Animal. Personal Identity Without Psychology*, Oxford: Oxford Press, 1997, p. 17.

4 파우엔은 '인간상(Menschenbild)'이라는 개념의 사용에 대해 다음과 같이 말하고 있다. "이 개념은 대단히 혼란스러워서 진지한 학술적 연구에 적합하지 않다. 그럼에도 우리를 인간으로 만들어주는 특징들을 나타내어준다는 점에서 필수불가결하다."(Michael Pauen, *Was ist der Mensch?*, München: DVA, 2007, p. 20)

있는 능력을 지닌 존재다.[5] 그러나 자연주의는 기본적으로 우리의 이러한 능력을 비생명체에게서도 관찰할 수 있는 자연적 과정의 결과로 본다. 가령, 의식이나 자기의식 등은 물리·화학적 과정의 결과물이며, 이것들의 형성 및 생성에 대한 설명에서 그 어떤 자연 초월적인 실체나 인과적 힘에 대한 가정을 필요로 하지 않는다. 우리 인간만이 가지고 있다고 믿었던 고유한 정신적 능력 및 특성들에 대한 과학적인 설명이 가능하다고 보는 자연주의 인간관에서는 그러한 능력 및 특성들이 부정되거나 물리·화학적 과정에 대한 설명으로 대체된다.[6] 자연주의는 전통적인 인간상의 수정 및 폐기를 요구하는 듯 보인다.

클락과 찰머스에 의해 주장된 확장된 마음 이론 역시 크게 보면 자연주의적 인간관의 한 형태이며, 여러 가지 측면에서 전통적인 인간상과 충돌하고 있다. 확장된 마음 이론의 논제는 우리의 마음은 유기체의 내부 혹은 두뇌에 한정되지 않고, 살과 뼈의 경계를 넘어 바깥으로 확장되는 것이 가능하다고 주장하며, 이는 일종의 양상적 주장이다.[7] 그렇다면, 정확히 살과 뼈의 경계를 넘어 확장되는 것은 무엇인가? 클락과 찰머스에 따르면, 첫 번째로 인지적 과정

---

5 Michael Pauen, *Was ist der Mensch?*, p. 21.

6 가령, 처치랜드(1981) 같은 제거적 물질주의자들은 일상 심리학이 전제하는 심적 상태들은 실제로 존재하지 않는다고 주장하고, 김재권(1998; 2005) 등이 지지하는 환원적 기능주의는 심적 상태들에 대한 환원적 설명이 부분적으로 가능하다고 주장하며, 로스(1997) 같은 신경생물학자들은 우리의 자유롭다는 느낌은 두뇌가 만들어낸 허구일 뿐이라고 주장한다.

7 Lynne Rudder Baker, "Persons and the Extended-Mind Thesis," *Zygon: Journal of Religion & Science* 44.3, Tilburg University, 2009, p. 643.

cognitive process이며, 두 번째로 인지적 상태cognitive state이며, 세 번째로 자아self다.

마음이 확장된다는 것은 정확히 무슨 말인가? 자아는 확장될 수 있는가? 확장된 마음 이론이 보여주는 인간론은 전통적인 인간상의 불가피한 수정을 야기하는가?

필자는 확장된 마음 이론은 전통적인 인간상의 그 어떤 수정이나 폐기도 초래하지 않는다는 점을 도덕적 행위와 도덕적 행위자의 문제를 통해 보여주고자 한다. 우선 필자는 마음 이론이 주장하는 '자아의 확장'을 일종의 은유로 이해할 것을 제안한다. 즉, '자아의 확장'은 은유적인 의미에서만 가능할 뿐 문자적인 의미에서는 가능하지 않다는 것이다. 그러나 은유적 표현과 실재의 관계에 대한 문제는 은유에 대한 이해와 분석만으로는 다룰 수 없다. 필자는 '자아의 확장'이 문자적인 의미에서 불가능할 수밖에 없는 이유는 일인칭 시점first person-perspective이 합리적·도덕적 행위자의 필요충분조건이기 때문이라는 점을 인공적 도덕 행위자AMA의 문제와 연관시켜 명확하게 제시할 것이다.[8] 즉, '확장된 자아'는 은유적인 의미에서 가능하다고 해도 합리적이고 도덕적인 행위자와 비행위자를 구분해주지 못하는 난점에 직면한다는 것이다. 이런 난점은 결국 그

---

8 개념의 발전사적인 의미에서 자아(self)와 합리적 및 도덕적 행위자(agent)는 구분될 수 있을 것이다. 그러나 자아는 곧 합리적 행위자이자 도덕적 행위자로 이해할 수 있다. 행위를 행사하지 못하는 자아 개념은 논리적으로는 가능할지 몰라도 인과적으로 무기력한 존재로 전락하지 않기 위해 자아는 곧 행위자여야 한다. 또한 이 책을 통해 분명하게 드러나겠지만, 클락과 찰머스가 자아 개념을 사용할 때는 전통적 인간상이 전제하는 자유롭게 행위하고 책임을 지는 행위자로서의 측면을 염두에 두고 있음은 명백하다.

어떤 행위자에게도 도덕적 책임을 물을 수 없게 만들어 일종의 도덕적 허무주의에 빠지게 할 것이다.[9]

2. 확장된 마음 이론과 확장된 자아

1) 사이보그 혹은 부드러운 자아

확장된 마음 이론은 "마음은 어디에서 끝나고, 세계의 나머지 부분은 어디에서 시작되는가?"라는 물음에 대한 답을 제시한다.[10] 클락과 찰머스는 다양한 예를 들며, 인지적 과정과 성향적 믿음이나 기억 같은 인지적 상태가 생물학적 유기체 내에서만 실현될 수 있다는 생각에 도전장을 내민다.[11] 클락과 찰머스는 어떤 과정이나

---

9 이진우는 다음과 같이 말한다. "만약 현실적 자아가 다양한 미디어를 통해 자신의 정체성을 형성한다면, 우리는 분산 자체를 부정적으로 인식할 필요는 없다."(이진우, 「사이보그도 소외를 느끼는가? 디지털 시대의 자아와 정체성」, 『철학논총』, 새한철학회 제22집, 2000, 43쪽) 가상 세계의 자아라고 해서 행위의 책임으로부터 면책이 주어질 수는 없다. 이진우는 어떻게 분산된 자아가 행위의 책임자일 수 있는지에 대해 언급하지 않는다. 필자는 확장된 자아 개념에 제기된, 문제가 분산된 자아 개념에도 그대로 적용된다고 생각한다.

10 Richard Menary, "Introduction: The Extended Mind in Focus," *The Extended Mind*, Richard Menary, eds., Cambridge: The MIT Press, 2010, p. 1.

11 이 책에서 필자는 인지적 과정 및 상태의 확장에 대한 클락과 찰머스의 논증 및 이에 대한 반론을 다루지 않을 것이다. 이에 대해서는 이미 많은 논쟁이 있어왔고, 좋은 연구논문들이 나와 있다. 덧붙이자면, 필자는 외적인 인지 과정과 내용의 운반자는 내적인 그것과 같지 않지만, 인지 과정에 기능적으로 동일한 역할을 한다면, 그 둘은 상보적 관계로 보아야 한다는 서튼과 메너리 등의 입장에 동의한다. 그러나 이 논문에서는 자아의 확

상태가 비록 생물학적 유기체가 아닌 컴퓨터 같은 시스템에서 발생할지라도 인간 유기체의 인지적 과정이나 심적 상태와 동일한 기능을 수행한다면, 그들도 우리 마음의 일부라고 주장한다. 즉, 생물학적 유기체의 경계 너머로 마음의 영역이 확장될 수 있다는 것이다. 그런데 클락과 찰머스의 이론에서 주목해볼 만한 점은 단순하게 마음의 확장뿐만 아니라 자아의 확장도 주장하고 있다는 점이다.

끝으로 자아는 무엇인가? 확장된 마음이 확장된 자아를 함축하는가? 그런 것 같다. (…) 가령, 나의 성향적 믿음들은 어떤 깊은 의미에서 나인 바의 부분을 구성한다. 예를 들어, 오토의 노트북에 있는 정보는 인지적 행위자로서 그의 정체성의 중심적인 일부다. 이것이 말하는 바는 오토 그 자신이 생물학적 유기체와 외적인 자원의 결합으로, 즉 확장된 시스템으로 간주될 수 있다는 것이다. 우리는 이러한 결론에 일관되게 저항하기 위해 그 심층의 심리학적인 연속성을 심각하게 위협하면서, 자아를 발생적인 상태들의 단순한 묶음으로 축소시켜야 한다. 더 넓은 견해를 취하여 행위자들 자체가 세

장 논제만을 다루고자 한다. 확장된 마음 이론을 둘러싼 쟁점들을 소개한 국내 연구논문으로는 이영의, 「확장된 마음 이론의 쟁점들」(『철학논집』 제31집, 서강대학교철학연구소, 2012)을, 클락과 찰머스의 동등성 원리(parity principle)에 제기된 반론에 대한 재반론에 대해서는 신상규, 「확장된 마음과 동등성 원리」(『철학적 분석』 23, 한국분석철학회, 2011)를, 확장된 자아 논제에 대한 이론적 지지에 대해서는 신상규, 「확장된 마음과 자아의 경계」(『철학논집』 제31집, 서강대학교철학연구소, 2012)를 참조하라. 상보성 원리(the complementarity principle)에 대해서는 다음 논문을 참조하라. John Sutton, "Exograms and Interdisciplinarity: History, the Extended Mind, and the Civilizing Process," *The Extended Mind*, Richard Menary, eds., Cambridge: The MIT Press, 2010.

계 속에 퍼져나가 있는 것으로 간주하는 것이 훨씬 나을 것이다.[12]

과연 나의 영역은 인지적 과정에 기여하며, 인지적 상태를 제공하는 나의 외부에 존재하는 비생물학적 체계, 더 넓게는 환경으로까지 확장될 수 있는가? 행위자 자체가 세계 속으로 퍼져나간다면, 행위자와 비행위자의 경계가 흐려져서 어느 지점에서 그 둘의 차이는 사라지고 마는 것이 아닐까? 만일 그렇다면, 자아나 행위자에 대해 언급하는 것은 무의미한 일이 되어버리고 마는 것이 아닌가? 세계 속으로 퍼져나가는 것이 가능하다고 해도 여전히 세계와 이러저러하게 연계하며, 그에 상응하게 변화를 겪고 있는 자기 자신을 일관되게 인식하고 있는 단일한 자아는 존재하는 것이 아닌가?

이 일련의 물음들에 대해 클락은 다양한 신경적 · 비신경적 도구들이 일종의 특권적인 사용자를 요구한다는 생각을 거부해야 한다고 주장한다.[13] 그렇다면, 우리는 무엇인가? 데카르트식의 이 물음에 클락은 '부드러운 자아들soft selves'이라고 말한다.[14] 생물학적 요소이든 비생물학적 요소이든, 내부적인 요소이든 외부적인 요소이든 이 모든 것은 단지 도구들일 뿐이며, 그 어떤 단일 도구도 궁극적인 통제권을 갖거나 '자아의 자리seat of the self'가 될 수 없다.

클락도 확장된 자아에 대한 자신의 생각이 함축하는 급진성에

---

12 Chalmers · Clark, "The extended mind," *Analysis* 58, Oxford University Press: 1998, p. 18.

13 Clark, *Natural-Born Cyborgs*, Oxford: Oxford Univ. Press, 2003, p. 136.

14 Clark, *Natural-Born Cyborgs*, p. 137.

　　신경과학 시대에 인간을 다시 묻다

대해 잘 알고 있는 듯하다. 그래서 그는 "정체성의 위기identity crisis 가 도래할 것이라고 느끼는가?"라고 묻는다.[15] 그러나 앤더슨이 지적하고 있듯이, 클락은 전통적인 집행적 자아를 거부하고, 부드러운 자아를 제시하고, 그에 대한 맹목적인 신뢰만 보낼 뿐 부드러운 자아가 사회 내에서 어떻게 행위에 책임을 질 수 있는지에 대해서는 자세히 언급하지 않고 있다.[16]

이 물음에 대해 클락의 공식적인 답변이 기재된 문서는 내추럴 본 사이보그에 대한 심포지엄에서 제기된 후아레로Juarrero와 다트널Dartnall의 질문에 대한 클락의 답변일 것이다.[17] 후아레로는 확장된 자아가 어떻게 '책임질 수 있는 행위자'일 수 있는지에 대한 설명이 부족하다는 점을 지적하면서, 만일 '내가 온보드onboard와 오프보드offboard 장치의 느슨한 연합'이라면, 어떻게 내가 나의 행위에 책임을 질 수 있으며, 임의의 순간에 어떠한 연합이 나로 간주될 수 있는 것인가?'에 대한 의문을 제기한다. 다트널은 삽으로 정원을 파는 예를 든다. 만일 그가 멋진 구멍을 파서 상을 받는다면, 비록 삽 없이는 그런 일을 해내지 못했을지라도 상을 받는 쪽은 삽이 아니라 그라는 것이다. 즉, 행위를 하는 주체는 어떤 행위자일 뿐 확장된 행위자가 아니라는 것이다.

우선 다트널의 문제 제기에 대해 클락은 다트널이 신체는 도구

---

15 Clark, *Natural-Born Cyborgs*, p. 137.

16 Miranda Andorson, *The Renaissance Extended Mind*, New York: Palgave Macmillan, 2015, p. 12.

17 이 두 사람의 질문과 클락의 답변에 대해서는 Andy Clark, "We Have Always Been … Cyborgs: Author's Response," *Metascience* 13, Springer Netherlands, 2004 참조.

이지만, 마음과 자아의 위치는 머리 어딘가에 위치해 있다는 생각을 전제하고 있는 것이 아니냐는 의혹을 제기한다. 클락이 행위자와 행위자의 도구에 대한 다트널의 구분에 대해 실체 이원론이라는 의혹을 제기하고 있는지에 대해서는 불분명하다. 확실한 점은 행위자와 행위자의 도구에 대한 구분이 반드시 실체 이원론으로 귀결되지는 않는다는 것이며, 이 책에서 이에 대해 다시 논할 것이다.

후아레로의 문제 제기에 대해 클락은 상세한 논증 없이 다소 급진적으로 보이는 주장을 한다.

> 나는 좋은 답변을 갖고 있지 않지만, 몇 가지 의혹을 갖고 있습니다. 첫 번째 의혹은 인격, 자아, 행위자, 그리고 도덕적 책임이라는 일상적인 생각들 모두가 법의학적forensic 개념들이라는 것입니다. 즉, 이들의 적용이 형이상학적 필연성의 문제라기보다는 관습과 실천적 편의의 문제에 가까운 개념들입니다. 내추럴 본 사이보그NBC의 교훈은 가까운 미래의 사례들은 십중팔구 도구와 신체적 부분들 사이의 경계가 점점 희미해지는 방식으로 관습과 실천적 균형들을 바꾸어놓을 것이라는 점입니다.[18]

우선 첫 번째로 필자는 클락이 '자아와 도구 사이의 경계'라는 표현 대신에 '도구와 신체적 부분들 사이의 경계'라는 표현을 썼다는 사실에 주목하고 싶다. 만일 클락이 자아를 신체적 부분들로 슬

---

18 Clark, "We Have Always Been ⋯ Cyborgs: Author's Response," p. 179.

신경과학 시대에 인간을 다시 묻다

쩍 바꾸어서 난점을 비껴가려 한 것이 아니라면, 아마도 클락은 자아나 행위자를 단순하게 신체적 부분들과 동일시하고 있는 것 같다. 물론, 만일 자아나 행위자가 단순하게 신체적 부분들과 동일하지 않다면, 그에 상응하는 조건을 제시해야 할 것이다.

　두 번째로 필자는 인격, 자아, 행위자 등과 같은 개념이 단지 법의학적 개념들이며, 관습과 실천적 편의의 문제일 뿐이라는 클락의 생각에 동의할 수 없다. 행위자와 행위자의 도구에 대한 구분은 사물과 사물의 그림자의 구분과 유사하다. 사물과 달리 사물의 그림자는 독자적으로 존재할 수 없으며, 독자적인 인과적 힘을 행사할 수 없다. 만일 사물과 사물의 그림자의 존재론적 차이를 정확히 인지하고 있는 세계 W_1과 그 둘의 차이를 인지하지 못하고 있는 세계 W_2가 있다면, W_1이 W_2보다 실재의 구조에 대해 더 잘 안다고 할 수 있다. 마찬가지로, 행위자와 행위자의 도구의 차이를 정확히 인지하고 있는 W_1이 W_2보다 실재에 대해 더 잘 안다고 말할 수 있을 것이다. 왜냐하면, 행위자의 도구는 행위자에 의존해서만 도구로서의 역할을 부여받을 수 있으며, 도구 그 자체는 아무런 인과적 힘을 행사할 수 없기 때문이다. 비록, 특정 도구 없이는 어떤 행위가 가능하지 않다고 할지라도 도구가 행위자의 일부가 될 수 있는 것은 아니다. 다시 상세히 논하겠지만, 행위의 의도를 귀속시킬 수 있는 행위자는 존재하지 않고, 오직 신체적 부분들만 존재한다면, 그러한 부분들의 묶음에 의해 발생한 사건은 행위가 아니라 의미 없는 전기, 화학적 과정에 불과할 것이다. 갑작스런 재채기로 옆 사람을 놀라게 한 경우와 살인을 의도하여 철저히 계획한 경우는 명백히 다르다. 전자의 경우 행위자의 의도가 결여되어 있지만, 후자의 경우는 그렇지 않다. 이 두 경우에 대한 구분은 단지 법의학적 측면에서 실천적 필요에 의해 '고안된' 구분이라고 보기 어렵다.

2) 은유로서의 확장된 자아

자아가 확장된다는 것과 자아가 부드럽다는 것을 어떻게 이해해야 할까? 필자는 "확장된 자아", "부드러운 자아", "자아는 확장된다" 등과 같은 표현들은 은유적 표현들이라고 생각한다.[19] 계속되는 논의를 위해 필자는 레이코프G. Lakoff와 존슨M. Johnson의 '인지적 은유 이론'이 주장하는 바 중 다음과 같은 두 가지 주장을 받아들이고자 한다.

> A. 은유의 본질은 한 종류의 사물을 다른 종류의 사물의 관점에서 이해하고 경험하는 것이다.
> B. 우리가 생각하고 행동하는 관점이 되는 일상적 개념 체계의 본성은 근본적으로 은유적이다.

레이코프와 존슨에 따르면, 중요한 은유로는 '지향적 은유Ori-

---

19 혹자는 '확장된 자아'를 은유로 분석하는 필자의 시도는 오히려 클락과 차머스의 입장을 옹호해주는 것이 아닌가라고 생각할 수도 있을 것이다. 우선 클락과 차머스가 '확장된 자아'를 일종의 은유로써 분석하지는 않았다. 필자가 이 책에서 이런 시도를 하는 의도는 '확장된 자아'는 은유적으로만 가능할 뿐 행위자의 존재론적 본성에 대한 합리적인 이해로 볼 수 없다는 점을 명확히 하기 위해서다.

entational Metaphor', '존재론적 은유Ontological Metaphor', '구조적 은유 Structural Metaphor'가 있다. 이 중에서 확장된 자아 개념은 존재론적 은유와 연관된다. 존재론적 은유는 물리적 사물이나 물건의 관점에서 우리의 경험을 이해할 수 있도록 해준다. 이를 통해 우리의 경험을 물리적 사물이나 물건처럼 지시할 수 있고, 범주화할 수 있고, 분류할 수 있고, 양화할 수 있다. 대표적인 예로 "The mind is a brittle object(마음은 부서지기 쉬운 물건이다)"를 들 수 있다.

> Her ego is very fraile.[그녀의 자아는 매우 망가지기 쉽다(나약하다).] The experience shattered him.[그 경험은 그를 산산조각 냈다(파멸시켰다).] His mind snapped.[그의 마음은 꺾였다(그는 마음을 바꾸었다).][20]

이처럼 존재론적 은유는 비물질적인[21] 존재인 마음을 부서지기 쉬운 물건을 통해 이해할 수 있도록 도와준다. 존재론적 은유들 중에서 확장된 자아 개념 분석에 도움을 줄 수 있는 은유는 그릇 은유 Container Metaphor다. 우리는 그릇 은유를 통해 물질적 사물뿐만 아니라 경험, 기억, 자아 등과 같이 비물질적인 존재들을 안과 밖의 경계를 가진 것으로 이해할 수 있다. 그릇 은유가 사용된 대표적인 표현들은 다음과 같다.

---

20 George Lakoff · Mark Johnson, *Philosophy in the Flesh*, p. 28.
21 여기서 '비물질적'이란 '형태, 연장성, 질량 등이 결여된'이라는 의미다.

He's in Love.(그는 사랑에 빠졌다.) He's coming out of the coma.(그는 혼수상태에서 깨어나고 있다.) He fell into a depression.(그는 우울증에 빠졌다.)[22]

이 표현들에서 사랑, 혼수상태, 우울증 등은 안으로 들어갈 수도 있고 빠져나올 수도 있는 어떤 경계를 가진 그릇 같은 존재로 표현되고 있다. 클락과 찰머스의 확장된 자아 개념과 클락의 부드러운 자아 개념은 존재론적 은유, 특히 그릇 은유를 통해서만 이해 가능한 은유적 표현이다. 자아는 비물질적인 존재이지만, 물리적 사물처럼 안과 밖의 경계를 가진 존재로 이해될 수 있다. 그래서 자아는 의식의 경계를 넘어서며the self outstrips the bounderies of consciousness, 이 경계들은 피부 밖에 위치할 수도 있고fall beyond the skin, 세계로 퍼져나가며spread in to the world,[23] 심지어 피부와 두개골의 경계를 넘어서려는 충동을 느끼기도 한다driven to leak through the confines of skin and skull.[24] 그러나 이러한 자아에 대한 존재론적인 은유는 이 은유들에 의해 부과되는 구조들이 존재론적으로 실재한다는 것을 함의하지는 않는다. 즉 우리가 이러한 존재론적 은유들을 통해 자아를 이해하고 표현한다고 해서 실제로 자아에 안과 밖의 경계가 있다거나, 자아가 둘 이상으로 분리되는 것은 아니다. 이와 마찬가지로, 우리가 그릇 은유를 통해 자아의 확장에 대해 이해할 수 있고 표현할 수 있다

---

22 Lakoff · Johnson, *Philosophy in the Flesh*, p. 32.

23 Chalmers · Clark, "The extended mind," p. 18.

24 Clark, "We Have Always Been ⋯ Cyborgs: Author's Response," p. 137.

고 해서 실제로 자아가 확장되는 것은 아니다.

레이코프와 존슨은 자아에 대한 수많은 은유들에는 옳고 그름이 없다고 주장한다. 다만, 이 은유들은 자아에 대한 어떤 속성은 부각시키고, 어떤 속성은 축소시키며, 또 어떤 속성은 숨길 뿐이다.[25] 어떤 은유를 사용할지는 맥락이나 목적 등에 달려 있을 뿐이다. 더 나아가 그들은 객관적인 진리는 존재하지 않는다고 주장한다. 진리는 항상 특정한 개념 체계에 상대적이며, 그 개념 체계는 대개 은유에 의해 규정된다는 것이다.[26]

진리의 문제는 항상 은유적 구조가 핵심으로 자리 잡고 있는 개념 체계에 상대적인가? 이러한 생각이 '극단적인 상대주의'로부터 선을 긋기 위해 도입한 '안정된 과학적 지식'에 대한 믿음과 양립 가능한지에 대한 문제는 둘째치더라도 레이코프와 존슨의 '온건한 상대주의'는 과학적 지식의 본성 혹은 지위에 대해 신뢰할 만한 입장인가? "DNA는 존재한다"는 그 어떤 은유적 표현의 개입 없이도 이해할 수 있고, 검증할 수 있는 지식으로 보인다. 비록 그것을 언어적으로 묘사함에 있어서 은유적 표현은 필수적일지라도 블랙홀이 가지는 여러 가지 성질은 은유의 개입 없이도 파악될 수 있다. 사물과 그림자의 관계는 어떠한가? 이 둘의 관계는 '존재론적 의존성', '인과적 의존성', '인과적 무력함' 등과 같은 개념들로 분석되고 설명될 수 있다. 비록 이런 개념들에 은유적 구조가 숨겨 있을지라도 사물과 그림자에 대한 존재론적 성격에는 어떤 객관적이고 보

25 Lakoff · Johnson, *Philosophy in the Flesh*, p. 289.

26 Lakoff · Johnson, *Philosophy in the Flesh*, p. 160.

편적인 측면이 있다. 어떤 은유들은 레이코프와 존슨이 주장하듯, 우리의 인지적 체험에서뿐만 아니라 실재에 대한 객관직인 이해에서 비롯된 것으로 보인다. 만일 누군가가 "그는 나를 그림자처럼 따라다닌다"라는 일종의 구조적인 은유를 사용해서 그와 자기 자신의 관계를 표현할 경우, 이는 사물과 그의 그림자에 대한 객관적인 성질에서 연원한 구조적 은유라고 보는 것이 옳을 것이다. 이런 지식들이 가지는 객관성은 문화권, 언어권, 은유적 구조성 등을 초월한다. 필자는 행위자와 행위자의 도구에 대한 구분 역시 이러한 실재에 대한 객관적인 성질에 해당한다고 생각한다. 그렇다면, 행위자와 행위자의 도구에 대한 구분에 대한 객관적인 기준은 무엇인지에 대한 물음이 제기될 것이다. 인공적 도덕 행위자는 도덕적 행위자가 될 수 있는지를 논의하면서 이 문제에 답을 하도록 하겠다.

3. 도덕적 행위와 그 조건

1) 사건, 행위, 그리고 도덕적 행위자

우리는 일상에서 수많은 일이 벌어지고 있다는 것을 안다. 벼락이 치기도 하고, 화산이 폭발하기도 하며, 살인사건이 일어나기도 한다. 이 모든 일은 어떤 특정 시점에서 발생하는 사건들이다. 그러나 다양하게만 보이는 사건들이 크게 '우리에게 일어난 것'과 '우리가 행한 것'으로 구분될 수 있음은 자명하다. 가령 다음과 같은 상황을 생각해보자.

> A. 철수는 총을 집어 들고, 신중하게 목표물을 조준한 다음, 방아쇠를 당겨 총을 발사했다.
> B. 철수는 집에 돌아와 책상 위에 총을 올려놓았다. 철수가 총을 내려놓을 때, 예상치 못하게 총이 발사되었다.[27]

이 상황들은 각각 다음과 같은 사실을 포함하고 있다.

> A 1. 누군가 총을 발사했다.
> B-1. 총의 발사가 일어났다.

A-1과 B-1 모두 사건을 기술하고 있지만, 서로 동일한 종류의 사건을 기술하고 있다고 볼 수 없다. '총의 발사가 일어남'은 '총을 발사함'을 포함하지 않지만, '총을 발사함'은 '총의 발사가 일어남'을 논리적으로 포함하기 때문이다. B-1과 달리 A-1은 사건을 '의도적'으로 일으킨 행위자를 전제하는 사건이다.[28] A-1에 의해 기술되고 있는 행위는 본질적으로 B-1을 함축하지만, 그 역은 성립하지

---

27 이 예는 모야(Moya)가 *The Philosophy of Action. An Introduction* (Cambridge: Polity Press, 1990)에서 제시한 예시를 필자가 변형한 것이다.

28 이런 이유로 행위는 다른 종류의 사건일 뿐 사건의 범주를 초월한 또 다른 종류의 존재론적 범주는 아니다. 따라서 행위와 사건을 구분한다는 것은 사건들의 특정한 종류를 구분한다는 말이 된다.

않는다. 즉 만일 총의 발사가 일어난다면, B-1은 자동적으로 참이지만, A-1은 그렇지 않다. 따라서 무언가가 일어남happening은 행위의 필요조건이지만, 충분조건은 아니다.[29] 그렇다면, 단순한 자연적 사건으로부터 행위를 구분해주는 기준은 무엇인가? 필자는 이두 구분을 진지하게 받아들이는 대부분의 철학자들에게 그러하듯, 이 기준을 행위자의 의도intention라고 생각한다.[30] 그렇다면, 행위자가 의도를 가지기 위해서는 어떤 조건이 필요한가? 이 물음을 확장된 자아 개념과 연관시켜 묻기 전에 도덕적 행위자로서의 확장된 자아에 대한 연구보다 더 많은 학술적 선행연구가 있어왔던 인공적 도덕 행위자artificial moral agent(이하 AMA) 문제와 연관시켜 생각해보고자 한다.

우선 AMA과 관련해서 플로리다와 샌더스가 제시한 AMA의 세 가지 자격 조건은 다음과 같다.

> (1) 상호작용성interactivity: 상태 변화에 의한 자극에 반응하는 능력, 즉 행위자가 주위 환경과 서로 영향을 주고받으며 행동할 수 있는 능력.
>
> (2) 자율성autonomy: 자극 없이도 상태를 바꿀 수 있는 능력, 즉

---

29 Carlos J. Moya, *The Philosophy of Action. An Introduction*, Cambridge: Polity Press, 1990, p. 12.

30 사건과 행위의 구분에 대한 문제는 이미 이 책의 주제가 아니다. 이 두 개념에 대한 구분은 별도의 연구논문을 필요로 하는 주제다. 이 책의 핵심주제는 만일 행위를 행위자의 의도에 의해 발생한 사건으로 본다면, 행위자는 어떤 조건을 만족시켜야 하며, 행위자에게 행위의 책임을 묻기 위해서는 어떤 조건을 만족시켜야 하는지에 대한 것이다.

상호작용에 대한 직접적 반응 없이도 어느 정도의 복잡성 및 환경과의 분리성을 유지하는 능력.

(3) 적응성adaptability: 상태 변화의 기준이 되는 '전환 규칙'을 바꾸는 능력, 즉 행위자가 자신의 경험에 따라 작동 방식을 스스로 학습할 수 있는 능력.[31]

가령, 구글 딥마인드가 개발한 인공지능 바둑 프로그램인 알파고AlphaGo는 (1)과 (3)의 조건을 갖추고 있는 듯 보인다. 그러나 작동 규칙을 스스로 바꿀 수는 없기 때문에 (2)의 조건을 갖추고 있다고 보기는 어렵다. 만일 어떤 AMA가 이 세 가지 조건을 다 갖추고 있다면, 그는 행위자가 될 수 있을까? 만일 이 세 가지 조건을 다 갖추고 있지만, 자기의식을 갖지 못한 AMA가 있다면, 그에게 행위자로서의 지위를 부여할 수 있을까? 어떤 행위자 A가 상호작용을 하거나, 자율성을 갖거나, 적응성을 갖추고 있다는 말은 무슨 뜻인가? 행위자 A가 가령 상호작용이라고 평가할 만한 행위 a를 수행했다고 할 때, 행위자 A의 의도가 없다면, 행위 a를 '상호작용적'이라고 평가할 만한 근거는 무엇인가? A는 a를 그 어떤 경우에도 '의도하지' 않았다. 존재하는 것은 오직 프로그래밍된 일련의 전기적 과정들뿐이다.[32] 자율성과 적응성이라고 평가할 만한 행위들에 대해서

---

31 웬델 월러치·콜린 알렌, 『왜 로봇의 도덕인가』, 서울: 메디치, 2009, 107쪽.

32 혹자는 필자가 너무 강한 의미에서 행위자 개념을 사용하고 있다고 생각할지 모르겠다. 즉, '약한 의미에서의 행위자'와 '강한 의미에서의 행위자'를 구분하는 것이 유익하시 않겠냐는 것이다. 그러나 이 책에서 말하는 행위자는 자신의 행위에 책임을 질 수 있는 존재 혹은 그의 행위에 책임을 귀속시킬 수 있는 존재다. 행위에 책임을 질 수도 없고, 책임을

도 동일한 문제가 적용된다. '자율적' 혹은 '적응하는'이라고 평가할 만한 행위가 행위자의 의도 없이 가능한가?

도덕적인 행위, 즉 '선한' 혹은 '악한'이라고 평가될 수 있는 행위의 경우도 동일한 문제가 발생한다. 월러치와 알렌이 언급하고 있듯이 AMA의 도덕적 행위를 칸트의 관점에서 이해하느냐 공리주의의 관점에서 이해하느냐에 따라 다른 평가가 나올 수도 있다. 칸트의 관점에서 행위의 도덕성의 핵심 요소는 사고 과정에 있고 결과보다는 동기가 중요하지만, 공리주의의 관점에서는 행위의 원인이나 정당성보다는 행위의 결과가 강조된다.[33] 그러나 의도 없이 행위에 대한 어떠한 동기를 가진다는 것이 가능할까? 의도 없이 여러 행위 가능성에 대한 숙고가 가능할까? 의도 없는 행위의 결과를 '선하다' 혹은 '악하다'고 평가할 수 있을까? 가령, 풍력발전소를 가동시켜준다고 해서 분자들의 움직임을 '선하다'고 말할 수 없으며, 번개에 맞아 누군가 사망했다고 해서 일련의 전기적 현상을 '악하다'고 말할 수 없다.

월러치와 알렌은 플로리다와 샌더스와 달리 AMA는 도덕적 자유, 이해, 기능적 의식을 갖춰야 한다고 주장한다. AMA가 도덕적 환경에 더 노출될수록 선택사항은 확장되고 결과는 다양해진다. 따라서 AMA는 이런 다양한 선택사항 중 어느 하나를 선택할 수 있는

귀속시킬 수도 없는 존재를 행위자로 간주하기 어렵다. 따라서 필자는 약한 의미로서의 행위자와 강한 의미로서의 행위자를 구분해서 AMA를 행위자로 규정하려는 시도는 일종의 기만에 불과하다고 생각한다.

33 웬델 월러치 · 콜린 알렌, 앞의 책, 124쪽.

신경과학 시대에 인간을 다시 묻다

도덕적 자유를 갖춰야 할 것이다. 그리고 중증 치매 환자처럼 자신이 하는 일을 이해하지 못하거나 의식하지 못하는 개인에게는 책임을 묻지 않기 때문에 이해와 의식을 갖춰야 할 것이다.

도덕적 자유, 이해, 기능적 의식을 갖춘 AMA가 기술적으로 실현될 수 있을지의 문제와 무관하게 월러치와 알렌은 행위자의 조건과 관련하여 중요한 사실을 언급하고 있다. 그것은 바로 '자신이 하는 일을 이해하지 못하거나 의식하지 못하는 행위자'에게는 책임을 물을 수 없다는 사실이다. AMA에게 적용된 문제는 확장된 자아에게도 그래도 적용된다. 확장된 자아와 AMA의 차이는 명백하다. 확장된 자아는 AMA와 달리 이미 도덕적 자유, 이해, 기능적 의식뿐만 아니라 현상적 의식을 갖추고 있거나 갖출 가능성을 갖고 있다는 점이다. 그런 이유로 만일 은유적인 의미에서 확장된 자아가 실현 가능하다고 할 때, 도덕적 행위자로서 확장된 자아에 예외적인 사항은 존재하지 않는다. 위에 언급한 다트널이 제기한 삽과 행위자의 구분을 미래에 일어날 수도 있는 다음과 같은 상황을 통해 다시 생각해보자.

상황 A. 철수는 유능한 직업 킬러다. 그는 비록 오래전 육군 장교로 참전한 전장에서 하반신과 오른팔을 잃었지만, 최첨단 기계로 완벽하게 대체되었다. 그래서 철수는 이전보다 더 큰 신체적 능력을 소유하게 되었다. 그러나 노쇠와 전장에서의 후유증 등으로 인해 철수는 단기기억상실증을 앓기 시작했다. 그래서 철수의 뇌에 제거해야 할 표적 목록이 입력된 신경 칩neuro chip이 삽입되었다. 신경 칩은 숨겨진 저격용 독침이 장착된 오른팔과 연결되어 있다. 따라서 신경 칩에서 표적에 해당하는 인물과 일치하는 대상이 발견되었다는 신호를 철수의 뇌에 보내면, 철수는 단지 '허락한다'는 생각만 하면 된다. 철수의 그 생각이 전기신호로 변환되어 신경 칩에 도달하자마자, 철수의 오른팔은 스스로 작동하여 표적을 향해 눈 깜짝할 사이 치명적인 독침을 발사한다. 그러던 어느 날, 철수는 치명적인 실수를 하고 만다. 신경 칩이 표적과 일치한다고 판단해서 철수가 허락 신호를 보내 살해했지만, 실은 표적과 매우 닮은 시민일 뿐 실제 표적이 아니었던 것이다.

이런 상황에서 무고한 한 시민의 죽음에 대한 책임은 누가 져야 하며, 질 수 있는가? 누가 시민의 죽음을 초래하게 한 행위자인가? 신경 칩인가? 신경 칩과 연결된 철수의 오른팔인가? 만일 이 물음에 대해 "철수가 행위자이며, 책임을 져야 한다"라고 말한다면, 클락의 생각처럼 단지 철수의 뇌와 같은 철수의 내부에 갇혀 있는 자아라고 불리는 불가사의한 존재를 전제하게 되는 것인가?

더 나아가, 클락과 찰머스의 확장된 자아가 도덕적 행위자로서의 지위를 가질 수 없는 또 다른 이유는 확장된 자아 개념이 인격적 동일성에 대한 기준을 제시해주고 있지 않기 때문이다. 다음과 같은 상황 B를 생각해보자.

상황 B. 철수는 유능한 직업 킬러다. 그는 비록 오래전 육군 장교로 참전한 전장에서 하반신과 오른팔을 잃었지만, 최첨단 기계로 완벽하게 대체되었다. 그래서 철수는 이전보다 더 큰 신체적 능력을 소유하게 되었다. 그러나 노쇠와 전장에서의 후유증 등으로 인해 철수는 단기기억상실증을 앓기 시작했다. 그래서 철수의 뇌에 제거해야 할 표적 목록이 입력된 신경 칩neuro chip이 삽입되었다. 신경 칩은 숨겨진 저격용 독침이 장착된 오른팔과 연결되어 있다. 고용인들은 로봇 하반신과 로봇 팔을 장착한 철수를 로봇 철수라고 불렀다. 그러던 어느 날, 로봇 철수는 치명적인 실수를 하고 만다. 신경 칩이 표적과 일치한다고 판단해서 로봇 철수가 허락 신호를 보내 살해했지만, 실은 표적과 매우 닮은 사람일 뿐 실제 표적이 아니었던 것이다. 로봇 철수는 집으로 돌아와 로봇 하체와 로봇 팔을 빼내어 폐기했고, 신경 칩을 제거해 폐기했다. 초인적인 능력을 지녔던 로봇 철수는 휠체어에 앉은 철수가 되었다. 철수와 그의 변호인은 무고한 시민을 살해한 로봇 철수는 철수와 동일 인물이 아니라는 변호를 준비하기 시작했다.[34]

로봇 철수와 철수는 동일 인물인가? 만일 동일 인물이라면, 어떤 기준 때문에 그러한가? 인격 동일성은 단지 법의학적 편의에 의해 생겨난 문제일 뿐인가? 설령, 그렇다고 하더라도 사회에서 발생하는 수많은 범죄와 도덕적 악행들을 방지하고 어떤 목적에 의해서

---

34 객관적인 인격 동일성이 없다고 믿는 이들에게 이러한 상황 기술은 이미 불공평하게 느껴질 수도 있을 것이다. 가령, "초인적인 능력을 지녔던 로봇 철수는 휠체어에 앉은 철수가 되었다"와 같은 구절에서 "로봇 철수가 철수가 되었다"라는 표현은 이미 인격 동일성에 대한 보종의 기준을 전제하고 있는 것이 아니냐고 지적할 수도 있을 것이다. 그러나 철수가 변호인을 섭외하여 무언가를 변호하려는 의도를 가졌다는 것은 무엇을 의미하는가? 인격 동일성의 문제가 단지 법의학적 편의에 의해 고안된 문제라는 생각에는 근본적인 오류가 있다고 볼 수밖에 없다.

이든 처벌하기 위해서는 인격 동일성의 기준에 대한 최소한의 언급이 필요하지 않을까?

2) 일인칭 시점

도덕적 행위자로서의 AMA에 대한 고찰은 우리의 논의에서 무엇을 말해주는가? 필자는 아사로Peter M. Asaro의 다음과 같은 지적이 이 물음에 적절한 답을 제시해주고 있다고 생각한다.

> 완전한 도덕적 행위자는 양심, 자아의식, 고통을 느끼거나 죽음을 두려워할 능력, 반성적 숙고, 자신이 가진 윤리적 시스템과 도덕 판단에 대한 평가 등과 같은 많은 요인을 갖춰야 한다. 도덕적 행위자의 자율적인 형식을 충분히 갖춰야 비로소 권리와 책임이 생겨난다. 도덕적 행위자는 다른 도덕적 행위자에 대한 윤리적인 고려를 한다는 점에서 존중받을 만하며, 생명과 자유의 권리를 가진다. 게다가 도덕적 행위자는 자신의 행위에 대한 책임을 지며, 잘못한 행위에 대해서는 정의의 심판을 받아야 한다.[35]

윌러치, 알렌, 아사로는 모두 도덕적 행위자의 조건으로 도덕적 자유, 이해, 의식, 반성적 숙고, 고통을 느끼거나 죽음을 두려워할 수 있는 능력 등을 꼽고 있다. 그러나 이런 조건들에 대한 언급에는

---

35 피터 아사로(변순용 · 송선영 역), 「우리가 로봇윤리에서 무엇을 바라는가?」, 『로봇윤리: 로봇의 윤리적 문제들』, 서울: 어문학사, 2000, 40쪽.

객관적인 기준 혹은 그것들의 토대가 되는 필연적인 조건에 대한 논의가 결여되어 있다. 따라서 마치 이들의 제시는 '조건들의 임의적인 목록'에 불과한 것 같다. 필자는 이 모든 능력이 전제로 해야 하는 공통된 조건이 있다고 생각한다. 그것은 바로 일인칭 시점^{the first-person perspective}이다.

일인칭 시점을 통해 우리는 비로소 의식적 삶의 풍요로움을 향유할 수 있다. 내가 나임을 아는 능력, 내가 생각하고 있는 바가 나의 생각임을, 내가 느끼고 있는 바가 나의 느낌임을, 내가 숙고하는 바가 나의 숙고임을 아는 능력은 일인칭 시점을 전제로 한다. AMA를 행위자로 볼 수 있는 조건 중 하나가 단지 상호작용성이라고 할 때, 어떤 AMA가 자기 자신이 하고 있는 행위를 '상호작용적'이라고 평가할 만한 행위라는 사실을 알지 못한다면, 혹은 임의의 시점에 수많은 선택지 중에서 자기 자신이 '상호작용적'이라고 평가할 만한 선택을 찾고 있다는 사실을 알지 못한다면, 그의 선택이 결과적으로 '상호작용적'이라고 평가될 수 있을지라도 그의 선택이 곧 상호작용적인 선택인 것은 아니다. 왜냐하면, 그에게는 일인칭 시점이 결여되어 있으며, 따라서 그는 자기 자신이 무엇을 원하는지, 무엇을 의도하는지 알 수 있는 상태에 놓여 있지 않았기 때문이다. 숙고 역시 일인칭 시점을 필요로 한다. a부터 g까지의 선택지 중에서 어느 하나를 선택하기 위해 숙고한다는 것은 일인칭 시점을 가진 존재에게만 가능한 일이다. 설령, 일인칭 시점이 결여된 AMA가 어떤 선택지를 선택했다고 해도 자기의식이 결여된 상태에서의 선택을 '의식적 선택' 혹은 '숙고에 의한 선택'이라고 간주할 수 없다.

그러나 어떤 존재가 일인칭 시점을 갖고 있다는 것은 정확히 무슨 말인가? 가령, 꿀을 머금고 있는 꽃을 찾아낸 꿀벌은 집으로 돌아와 동료들에게 꿀의 위치를 알리는 행위를 한다. 이는 꿀벌이 자기 자신과 동료에 대한 구분을 하며, '내가 알아낸 정보' 등과 같은 일인칭 시점에 의해서만 접근 가능한 의식의 내용을 갖고 있음을 암시해주지 않는가?

이 물음에 답하기 위해 베이커가 제시한 약한 일인칭 현상weak first-person phenomena과 강한 일인칭 현상strong first-person phenomena에 대한 구분은 도움을 줄 수 있다. 베이커는 얼마 전 땅에 묻어놓은 뼈를 찾으러 가는 개의 행동을 예로 든다. 이 개의 행동은 개의 관점에서 어떤 문제를 해결하고자 하는 관점적 태도perspectival attitudes로 볼 수 있다. 베이커는 자아중심적 관점의 어휘로 설명 가능한 행동을 하는 동물들은 약한 일인칭 현상을 보인다고 주장한다.[36] 그러나 이 개가 자기 자신을 다른 그 무엇도 아닌 자기 자신으로 생각하는 능력을 가졌다고는 볼 수는 없다. 개나 꿀벌 같은 지각능력을 가진 존재sentient being가 아닌 의식적 존재conscious being는 강한 일인칭 현상을 보인다. 이런 의식적 존재는 갤럽G. Gallup의 거울 실험을 통과한 침팬지처럼 자기 자신을 자기 자신으로 단순히 인지하는 것을 넘어서 자기 자신을 자기 자신으로 생각할 수 있는 능력을 갖고 있다. 인지와 생각의 차이는 개념화할 수 있는 능력 여부에 달려 있다. 즉, 강

---

36 Baker, *Persons and Bodies. A Constitution View*, p. 62.

한 일인칭 시점 현상을 보이는 의식적 존재는 자기 자신을 자기 자신으로 개념화할 수 있다. 이 능력은 인칭대명사 '나'의 이해 및 사용을 통해 문법적으로 표현될 수 있다. 가령, 의식적 존재는 "나는 내가 부자였으면 좋겠다"라거나 "이번 여름휴가 때 나는 마추픽추에 갈 수 있다"와 같은 소망이나 믿음을 인칭대명사 '나'뿐만 아니라 '좋겠다', '여름휴가' 등과 같은 개념들의 이해와 사용을 통해 표현할 수 있다.

약한 일인칭 현상을 보이는 지각적 존재는 엄밀한 의미에서 자아 개념을 지니고 있다고 볼 수 없다.[37] 비록 지각적 존재의 행동들을 어떤 문제를 해결하기 위한 목적을 가진 것으로 설명할 수는 있지만, 지각적 존재는 기껏해야 다른 존재로부터 자기 자신을 지각적으로만 구분할 수 있을 뿐 개념적으로 구분하지는 못한다. 따라서 오직 강한 일인칭 현상을 보이는 의식적 존재만이 일인칭 시점을 갖고 있다고 할 수 있다.[38]

---

[37] "단지 기본적인 일인칭 시점을 가진 존재는 자기개념 혹은 자기이해를 가지고 있지 않다."(Baker, *Naturalism and The first-person Perspective*, Oxford: Oxford University Press, 2013, p. 42)

[38] 이런 이유로 필자는 도킨스, 데넷, 장대익의 주장, 즉 유전자와 밈(meme)이 행위자라는 주장에 반대한다. 장대익은 데넷의 '지향계 이론(intentional system theory)'을 끌어들여 유전자와 밈이 행위자라고 주장한다(장대익, 「일반 복제자 이론: 유전자, 밈, 그리고 지향계」,『과학철학』11, 한국과학철학회, 2008 참조). 즉, 우리가 그 대상에 이른바 '지향 자세(intentional stance)'를 가졌을 때, 그 대상의 행동이 널리 예측된다면, 그 대상을 실제로 지향적 시스템으로 볼 수 있다는 것이다. 유전자와 밈은 자기복제를 의도한다고 볼 수 있고, 그를 통해 그들의 행동을 예측할 수 있기 때문에 그들도 지향적 시스템이라는 것이며, 그런 한에서 행위자라는 것이다. 필자는 데넷과 장대익이 행위이유로서의 의도를 가진 것으로 기술(description)하는 것과 실제로 행위이유를 가지는 것을 구분하지 못하고 있다고 생각한다. 유전자와 밈은 일인칭 시점을 결여하고 있으므로 숙고를 통한 행위이유를 가질 수도 없으며, 그런 점에서 책임의 귀속도 불가능하다. 만일 장대익의 주장

어떤 존재가 도덕적 행위자이기 위해서는 일인칭 시점을 갖춰야 한다. 자기 자신을 자기 자신으로 개념화하는 능력이 전제되지 않고서는 그 어떤 의도도, 욕구도, 믿음도 그에게 속한다고 말할 수 없다. 따라서 일인칭 시점은 어떤 존재가 도덕적 행위자이기 위한 필요충분조건이다.

확장된 자아가 도덕적 행위자일 수 있는지에 대해 답하기 위해 다음과 같은 선택지를 제시해보고자 한다.

(a) 오직 강한 일인칭 현상을 보이는 존재만이 도덕적 행위자일 수 있다. (b) 강한 일인칭 현상뿐만 아니라 약한 일인칭 현상을 보이는 존재도 도덕적 행위자일 수 있다. (1-1) 그 어떤 AMA도 강한 일인칭 현상을 보일 수 없다. (1-2) 강한 일인칭 현상을 보이는 AMA의 실현은 기술적(현실적)으로 가능하다. (2) 적어도 약한 일인칭 현상을 보이는 AMA는 기술적으로 실현 가능하다.

전체적으로 (a)와 (1-1) 조합은 인간 이외의 동물이나 인공물은 도덕적 행위자일 수 없다는 일종의 강한 회의주의적 입장을 구성

처럼 밈이 실제적으로 행위자라면, 일련의 현상들의 배후에 그 현상들을 일으킨 의인화된 실체를 상정하게 되는 것이며, 이는 자신이 비판하던 서구의 본질주의적 요소를 스스로 받아들이게 되는 셈이다. 더 나아가, 장대익의 이른바 진화주의적 문화 이론을 하나의 밈으로 보게 된다면, 진화의 특성상 하나의 밈을 더 우월하다, 더 옳다, 더 가치 있다고 말할 수 없을 것이며, 따라서 자신의 이론에 대한 정당화 가능성을 잃게 된다. 필자는 도킨스, 데넷, 장대익이 전제하고 있는 행위자 이론을 '소박한 행위자 이론(naive agent theory)'이라고 부르고자 한다.

신경과학 시대에 인간을 다시 묻다

하며, 필자가 지지하는 입장이다.[39] 언급했듯이 강한 일인칭 현상은 개념에 대한 이해와 적용을 전제로 한다. 하나의 언어 공동체 내에서 개념들을 이해하고 적용할 수 있기 위해서는 근본적으로 공통된 인지적 체험들을 가져야 한다.[40] 인지적 체험을 가진다는 것은 곧 현상적 의식을 가진다는 것을 의미한다.[41] 가령, 중력에 의해 발생하는 인지적 체험들을 느끼지 못한다면, "나는 뛸 듯이 기뻤다"와 같은 은유적 표현들의 의미를 이해하지 못할 것이다. 도덕적 숙고는 수많은 개념들에 대한 이해와 적용을 필요로 한다. 설령 현상적 의식을 가진 AMA가 기술적으로 만들어지더라도 우리와 다른 물질적 토대를 바탕으로 발생하는 인지적 체험을 지닌 존재가 우리의 개념을 이해하는 것은 어려워 보인다. 이는 삶의 형식^{Lebensform}의 공유에 대한 문제이기도 하다.

(a)와 (1-2) 조합은 기술 낙관주의를 표방하고 있으며, 이 입장의 지지자들은 막연한 미래의 기술발전에 대한 기대감을 넘어서 강한

---

39 (a)와 (1-1)은 일종의 선험적 주장이다. 강한 일인칭 시점을 지니는 AMA가 왜 기술적으로 실현이 불가능한지는 별도의 연구논문을 필요로 하는 주제이므로 이 책에서는 간략하게만 언급하도록 한다. AMA 문제와 관련하여 언급하고 싶은 점은 만일 (a)와 (1-1) 조합이 옳다면, AMA에 의해 발생한 인명피해 등과 같은 사건사고의 책임자는 AMA의 개발자나 소유자 등과 같은 인격적 존재라는 것이다. 이 경우 AMA에 대한 로봇 윤리적 고찰의 목적은 결국 법적인 책임의 문제를 명확하게 하는 데 있다.

40 George Lakoff와 Mark Johnson (1980; 1999)은 우리의 개념 체계의 많은 부분은 은유적이며, 그 은유들은 공통된 인지적 체험들을 토대로 두고 있음을 설득력 있게 보여주고 있다.

41 윌러치와 알렌은 AMA 연구자들 중 기능적 현상뿐만 아니라 현상적 의식을 갖춘 로봇이 언젠가는 개발될 것이라고 확신하는 연구자들이 있기는 하지만, 행동에 관한 기능석 의식이야말로 AMA를 실제로 설계하는 일에 중요한 일이라고 말한다(웬델 윌러치 · 콜린 알렌, 『왜 로봇의 도덕인가』, 121쪽).

일인칭 현상을 보이는 인공물을 어떻게 이론적으로 실현시킬 수 있을지를 보여주어야 할 것이다. (b)와 (2) 조합의 지지자들의 경우 약한 일인칭 현상을 보이는 AMA는 현재의 기술로도 충분히 만들어낼 수 있다고 해도 어떻게 약한 일인칭 현상을 보이는 존재도 도덕적 행위자일 수 있는지에 대한 설득력 있는 논증을 보여주어야 할 것이다.

클락과 찰머스가 말하는 확장된 자아는 AMA가 아니다. 따라서 지금까지 필자가 AMA에 제기한 문제들은 확장된 자아에 적용되지 않는다. 가령, 상황 A에 등장한 철수는 AMA가 아닌 인간이다. 철수는 비록 단기기억상실증을 겪고 있기는 하지만, 강한 일인칭 현상을 보이는 의식적 존재다. 따라서 철수는 이미 도덕적 행위자로서의 필요조건을 갖추고 있다. 철수는 전통적인 인간상에 부합하는 존재, 즉 자기의식을 갖고 행위이유에 따라 의지적 행위를 할 수 있는 능력을 갖춘 존재다. 그의 하반신과 오른팔이 비록 비생물학적 유기체인 기계로 대체되었지만, 그가 의식적 존재라는 사실에는 변함이 없으며, 그런 한에서 그가 자신의 행위에 책임을 질 수 있는 도덕적 행위자라는 사실에도 변함은 없다.

그렇다면, 클락의 생각처럼 행위자에 대한 인정은 곧 생물학적 유기체 내부의 어딘가에 어떤 자아가 있다는 말을 의미하는가? 이것은 곧 실체 이원론으로의 회귀를 의미하지 않는가? 확장된 자아가 단지 은유적인 수사에 불과하다면, 우리는 도대체 무엇인가?

신경과학 시대에 인간을 다시 묻다

4. 도덕적 주체로서의 인간인격

1) 인간인격

구성적 인격 이론에 따르면, 우리는 본질적으로 인간인격이다. 베이커L. R. Baker와 코코런K. Corcoran 등에 의해 지지되는 구성적 인격 이론은 인격person, 인간인격human person, 인간 유기체human organism를 구분하며, 인간인격을 인간 유기체에 의해 구성된 인격으로 정의한다. 우선, 인격은 본질적으로 강한 일인칭 시점을 가진 존재이며, 인간 유기체는 생물학적 종, 즉 호모 사피엔스를 가리킨다. 인간인격은 구성 관계에 따라 인간 유기체에 의해 구성된 인격이다. 따라서 오직 인간만이 인간인격이 될 수 있다.

이미 어떤 존재가 도덕적 행위자가 되기 위해서는 강한 일인칭 시점이 전제되어야 한다는 점이 논의되었다. 만일 그렇다면, 오직 인간인격만이 도덕적 행위자가 될 수 있다.[42]

인간인격은 인간 유기체에 의해 구성된 인격이다. 인간인격은 인간 유기체가 갖지 못한 새로운 본질적 속성을 갖게 된다.[43] 따라서 구

---

42 혹자는 침팬지나 돌고래처럼 거울 자기인지 실험에 통과한 동물들도 일인칭 시점을 갖고 있으며, 자기의식을 갖고 있다고 반론할지도 모르겠다. 그러나 거울 자기인지 실험의 통과가 곧 높은 수준의 자기의식의 증거로 보기에는 충분하지 않다(M. S. Gazzaniga, *Human: The Sience Behind What Makes Us Unique*, New York: Harper Perennial, pp. 309-314 참조). 그리고 개념적인 수준의 자기의식을 갖춘 종은 호모 사피엔스밖에 없다(Gerald M. Edelman, *Second Nature: Brain Science and Human Knowledge*, New York: Yale University Press, 2006, pp. 35-42 참조).

43 데그라치아는 인격을 본질적 속성과 관련해서 보는 입장을 '인격 본질주의(Person Essentialism)'라고 부른다. 본질적 속성이란 속성 x를 가짐 없이 어떤 것이 존재할 수 없

성 관계는 필연적 동일성 관계가 아니다. 필연적 동일성은 ∀F[x=y → (Fx & Fy)]로 기호화할 수 있다. 즉, 모든 속성 F에 대하여 x가 F를 갖고 y가 F를 가질 때에만 x와 y는 동일하다. 그러나 y가 x에 의해 구성되면, y는 x가 가지지 못한 본질적 속성을 갖게 되므로 y와 x는 동일할 수 없다. 그렇다면, 인간 유기체는 가지지 못하지만, 인간인격이 가지는 본질적 속성은 바로 강한 일인칭 시점이다.

강한 일인칭 시점은 개념적인 수준에서 자기 자신을 자기 자신으로, 자신의 심적 상태를 자신의 것으로 인지할 수 있는 능력이며, 이는 언어 습득을 통해서만 획득 가능한 능력이다.[44] 인간의 경우 생후 24개월 정도이면 거울 자기인지 실험을 통과한다. 강한 일인칭 시점은 발달한 두뇌를 가진 인간 유기체가 개념을 이해하고, 그것을 통해 자기 자신과 주위 세계를 이해하기 시작하면서 형성된다. 언어 습득을 위해 하나의 언어 공동체가 전제되어야 하며, 언어 공동체는 언어 학습자에게 개념의 적용에 대한 규준을 제공해준다. 강한 일인칭 시점은 인간 유기체의 생물학적 특징들(가령, 다른 종들의 그것에 비해 더 발달한 대뇌 피질 등)과 개념들 및 언어 공동체와의 상호작용을 통해 형성되는 일종의 창발적 속성emergent property이라고 할 수 있다. 창발적 속성으로서의 강한 일인칭 시점을 단지 두뇌 상

을 때, 그 속성 x는 그것의 본질적 속성이다. David DeGrazzia, *Human Identity and Bioethics*, Cambridge: Cambridge University Press, 2005, p. 30 참조.

44 구성 관계는 일종의 형이상학적 개념이다. 인간 유기체와 인간인격 사이의 관계는 구성 관계를 통해 형이상학적 설명이 가능하다. 그러나 어떻게 인간 유기체가 강한 일인칭 시점을 가진 인간인격으로 형성될 수 있는지를 묻는다면, 발달심리학 등과 같은 개별 과학의 연구 성과를 통해 설명이 가능하다.

신경과학 시대에 인간을 다시 묻다

태에 대한 분석으로 대체할 수 없는 이유가 바로 여기에 있다. 또한 인간 유기체의 생물학적 특징들과 개념 체계, 그리고 임의의 언어 공동체가 어떻게 강한 일인칭 시점을 형성하는지에 대한 엄밀한 법칙이 있을 것 같지도 않다.

강한 일인칭 시점은 인간인격을 인간 유기체와 존재론적으로 구분지어주는 본질적 속성이자, 창발적 속성이다. 우리 각자는 저마다 고유한 일인칭 시점을 지닌 개별자다.

2) 인격적 층위와 인격 하부 층위

확장된 마음 이론이 주장하는 '확장된 자아' 개념을 받아들이면, 애초에 자아라고 할 만한 것의 경계는 문자적인 의미에서 존재하지 않는다. 자아의 경계가 모호해질수록 행위자의 경계도 모호해질 수밖에 없다. 만일 그렇다면, 어떤 사건을 행위라고 말할 수 있다고 해도 행위자가 존재하지 않을 수도 있다. 위에서 확인해본 것처럼 후아레로의 질문에 대해 클락은 신체와 도구들 사이의 경계가 흐려지는 방식으로 행위자와 도구의 개념이 바뀔 것이라고 주장한다. 하지만 행위자와 도구의 경계는 흐려질 수 있는 관계가 아니다. 사물과 그것의 그림자처럼 행위자와 도구의 관계는 존재하는 것들의 실재적 본성에 합치한다. 행위자 없이는 행위도 도구도 없다.

그러나 신경과학의 발전으로 우리와 인공물 사이의 경계는 흐려지고 있으며, 흐려질 수 있는 것은 사실이다. 만일, 우리가 구성적 인격 이론을 받아들일 때, 과학기술의 발전에 따른 불가피한 경계의 흐려짐을 설명해줌과 동시에 행위 주체와 외부 세계와의 경계를 확보해줄 수 있는가?

우리는 이 문제와 관련해서 인격적 층위personal level와 인격 하부 층위subpersonal level를 구분할 필요가 있다. 인격적 층위는 일인칭 시점으로 접근 가능한 심적 상태가 속한 존재론적 층위이며, 인격 하부 층위를 심적 상태를 가능하게 하는 물질적 토대 및 물질적 과정이 속한 존재론적 층위다.[45]

인간인격의 경우 인격 하부 층위는 두뇌를 포함한 생물학적 기반을 토대로 실현 가능하지만, 생물학적 기반은 부분적으로 인공물과 같은 비생물학적 요소들과 얼마든지 결합할 수 있으며, 생물학적 요소들은 비생물학적 요소들에 의해 대체될 수 있다. 이러한 대체 및 교체에도 불구하고 우리는 각자 고유한 일인칭 시점을 지닌 인간인격으로 지속할 수 있다.

이제 우리는 위에서 언급한 상황 B의 문제에 답할 수 있다. 로봇 철수가 비록 인공물인 자신의 하체 및 신경 칩을 제거해버렸다고 해도 휠체어에 앉은 철수가 로봇 철수와 동일한 일인칭 시점을 가지고 있다면, 그 둘은 동일한 인격이라고 할 수 있다. 철수에게 달라진 것은 인공 신체와 신경 칩 등과 같은 인격적 하부 층위에 속하는 요소들이었을 뿐 일인칭 시점이 동일하게 유지되고 있다는 점에서 개별자로서의 인간인격 자체가 변한 것은 아니다.

---

45 이 두 층위 사이의 관계는 환원 불가능한 구성적 관계(constitutive relation)다. 이에 대해서는 Lynne Rudder Baker, "Persons and the Extended-Mind Thesis" (*Zygon: Journal of Religion & Science* 44.3, Tilburg University, 2009)를 참조하라.

신경과학 시대에 인간을 다시 묻다

5. 결론

클락과 찰머스는 우리는 확장된 자아이며, 부드러운 자아라고 주장한다. 그동안 자아를 마치 뇌 속 어딘가에 숨어 있는 미지의 존재처럼 생각해왔다는 것이다. 더 나아가 자아, 행위자, 도덕적 책임 등과 같은 문제들은 법의학적 편의에 의해 중요한 것으로 여겨질 뿐 형이상학적 필연성은 결여된 문제라고 주장한다.

이 책에서 필자는 확장된 자아가 도덕적인 행위자가 될 수 없다는 점을 보여주기 위해 AMA의 자격조건에 대한 문제를 다루었다. 그것을 통해 오직 강한 일인칭 현상을 보이는 의식적 존재만이 도덕적 책임을 질 수 있는 도덕적 행위자임이 분명하게 제시되었다. 더 나아가 필자는 AMA의 경우와 달리 확장된 자아 개념의 옹호자에게는 (b)와 (1-2) 조합이나 (b)와 (2) 조합만이 가능해 보인다는 점을 보여주었으며, 아직까지 확장된 마음 이론의 틀 내에서 이 조합들에 관한 설득력 있는 변론이 나오지 않았다는 점도 지적했다.

행위자와 행위자의 도구에 대한 구분은 사물과 그의 그림자의 구분과 같이 존재론적으로 명확하다. 연쇄살인을 저지른 행위자는 그 행위를 저지른 연쇄살인마 자신이지 그의 그림자일 수 없는 바로 그 이유로 연쇄살인을 저지른 행위자는 그의 칼과 같은 도구일 수 없다. 이러한 이치는 컴퓨터 같은 인격 하부 층위의 인공적 구성 요소에 대해서도 적용된다. 이러한 구분이 바로 다트머두 제기한 행위자와 행위자의 도구에 대한 구분이다.

또한 확장된 자아 개념은 인격 동일성에 대한 객관적인 기준을 제시해주지 못하고 있다. 인격 동일성에 대한 그 어떤 유의미한 기준도 존재할 수 없다면, 행위자의 행위에 책임을 지우지 못할 것이다.

결론적으로 우리는 본질적으로 강한 일인칭 시점을 가진 인간 인격이다. 비록 우리의 생물학적 토대는 인공물과의 부분적인 결합을 허용하지만, 우리가 동일한 일인칭 시점을 가지는 한 이런 변화는 우리의 인격적 동일성에 영향을 미치지 못한다. 인간인격 개념은 클락의 확장된 자아 개념과 달리, 기술발전에 따라 우리에게 발생할 수 있는 변화도 설명해줌과 동시에 우리 자신의 행위에 책임을 질 수 있는 행위자로서의 모습도 설명해준다는 점에서 확장된 자아 개념보다 상식에 부합한다고 할 수 있다. 더 나아가, 행위자 없는 행위와 도구가 존재할 수 없다는 점을 생각해볼 때, 행위자 및 행위자의 동일성에 대한 객관적인 조건을 제공해준다는 점에서 실재에 더 부합하는 모델이라고 할 수 있다.

신경과학 시대에 인간을 다시 묻다

참고문헌

웬델 월러치 · 콜린 알렌(노태복 역), 『왜 로봇의 도덕인가』, 서울: 메디치, 2009.

피터 아사로(변순용 · 송선영 역), 「우리가 로봇윤리에서 무엇을 바라는가?」, 『로봇 윤리-로봇의 윤리적 문제들』, 라파엘 카푸로 & 미카엘 나겐보르그 편저, 서울: 어문학사, 2000, 31-54쪽.

김남호, 「인격, 인간인격, 그리고 인격 동일성」, 『인간연구』 제34호, 가톨릭대학교 인간학연구소, 2017b, 189-212쪽.

신상규, 「확장된 마음과 자아의 경계」, 『철학논집』 제31집, 서강대학교 철학연구 소, 2012, 55-89쪽.

이진우, 「사이보그도 소외를 느끼는가? 디지털 시대의 자아와 정체성」, 『철학논총』 제22집, 새한철학회, 2000, 27-44쪽.

장대익, 「일반 복제자 이론: 유전자, 밈, 그리고 지향계」, 『과학철학』 11, 한국과학 철학회, 2008, 1-33쪽.

_____, 「다윈 인문학과 인문학의 진화」, 『인문논총』 제61집, 인문학연구원, 2009, 3-47쪽.

Anderson, *Miranda, The Renaissance Extended Mind*, New York: Palgrave Macmillan, 2015.

Baker, Lynne Rudder, *Persons and Bodies. A Constitution View*, Cambridge: Cambridge University Press, 2000.

_____, *The Metaphysics of Everyday Life*, Cambridge: Cambridge University Press, 2007.

_____, *Naturalism and The first-person Perspective*, Oxford: Oxford University Press, 2013.

Baker, Lynne Rudder, "Social Externalism and First-Person Authority,"

Erkenntnis 67, Springer Netherlands, 2007, pp. 287-300.

_____ , "Persons and the Extended-Mind Thesis," *Zygon: Journal of Religion & Science* 44.3, Tilburg University, 2009, pp. 642-658.

Bieri, Peter, "Was macht Bewußtsein zu einem Rätsel?," *Gehirn und Bewusstsein*, W. Singer (Hrsg.), Heidelberg: Spektrum, 1994, pp. 172-180.

Chalmers, D. & Clark, A., "The extended mind," *Analysis* 58, Oxford University Press: 1998, pp. 7-19.

Churchland, P. M., "Eliminative Materialism and the Propositional Attitudes," *Journal of Philosophy* 78, Columbia University, 1981, pp. 67-90.

Churchland, P. S., *Neurophilosophy: Toward a Unified Science of the Mind/ Brain*, Cambridge: MIT Press, 1986.

Clark, Andy, "A brain speaks," *Science Fiction and Philosophy: From Time Travel to Superintelligence*, ed., Susan Schneider, Oxford: Wiley-Blackwell, 2009, pp. 169-173.

_____ , "We Have Always Been ⋯ Cyborgs: Author's Response," *Metascience* 13, Springer Netherlands, 2004, pp. 169-181.

_____ , *Natural-Born Cyborgs*, Oxford: Oxford Univ. Press, 2003.

DeGrazia, David, *Human Identity and Bioethics*, Cambridge: Cambridge University Press, 2005.

Edelman, Gerald M., *Second Nature: Brain Science and Human Knowledge*, New York: Yale University Press, 2006.

Gazzaniga, M. S., *Human: The Sience Behind What Makes Us Unique*, New York: Harper Perennial, 2009.

Kim, Jaewon, *Mind in a Physical World*, Cambridge: MIT Press, 1998.

_____ , *Physicalism, or Something Near Enough*, Princeton: Princeton University Press, 2005.

Lakoff, George · Johnson, Mark, *Metaphors We Live By*, Chicago: The University of Chicago Press, 1980.

_____ , *Philosophy in the Flesh The embodied mind and its challenge to wetern thought*, New York: Basic Books, 1999.

신경과학 시대에 인간을 다시 묻다

Menary, Richard, "Introduction: The Extended Mind in Focus," *The Extended Mind*, Richard Menary (eds.), Cambridge: The MIT Press, 2010, pp. 1-26.

Moya, Carlos J., *The Philosophy of Action*, An Introduction, Cambridge: Polity Press, 1990.

Olson, Eric, *The Human Animal. Personal Identity Without Psychology*, Oxford: Oxford Press, 1997.

_____ , *What Are We? A Study in Personal Ontology*, Oxford: Oxford Press, 2007.

Pauen, Michael, *Was ist der Mensch?*, München: DVA, 2007.

Roth, Gerhard, *Das Gehirn und seine Wirklichkeit. Kognitive Neurobiologie und ihre philosophischen Konsequenzen*, Frankfurt am Main: Suhrkamp, 1997.

제4장

강한 결정론의 도전과
그에 대한 대안

그 사람은 마치 정신이 소크라테스의 모든 행위의 원인이라 주장해놓고는 내 여러 가지 행위의 원인을 자세히 설명함에 이르러서는, 내가 여기 앉아 있는 까닭은 내 육체가 골격과 근육으로 되어 있기 때문이라고 하는 사람과 같아.[1]

---

1   플라톤, 최명관 옮김, 『파이돈』, 을유문화사, 2001, 168쪽.

1. 서론

언젠가부터 대한민국은 심각한 비관론을 앓고 있다. 특히 극심한 취업난에 직면한 청년세대는 그 비관론의 최대 피해자다. 경제적 어려움으로 연애, 결혼, 내 집 마련, 우정 등 포기해야 할 것이 너무 많은 세대라는 'N포 세대', 한국사회를 고통스러운 장소인 지옥과 신분제가 통용되던 조선 시대에 비유한 '헬조선', 개인의 노력보다는 부모의 경제력에 따라 사람의 신분이 나뉜다는 뜻의 '수저계급론' 등과 같은 신조어들은 현 청년세대가 직면한 비관론의 면면을 고스란히 반영해주고 있다. 이러한 비관론에 대해 사회학적·경제학적 분석과 대안 모색은 필자의 주요 관심 주제가 아니다. 필자는 우선 한국사회가 장기적으로 자기 진실성authenticity[2]을 회복해야 사회의 건강함을 되찾을 수 있다고 생각하며, 더 나아가 자기 진실성이 가능하기 위해 어떠한 형이상학적 조건이 필요한지를 고찰해보고자 한다.

찰스 테일러에 의하면, 자기 진실성은 18세기 낭만주의에 기원을 둔다.[3] 특히 루소는 이 개념의 발전에 크게 기여했다. 루소는 도덕적인 근원이 더 이상 외부에 존재하는 객관적인 도덕률이나 도덕법칙에 있지 않고, 자기 자신 안에 있다고 보았다. 즉 우리의 도덕적 구원은 우리 자신과의 진실한 도덕적 접촉의 회복을 통해 이루

---

2 개념 'authenticity'는 진정성이라고 번역되기도 한다.

3 찰스 테일러, 송영배 옮김, 『불안한 현대 사회』, 이학사, 2001, 41쪽.

어진다는 것이며, 추상적인 도덕관보다 더 근본적인 자기 자신과의 친밀한 접촉, 즉 기쁨과 만족의 원천에 대해 루소는 '현존재의 느낌 le sentiment de l'existence'이라는 고유한 이름까지 붙여주었다.[4] 테일러는 루소의 생각을 '자기 결정의 자유self-determining freedom'라는 개념으로 다시 설명한다.

> 바로 내가 자기 결정의 자유self-determining freedom라고 부르는 관념이다. 나에 관한 것이 외부의 영향들에 의하여 형성되기보다는 내가 스스로 그것을 결정할 때 비로소 나는 자유로운 존재라는 사고이다. 이런 자신의 결정을 강조하는 자유의 기준은, 타인으로부터의 간섭이 없는 한 내가 하고 싶은 것을 할 수 있을 때 자유롭다는, 이른바 부정적 자유negative liberty의 범위를 넘어서고 있다. 왜냐하면 [자신의 결정을 중시하는] 그런 자유는, 바로 행동이 사회에 부합할 것을 요구하는 그 사회의 법칙들에 의하여 형성되고 영향을 받고 있는 나 자신과 [전적으로] 공존할 수 있기 때문이다. 이와 같이 자기 결정의 자유는 외부로부터 부여된 압력의 제한을 철폐하고 나 스스로 혼자서 결정할 것을 요구한다.[5]

자기 진실성은 외부의 영향들에 의해서가 아니라 자기 자신의 자유로운 결정에 의해 어떠한 선택이 이루어질 때 획득될 수 있다. 그런 점에서 자기 진실성 개념은 자유의지의 문제와 밀접하게 연결되어 있다. 그런데 위에서 말한 한국 청년세대의 비관론과 관련하

---

4   찰스 테일러, 앞의 책, 42-43쪽.
5   찰스 테일러, 앞의 책, 43쪽.

여 자기 진실성은 왜 중요한가? 그 이유는 비록 우리가 사회문화적 배경이나 구조적 문제로 인해 완전한 행동의 자유를 누릴 수 없을지라도 선과 악을 구분하고, 악에 맞서 선을 지향하려는 양심이 사라져서는 안 되기 때문이다. 이러한 양심은 자기와의 접촉self-contact[6]을 통해, 즉 외적인 요인들이 아니라 내면의 목소리를 들을 수 있는 능력을 통해서만 향상될 수 있다. 만일 이러한 능력이 존재하지 않는 허구로 밝혀지거나, 혹은 우리 사회가 이러한 능력의 중요성을 간과한다면, 더 나은 사회를 위한 구조적 변화는 불가능할 것이다. 또한 설령 더 나은 사회 제도가 주어진다고 할지라도 양심이 사라진 구성원들로 이뤄진 사회는 장밋빛 미래를 꿈꿀 수 없을 것이다.

그러나 자기 진실성이라는 덕목을 옹호하고, 그에 대한 형이상학적 조건을 고찰해보기 전에 자유의지 문제와 관련하여 강한 결정론을 알아볼 필요가 있다. 강한 결정론Hard Determinism[7]은 인간의 행

---

6 찰스 테일러, 앞의 책, 45쪽.

7 자유의지 문제와 관련하여 결정론은 약한 결정론(soft determinism)과 강한 결정론(hard determinism)으로 구분된다. 그 기준은 자유의지와 결정론이 양립 가능한지 아닌지에 대한 것이다. 약한 결정론은 모든 사건에는 물리적인 원인이 있다는 테제, 즉 결정론이 옳지만 결정론은 자유의지와 양립 가능하다(compatible)고 보는 반면, 강한 결정론은 결정론은 옳고, 자유의지와 양립 가능하지 않다(incompatible)고 본다. 따라서 약한 결정론을 '양립론(compatibilism)'으로, 강한 결정론을 '비양립론(incompatibilism)'으로 부른다. 결정론은 틀렸으므로 자유의지는 존재한다고 보는 형이상학적 자유주의(libertarianism)도 비양립론에 속한다. 이 책에서 말하는 양립론은 흄(D. Hume), 홉스(T. Hobbes) 등으로 대표되는 고전적인 양립론이 아니라, 프랭크퍼트(H. Frankfurt), 왓슨(G. Watson), 라즈(J. Raz), 울프(S. Wolf) 등으로 대표되는 현대의 양립론으로 한정된다. 왜냐하면, 고전적 양립론자들은 자유의지를 외부적 제한이나 방해 없는 실현으로 보았는데, 이들이 말하는 자유의지는 결국 의지의 자유(freedom of will)가 아니라 행위의 자유(freedom of action)이기 때문이다. 현대 심리철학에서 말하는 의지의 자유란 어떤 선택을 자유롭게 할 수 있는 능력을 의미한다. 게하르트 로스의 입장과 관련하여 언급하자면, 로스의 입장은 고전적인 양립론에 가깝다는 점에서 강한 결정론이 아니라 약

위를 포함한 물리적 사건은 그에 상응하는 물리적 원인을 가지며, 이 인과적 사슬은 닫혀 있다고 주장한다. 따라서 인간의 의지적 행위 역시 물리적 원인에 의해 발생한 물리적 사건에 지나지 않는다고 본다. 만일, 강한 결정론이 옳다면, 자기 내면과의 접촉이라는 경험은 순전히 두뇌 현상에 불과하게 되며, 테일러가 말하는 자아의 자기 결정 능력은 무의식적으로 발생하는 신경화학적 과정의 결과물에 불과하게 될 것이다. 즉, 강한 결정론이 옳다면, 자기 진실성이라는 덕목은 빛 좋은 개살구에 불과하게 되고, 의지적 자유란 실현될 수 없는 허구로 전락하게 된다.

필자는 다음 장에서 강한 결정론의 두 논변, 즉 후험적 논변과 선험적 논변[8], 그리고 강한 결정론이 제시하는 삶의 태도를 다루고

한 결정론이라고 분류할 수도 있을 것이다. 그러나 필자는 롯의 입장을 현대의 강한 결정론자들의 입장과 비교해볼 때, 그의 입장은 강한 결정론에 속한다고 보아야 한다고 생각한다. 이 책과 관련하여 중요한 강한 결정론자들과 대표 저작은 다음과 같다. Daniel Wegner, *The Illusion of conscious Will*, Cambridge, MA: MIT Press, 2002; Derk Pereboom, *Living Without Free Will*, Cambridge: Cambridge University Press, 2001; Galen Strawson, *Freedom and Belief*, Oxford: Oxford University Press, 1986; Ted Honderich, *How Free Are You?*, Oxford: Oxford University Press, 1993; Saul Smilansky, *Free Will and Illusion*, Oxford: Oxford University Press, Clarendon Press, 2000.

8   자유의지 문제와 관련한 선험적 논변(a poriori argument)과 후험적 논변(a posteriori argument)이 과연 절대적인 의미에서 구분될 수 있는지에 대해서는 의구심이 든다. 선험적 논변이 가정하는 전제들을 검토할 때, 분명히 경험과학적인 사실들도 중요한 판단 요소가 될 수 있기 때문이며, 신경과학자들 중에 경험과학적 사실들에 대한 기술과 설명을 넘어서 형이상학적인 개념을 사용하는 경우도 있기 때문이다. 그럼에도 이런 두 구분은 자유의지 회의론과 실재론의 현대적 논쟁을 이해하는 데 유용하다고 생각한다. 후험적 논변이 벤야민 리벳 실험과 같은 실험과 관찰을 통한 경험과학적 결과에 근거한다면, 선험적 논변은 개념 분석에 근거한다. 앞으로 보게 될 겔런 스트로슨의 논변은 원칙적으로 과학적 사실을 전혀 문제 삼지 않고서도 생각될 수 있고, 이해될 수 있다. 이런 이유로 이 책에서는 이 두 구분을 받아들이기로 한다.

신경과학 시대에 인간을 다시 묻다

자 한다. 그리고 자유의지의 중요성을 옹호하면서 이 두 논변을 반박하려고 한다. 마지막으로 필자는 합리주의적 양립론이 자기 진실성과 의지적 선택을 설명해줄 수 있는 가장 최선의 대안이라는 점을 논증하려고 한다.

2. 강한 결정론의 도전

현대의 강한 결정론자들이 제시하는 논변들은 크게 후험적 논변a posteriori argument과 선험적 논변a priori argument으로 구분할 수 있다. 후험적 논변들은 공통적으로 심리학, 인지과학, 신경과학이 보여주는 경험과학적 증거들을 통해 자유의지가 존재하지 않음을 보여주는 반면, 선험적 논변들은 경험과학적으로 검증이 어려운 형이상학적 테제들을 통해 의지적 선택이나 행위가 불가능함을 보여준다. 대표적인 논변을 알아보고, 강한 결정론자들이 제시하는 삶의 태도에 대해 고찰해보려고 한다.

1) 주요 논변들

(1) 후험 논변

그 어느 때보다 강한 결정론자들의 목소리가 높아지고 있다.

그 배경으로는 1970년대에 컴퓨터단층촬영CT과 자기공명영상장치MRI가 개발되면서 신경과학이 급격히 발전했기 때문이다. 이런 배경 속에서 1980년 초에 신경생리학자 벤야민 리벳의 그 유명한 '리벳 실험'[9]은 피실험자가 의식적 행위(손가락으로 버튼을 누르는)를 하기 약 500ms 전에 준비전위readiness-potential가 먼저 측정된다는 사실을 보여주었다.[10] 이 실험의 결과를 놓고, 자유의지 회의론자들과 실재론자들 사이에 많은 논쟁이 있어왔다.[11]

리벳 실험의 기술적인 문제들로 인해 신경과학자들은 더 정교한 실험과 관찰을 고안해냈다.[12] 자유의지 회의론을 지지하는 과학자

---

9 벤야민 리벳의 실험 전인 1964년, 독일 프라이부르크 대학의 콘후버(Hans H. Kornhuber)와 데케(Lüder Deeke)는 손가락 수의근을 움직이기 전에 대뇌의 운동피질에서 뇌의 전기적 활동신호(Bereitschaftspotential: 준비전위)가 측정된다는 사실을 밝혀냈다. Kornhuber, H. H., Deecke, L., "Hirnpotentialänderungen bei Willkürbewegungen und passiven Bewegungen des Menschen: Bereitschaftspotential und reafferente Potentiale," in *Pflügers Arch für die Gesamte Physiologie des Menschen und der Tiere*, 284: 1, 1965 참조. 리벳은 정신적 실체를 믿은 이원론자로서 이원론을 입증하기 위해 실험을 했으나 그것을 부정하는 듯한 결과가 나왔으며, 이런 이유로 리벳의 실험은 더 주목을 받게 되었다.

10 이 실험에 대해서는 다음 자료 참조. Bejamin Libet, "Unconscious Cerebral Initiative and the Role of Conscious Will in Voluntary Action," in *Behavioral and Brain Sciences* 8, 1985, pp. 529–566; Benjamin Libet, *Mind Time*, Cambridge, MA: Harvard University Press, 2004.

11 리벳 실험이 보여주는 결과를 둘러싼 자유의지 회의론자들과 실재론자들의 논쟁에 대해서는 다음 논문집 참조. Walter Sinnott-Armstrong & Lynn Nadel (ebd.), *Conscious Will and Responsibility*, Oxford Press, 2011.

12 리벳 실험을 보완하여 같은 결과를 얻은 대표적인 경우는 신경생리학자 패트릭 하가드와 마틴 아이머의 실험이 있다. 이들의 실험에서는 피실험자에게 더 많은 선택지(양손 모두 사용)가 주어졌다. 다음 논문 참조. Haggard, P & M. Eimer, "On the relation between brain potentials and awareness of voluntary movements," in *Experimantal Brain Research* 126, 1999, pp. 128-133.

신경과학 시대에 인간을 다시 묻다

들은 리벳 실험이 우리가 자유롭다는 경험이 허구이며, 실제로 우리의 행위를 만들어내는 쪽은 두뇌의 정교한 신경적 과정임을 보여주는 증거라고 생각한다.[13]

신경생물학자 게하르트 로스G. Roth는 리벳 실험의 결과, 즉 '의지적 움직임die gewolte Bewegung'이 무의식적으로 준비된다는 사실은 의지적 행동과 변연계의 관련성에 대한 자신의 연구 결과와도 맞아떨어진다고 주장한다.

> 우리가 갑자기 앞에 놓인 커피 잔을 잡을지 혹은 우리가 그것을 해야만 할지 하지 말아야 할지 오랜 시간 숙고하는 경우 무언가가 실제로 행해지는 최종적인 선택은 움직임의 시작 1초에서 2초 전에 대뇌기저핵Basalganglien 안에서 이뤄진다. 자연적으로 우리가 긴 시간 동안 이런저런 숙고를 할 때, 변연계das limbische System의 강한 영향력의 지배 아래에 놓인다는 사실이 덧붙여진다.[14]

로스는 이로부터 우리가 한 일에 대해 책임을 져야 하는지에 대한 물음에 의식적이고, 생각하며, 의지하는 나는 도덕적 의미에서 뇌가 한 일에 대해서는 책임이 없다고 말한다. 나das Ich는 행위의 조종자가 아니라, 무의식적으로 일하는 메커니즘이 행위를 일으킨다.

---

13 자유의지 회의론에 반대하는 신경과학자들도 있다. 대표적으로 마이클 가자니가(M. S. Gazzaniga)는 *The Ethical Brain* (2005)의 6장에서 신경과학은 책임에 상응하는 신경 상관자를 결코 찾을 수 없을 것이며, 책임은 뇌가 아니라 인간에게 부여되어야 한다는 입장을 펼치면서 신경과학적 실험 결과들에 대한 자유의지 회의론적 해석에 반대한다.

14 Gehard Roth, *Aus Sicht des Gehirns*, Suhrkamp, 2003, pp. 178-179.

로스에 따르면, 나는 복잡한 행위 계획을 위해 필수불가결하다. 나는 숙고하고, 충고하기도 하지만, 결국 무언가를 결정하는 주체는 아니다.[15] 그렇다면, 나는 무엇인가?

로스가 말하는 나는 실체 이원론자들의 정신적 실체와는 거리가 멀다. 단일한 나는 없고, 다음과 같은 다양한 나-상태들Ich-Zustuende 만 있다.

> ① 외부 세계와 자신의 신체에 대한 지각, ② 사고, 상상, 회상과 같은 정신적 상태들, ③ 욕구, 정념, 정서들, ④ 자기 자신의 동일성과 지속성에 대한 경험, ⑤ 자기 신체에 대한 자기성, ⑥ 자기 행위와 정신적 행위의 원작자, ⑦ 자아와 신체가 공간과 시간에 위치지어짐, ⑧ 실재와 상상의 구분, ⑨ 자기 반성적 자아[16]

즉, 로스에게 단일한 나는 존재하지 않으며, 나는 다양한 상태들로 이뤄진 상태들의 다발이라고 할 수 있다. 이렇게 나를 상태들로 나누는 이유는 뇌의 특정 부위의 손상이 자아감이나 자아정체성과 관련하여 불러오는 장애 때문이다.

로스는 한 개인의 '개인성Persoenlichkeit'을 구성하는 기질과 성격은 유전적인 요인과 어린 시절에 받은 외부적 요인들의 영향 때문에 전쟁 참전과 같은 극단적인 상황에 처하지 않는 이상 개인의 의

---

15 Roth, *op. cit.*, p. 160.

16 Gehrad Roth, *Persönlichkeit, Entscheidung, und Verhalten*, Klett-Cotta, 2008, pp. 72-73.

지로 바꿀 수 없다고 본다. 이 개인성은 자유의지에 대한 로스의 입장을 이해하는 데 중요하다.

로스는 우선 의지적 행위가 결정론과 양립 가능하다는 양립론 compatibilism이 자신의 입장이라고 말한다.[17] 로스는 자유의지는 숙명론적인 의미에서의 필연성과 다르다고 한다. 나의 행위는 개인성으로부터 나오는 동기Motive에 의해 규정된다. 많은 동기들 중에서 외부적 강제나 방해 없이 어느 한 동기가 행위를 규정할 때가 로스의 관점에서 의지적 행위가 실현되는 것이다. 그러나 개인성이 나의 행위를 강제적으로 규정하는 것은 아니다.

> 이 선택들은 첫 번째로 가능한 행동들의 다양성에서 나오며 — 우리 인간의 경우 거의 제한이 없다 — , 두 번째로 나의 뇌가 의식적으로나 무의식적으로 대안들과 그것에 따랐을 때 나오게 될 결과들을 숙고하는 것으로부터 나온다. 뇌는 나의 경험들에 따라 그것을 하며, 여기에는 내가 경험한 모든 것에 대한 기억과 나의 변연계가 좋거나 나쁘다고 평가한 모든 것이 관여한다.[18]

로스의 논변은 전형적인 후험 논변에 속하며, 자유의지에 대한 로스의 입장은 전형적인 강한 결정론에 속한다. 로스는 의지적 행위가 나오기 1초에서 2초 전에 이미 변연계에서 어떤 결정이 내려진다고 주장한다. 따라서 우리가 뭔가를 선택했다는 의식적인 경험은

---

17 Roth, *op. cit.*, p. 328.
18 Roth, *op. cit.*, p. 329.

순전히 허구다. 이처럼 의지적 행위에 대한 테제뿐만 아니라 다양한 상태로서의 나에 대한 테제는 철저하게 신경과학적 연구 결과에 의해 뒷받침되고 있다.

로스는 자신의 입장을 '양립론'이라고 말하고 있지만, 여러 가지를 고려해볼 때 오히려 강한 결정론에 가깝다.[19] 위에서 언급했듯, 로스는 의지적 선택의 과정에 나의 역할을 교묘하게 끼워 넣는다. 그러나 실제로 무언가를 선택하는 쪽은 내가 아니라 무의식적인 메커니즘이다. 더 나아가, 로스에게 나는 다양한 상태들의 다발에 불과하며, 이 다양한 상태들은 뇌의 작용에 의해 출현한다는 점에서 뇌 활동의 결과물에 불과하다. 따라서 위의 인용문에서 로스는 "내가 경험한 모든 것"과 "나의 변연계가 좋고 나쁘다고 평가한 모든 것" 사이를 "그리고"로 연결하고 있지만, 그것은 눈속임에 불과하다. 로스에게 실제로 존재하는 것은 개별적인 변연계뿐이다.[20]

결론적으로, 로스에 따르면, 우리는 자유롭지 못한 존재다. 우리의 기질과 성향, 성격 등은 유전적 요인과 어릴 때 받은 환경적 요인들에 의해 결정지어지며, 이들은 후천적인 노력이나 의지를 통해 절대로 바뀔 수 없다.[21] 의지적 행위란 우리의 개인성에 기원을

---

19 자유의지를 둘러싼 기본적인 입장들의 복잡성을 고려해볼 때, 어떤 입장을 단지 "자유의지는 결정론과 양립한다"는 주장만으로 약한 결정론으로 분류할 수는 없다.

20 로스가 사용한 '나의 변연계(mein limbisches system)'는 정확하지 못한 표현이다. 왜냐하면, 이 표현은 변연계와 같은 물질적 토대를 담지하고 있는 어떤 물질적 실체로서의 나를 가정하는 듯 보이게 만들기 때문이다. 그러나 로스에게 그런 실체는 존재하지 않고, 오직 나의 신체가 나에게 속한다는 상태만이 있을 뿐이다.

21 물론 의식적 노력뿐만 아니라 초자연적인 원인에 의한 개인성의 변화도 불가능하다. 로스는 *Persönlichkeit, Entscheidung, und Verhalten* 15장에서 사울을 사도 바울로 만

신경과학 시대에 인간을 다시 묻다

두는 다양한 동기들의 충돌 및 무의식적인 메커니즘에 의해 어떤 하나의 동기가 실현되는 과정일 뿐이며, 이 과정에 합리적으로 숙고하는 자아[22]가 개입될 자리는 없다. 로스의 입장이 강한 결정론에 속한다는 사실은 행위에 대한 책임의 문제와 관련해서도 알 수 있다. 로스는 "사람이 아니라, 그의 뇌가 살인을 했다"고 말한다.[23] 이런 결론은 페레붐[D. Pereboom], 스트로슨[G. Strawson], 혼더리치[T. Honderich] 등과 같은 강한 결정론자들의 그것과 다르지 않다.

로스는 자신의 입장이 자유의지가 결정론과 양립 가능하다고 믿는 양립론에 속한다고 보았으나, 그의 입장은 강한 결정론에 가깝다. 왜냐하면, 그에게 결국 의지적 행위란 두뇌 과정의 부산물에 불과하며, 숙고와 제안을 하는 나는 선택 과정에 아무런 역할도 하지 못하는 상태들의 다발에 불과하기 때문이다. 로스에게 자유의지란 강한 결정론자들의 주장처럼 허구[Illusion]에 불과하며, 로스의 논변은 자유의지의 실재성을 부정하는 현대의 심리학자나 생물학자들이 보여주는 후험적 논변의 전형에 속한다고 볼 수 있다.

(2) 선험 논변

강한 결정론자들의 선험 논변은 우리의 행위에 궁극적인 책임

들어준 소위 "다마스커스 사건"은 두정엽 간질 발작(Temporallappen-Epilepsie)의 결과일 뿐이라고 주장한다.

22 프랑크퍼트(H. Frankfurt), 왓슨(G. Watson), 라즈(J. Raz) 등과 같은 양립론자들이 순전히 두뇌 활동의 부산물이 아닌 자아(self) 개념이나 인격(person) 개념을 도입하는 것과 대조된다.

23 Gerhard Roth, *Das Gehirn und seine Wirklichkeit. Kognitive Neurobiologie und ihre philosophischen Konsequenzen*, Suhrkamp, 1997, pp. 324-325.

이 있는 자유의지는 존재하지 않으며, 따라서 우리는 결코 자기 원인causa sui이 될 수 없다는 것을 논리적으로 보여주려고 한다.[24]

케인R. Kane은 스트로슨G. Strawson이 자신의 입장을 요약한 기본 논변the basic argument을 다음과 같이 더 간결하게 정리했다.[25]

① 당신은 당신이기 때문에(당신의 본성 혹은 기질 때문에) 하는 바를 한다. ② 당신이 한 바에 진정으로 책임이 있기 위해서는 당신은 당신인 바에 대해(당신의 본성 혹은 기질에 대해) 진정으로 책임이 있어야 한다. ③ 그러나 당신이 당신인 바에 대해 진정으로 책임이 있기 위해서는 당신은 당신인 바에 책임이 있는 과거에 어떤 것을 해야 한다. ④ 그러나 만일 당신이 당신인 바를 만든 과거의 어떤 행위에 대해서도 진정으로 책임이 있다면, 당신은 더 이른 시점에서 당신이었던 바(당신의 본성 혹은 기질)에 대해서도 책임을 져야 한다. ⑤ 그러나 더 이른 시점에서 당신이었던 바에 대해 책임이 있기 위해서는 당신은 그보다 더 이른 시점에서 당신이었던 바에 책임이 있는 무언

---

24 강한 결정론의 가장 표준적인 형태는 결정론과 자유의지는 양립 가능하지 않으며, 결정론은 옳으므로 자유의지는 존재하지 않는다는 것이다. 그러나 결정론의 참과 거짓의 문제와 무관하게 자유의지를 부정하는 형태의 강한 결정론적 입장도 있다. 가령, 페레붐은 결정론이 옳은지 틀린지와 무관하게 자유의지는 존재하지 않는다는 입장을 지지한다. 따라서 그는 자신의 입장을 '강한 결정론'이라 불리는 것이 정확하지 않다고 주장하며, 자신의 입장을 '강한 비양립론'이라고 부른다. 그러나 통상적으로 페레붐의 입장은 '강한 결정론'으로 분류되므로 이 책에서는 편의상 그의 입장을 '강한 결정론'으로 부르기로 한다. Derk Pereboom, *Living Without Free Will*, Cambridge: Cambridge University Press, 2001, p. 18.

25 스트로슨의 기본 논변은 *Freedom and Belief* (1986)의 16장에 수록되어 있다.

신경과학 시대에 인간을 다시 묻다

가를 해야 한다. 이런 식으로 더 이른 시점으로 거슬러 올라간다.[26]

나의 행위가 나의 기질이나 내가 가지는 어떤 동기 등에 의해 결정지어지지 않는다면, 나의 행위는 단지 우연chance에 불과하게 된다. 그런데 문제는 내가 어떤 행위에 궁극적인 책임자일 수 있기 위해서는 그 행위를 결정하게 한 동기나 기질의 원인 역시 나여야 한다. 이 과정은 계속해서 과거로 거슬러 올라가면서 계속된다. 그러나 인간은 자신의 행위에 대해 자기원인이 될 수 없다. 그 누구도 자신이 태어나게 되는 전 과정의 원인이 될 수 없으며, 물리적·사회적·생물학적 요인들을 임의로 바꾸거나 변경할 수 없다. 따라서 스트로슨에 따르면, 우리가 자기원인이 될 수 없는 이상 우리 행위의 궁극적인 책임을 질 수 없다. 이런 이유로 그 누구도 도덕적으로 비난을 받거나 칭찬을 받을 수 없다.[27]

그 누구도 자신의 기질, 성향, 성격 등을 스스로 창조해낼 수 없다는 점에서 스트로슨은 옳다. 우리는 자기 자신의 궁극적·창조적 원인the ultimate, originating cause of oneself이 아니다. 그러나 과연 이러한 이유로 우리에게 의지적 행위가 불가능한가? 이 물음에 답을 하기 전에 강한 결정론자들이 제시하는 삶의 태도에 대해 알아볼 필요가 있다.

---

26 Robert Kane, *A Comtemporary Introduction to Free Will*, New York, Oxford: Oxford University Press, 2005, pp. 71-72.

27 Galen Strawson, *Freedom and Belief*, Oxford: Oxford University Press, 1986, p. 290.

2) 삶의 태도

대표적인 강한 결정론자들인 혼더리치T. Honderich와 페레붐D. Pere-
boom은 인생관과 관련하여 일종의 낙관론을 제시한다.

혼더리치는 누군가의 인생을 충만하고, 즐겁고, 만족스럽거나
가치 있게 만들어주는 모든 것을 삶의 희망life-hopes이라고 부른다.
그러나 삶의 희망에 대한 전반성적 그림a pre-philosophical picture에 따
르면, 두 가지 이유에서 결정론은 누군가의 삶의 희망에 유해하다.
첫 번째 이유는 우리의 미래가 열려 있고 고정되어 있지 않다는 믿
음 때문이며, 두 번째 이유는 우리의 미래가 우리의 성향dispositions
에 의해 결정되지 않고, 우리는 우리의 성향을 극복할 수 있다는 믿
음 때문이다.[28] 그러나 만일 강한 결정론이 옳다면, 이러한 전반성
적 그림은 설득력을 잃게 된다.

혼더리치는 강한 결정론에 대해 크게 세 가지 철학적 반응이 있
을 수 있다고 말한다. 첫 번째 반응은 경악dismay이다. 우리의 삶의
희망에 대한 믿음은 결정론으로 인해 약화될 것이라는 입장이다.
두 번째 반응은 비타협적 태도intransigence다. 결정론은 삶의 희망에
대한 우리의 믿음에 아무런 영향도 주지 못한다는 입장이다. 세 번
째 반응은 지지affirmation다. 즉, 결정론은 삶의 희망에 대한 우리의
믿음을 파괴하거나 약화시키지 않는다는 것이다.[29] 혼더리치는 이

---

28 Ted Honderlich, *A Theory of Determinism*, Oxford: Oxford University Press,
1988, p. 385.

29 Strawson, *op. cit.*, pp. 391-400.

신경과학 시대에 인간을 다시 묻다

반응들 중 세 번째 반응을 지지하고자 한다.

혼더리치와 페레붐은 모두 결정론이 삶의 희망에 대한 우리의 믿음을 파괴하지도 약화시키지도 않을 뿐만 아니라 새로운 삶의 태도를 제시해준다고 주장한다. 결정론이 옳다고 해도 삶의 희망들은 버려질 필요 없이 대부분 그대로 남겨질 것이다. 유명한 배우나 작가가 되려는 희망, 창업을 하거나 배우자를 찾고, 자녀를 가지려는 희망 등은 그대로 남겨진다. 왜냐하면, 우리는 앞으로의 결과가 어떻게 결정이 날지 알 수 없기 때문이다. 따라서 결정론이 옳다고 해도 계속해서 삶의 희망들을 품고 살아갈 수 있다.[30]

그러나 강한 결정론은 삶의 희망들의 실현 여부와 관련해서 평정equanimity을 누릴 수 있도록 도와준다. 일찍이 스토아학파의 철학자들은 우리에게 일어나는 모든 것이 신 혹은 우주에 의해 발생한다고 생각했다. 강한 결정론이 옳다면, 우리는 우리 자신의 희망이 좌절되었다고 해서 또는 범죄 사건이나 자연재해와 같이 우리 자신에게 일어나는 불행에 대해 화를 내거나 격정적일 필요가 없어진다. 강한 결정론을 받아들이면, 헛된 희망을 꿈꾸는 데 시간 낭비를 하지 않아도 되며, 현실에 불만을 덜 품게 되어 우리의 정서적 삶emotional life은 오히려 더 평온해질 수 있다.[31] 따라서 강한 결정론은 인간 삶에 실질적인 유익함을 약속해줄 수 있다는 입장이다.[32]

---

30 Kane, *op. cit.*, p. 74.

31 Pereboom, *op. cit.*, pp. 187–188.

32 Pereboom, *op. cit.*, p. 207.

3. 합리주의적 양립론

강한 결정론은 신경과학이 발전하면서 인간 행위에 필수적인 생물학적 토대와 신경적 과정에 대해 많은 것을 알아냈고, 알아낼 것이다. 강한 결정론자들은 이런 신경과학적 지식을 바탕으로 인간을 행위의 궁극적 원인으로 보는 형이상학적 자유주의libertarianism를 공격하면서 자유의지 회의론을 발전시켜왔다. 그러나 형이상학적 자유주의에 대한 부정이 곧 자유의지에 대한 부정으로 귀결되는 것은 아니다. 강한 의미에서의 자유의지가 아닌, 약한 의미에서의 자유의지를 옹호하는 방법이 남아 있기 때문이다.

1) 두 논변에 대한 비판적 평가

이미 살펴보았듯, 강한 결정론자들은 신경과학적 사실을 통해, 또 개념 분석을 통해 자유의지가 허구이며, 우리는 우리 행위의 궁극적 원인이 될 수 없다고 주장하고 있다. 바우마이스터는 강한 결정론자들의 도전을 다음과 같이 표현하고 있다.

만일 자유의지 개념에 상응하는 현상들이 존재한다면, 그들은 아마도 의식적 선택을 포함할 것이다. 그러나 지금 이런 견해는 의식은 무용하고, 무력한 부대현상이며, 모든 행동은 무의식적 과정에

신경과학 시대에 인간을 다시 묻다

의해 초래한다는 믿음과 씨름하고 있다.[33]

우선 우리가 어떤 의지적 선택을 함에 있어서 특정한 생물학적 토대가 필요하며, 신경생리적 과정이 일어난다는 사실은 부정하기 어렵다. 또한 이 신경생리적 과정들은 로스가 주장하듯 대부분 무의식적 과정들이다. 그러나 이로부터 의식적 선택이 허구라는 결론을 도출하기는 어렵다. 이미 살펴본 것처럼, 강한 결정론의 후험 논변들은 실험과 관찰이라는 결과에 토대를 두고 있다. 문제는 리벳 이후에 시도된 리벳식의 실험들에서 선정된 선택의 종류가 제한적이라는 점이다. 우리가 행위자로서 살면서 수행하는 선택의 종류는 다양한 것처럼 보인다.[34] 리벳식의 실험에서는 손으로 버튼을 누를지 말지와 같은 단순한 신체적 선택들만이 탐구의 대상이 되었다. 분명히 우리는 일상의 대부분을 이렇게 단순한 신체적 선택들을 수행하면서 살아간다. 그리고 로스와 같은 신경과학자들이 주장하듯, 이런 단순한 신체적 선택들은 거의 무의식적으로 이뤄질 수 있다.

---

33 Baumeister, R., "Free will, consciousness, and cultural animals," in J. Kaufman & R. Baumeister (eds.), *Are we free? Psychology and free will*, New York: Oxford University Press, 2008, p. 76.

34 강한 결정론자들의 자유의지 회의론을 비판해온 멜레(A. Mele)는 가까운 선택(proximal decisions)과 먼 선택(distal decisons)을 구분한다. 지금 손목을 구부릴 것인가와 같은 선택은 가까운 선택인 반면, 내일 저녁에 어떤 영화를 볼 것인가와 같은 선택은 먼 선택이다. 멜레는 리벳식의 실험에서는 가까운 선택만 탐구의 대상이 되었음을 지적한다. Alfred R. Mele, "Conscious Deciding and the Science of Free Will," in Roy F. Baumeister & Alfred R. Mele & Kathleen D. Vohs (eds.) *Free Will and Consciousness: How Might They Work?*, New York: Oxford University Press, pp. 43-44 참조. 필자는 이 책에서 이유 독립적 선택(reasons independent choice)과 이유 의존적 선택(reasons dependent choice)이라는 구분을 도입하고자 한다.

그러나 더욱 복잡한 숙고를 필요로 하는 그런 종류의 선택들이 존재한다. 가령, "민주화 운동에 참여할 것인가? 아니면, 참여하지 말아야 것인가?", "굶주림으로 죽어가는 아이를 살리기 위해 먼저 조치를 취할 것인가? 아니면, 식량난을 전 세계에 알리기 위해 사진 촬영을 먼저 할 것인가?"[35] 등과 같은 종류의 선택들은 분명히 단순한 신체적 선택과는 다르다. 리벳식의 실험에서 탐구된 단순한 신체적 선택들은 행위의 이유reason of action와 무관하다. 실험실에서 손을 들거나 버튼을 누르는 데 별다른 이유가 있는 것은 아니다. 단지 피실험자에게 그런 제한된 신체적 선택지가 주어졌을 뿐이다.[36] 반면, 위에 제시된 종류의 선택들은 이유 의존적이다.[37] 만일, 행위자가 민주화 운동에 참여할 것인지 말아야 할 것인지를 놓고 진지하게 숙고하고 어느 한쪽을 선택한다면, 그러한 선택을 한 이유가 있을 수밖에 없다. 만일 선택의 이유가 없다면, 그 선택은 자연적 사건이나 우연에 불과할 것이기 때문이다. 실험과 관찰의 결과에 바탕을 둔 강한 결정론자들의 후험 논변은 이유 의존적 선택들

---

35 남아프리카공화국 출신의 사진작가 케빈 카터(Kevin Carter)가 실제로 직면했던 문제다. 그는 1993년 수단에서 굶주림으로 죽어가는 아이와 아이가 죽기를 기다리며 뒤에서 노려보던 독수리를 찍은 사진으로 1994년 퓰리처상을 받는 영예를 누렸다. 그러나 고질적인 경제난으로 시달리던 그는 죽어가는 아이를 살리지 않고 사진을 찍는 선택을 했다는 비난을 견디지 못하고 1994년 자살로 생을 마감했다.

36 멜레 역시 리벳식의 실험에서 고려된 버튼을 누르기 위해 손을 움직이는 선택은 오랜 시간 동안 찬성과 반대의 가중치에 대한 숙고로부터 나오는 선택과 다르다는 점을 지적하고 있다. Alfred R. Mele, *Free. Why Science Hasn't Disproved Free Will*, New York: Oxford University Press, 2014, p. 39.

37 물론 이런 선택에 직면해서도 아무런 숙고 없이 어느 한쪽을 선택할 수 있다. 그럼에도 불구하고 원칙적으로 이런 종류의 선택들은 숙고를 필요로 한다.

신경과학 시대에 인간을 다시 묻다

을 탐구의 대상에서 제외해버리고 오직 단순한 신체적 움직임과 같은 이유 독립적 선택들만을 문제 삼아왔다. 이런 이유로 의식적 선택이 허구이고, 자유의지에 상응하는 현상은 존재하지 않으며, 우리가 자유롭다는 믿음은 단지 착각일 뿐이라는 강한 결정론자들의 주장은 받아들이기 어렵다.

스트로슨의 논변이 말해주듯 우리는 우리 자신의 성향, 기질, 성격 등과 관련해서 자기원인이 될 수 없다. 그리고 로스의 연구 결과가 보여주듯 이런 개인성을 구성하는 요소들은 유전적 요인과 어린 시절의 환경적 요인 등에 의해 미리 결정되며, 한 개인의 후천적 노력으로는 바꿀 수 없다. 그러나 이와 같은 사실로부터 인간의 모든 행위나 선택이 이러한 요소들에 의해 결정된다는 결론을 도출하기는 어렵다.

형이상학적 자유주의는 동일한 과거의 물리적 조건에서 다른 행위나 선택을 할 수 있음을 주장하기 위해 추가적 요인들extra-factors을 가정한다.[38] 칸트I. Kant는 시간과 공간에 포착되지 않는 본체적 자아noumenal selves를, 혼더리치T. Honderich는 물리적 인과와는 다른 행위자 인과agent causation를, 해스커W. Hasker 같은 창발적 실체 이원론자는 창발적 개별자를 가정한다. 형이상학적 자유주의의 가장 큰 난점은 이러한 추가적 요인들의 존재론적 지위가 확보되기 어렵다는 점이다. 물리적 시간과 공간에 포착되지 않는 본체적 자아나 비물리적인 심적 실체, 물리적인 인과력과는 다른 종류의 인과력 등은

---

38 Robert Kane, *A Contemporary Introduction to Free Will*, New York: Oxford University Press, 2005, p. 39.

그 존재가 의심스러울 뿐만 아니라, 설령 그런 것들이 존재한다고 해도 어떤 메커니즘에 의해 신체를 포함한 물리적 세계에 인과력을 행사하는지에 대해서도 의문이다. 따라서 형이상학적 자유주의가 가정하는 강한 의미에서의 자유의지는 미스터리한 존재로 남겨질 수밖에 없다.[39] 그러나 스트로슨처럼 형이상학적 자유주의가 가정하는 강한 의미에서의 자유의지에 회의적이라고 해서 자유의지가 존재하지 않는다는 결론을 내릴 수는 없다. 왜냐하면, 약한 의미에서의 자유의지에 대해 충분히 논할 수 있기 때문이다.

스트로슨은 우리가 비록 우리 자신의 성향, 기질, 성격 등과 관련하여 궁극적 원인일 수 없을지라도 우리가 살면서 수행하는 모든 종류의 선택이나 행위가, 혹은 모든 선택이나 행위가 성향, 기질, 성격 등과 같은 요인에 의해 결정되지만은 않는다는 점을 간과하고 있다. 기질적으로 수줍음이 많고, 투쟁을 싫어하는 누군가가 오랜 숙고 끝에 민주화 운동에 적극적으로 참여하겠다는 결정을 내리는 일은 충분히 가능한 일이다. 물론 강한 결정론자들은 그러한 가능성 역시 그의 안에 이미 내재해 있다고 말하려 할 것이다.[40] 그러나 이런 식의 논변은 그 자체로 정당화되기 어렵다. 모든 선택이나 행위가 이전 시점에 그 자신인 바에 의해 결정된 것이라면, 스트로슨의 논변 역시 이전 시점에서 그인 바에 의해 결정된 결과물에 불과할 것이다. 이 경우 스트로슨은 그 누구도 자신의 논변을 통해 설

39 Laura Waddell Ekstrom, *Free Will. A Philosophical Study*, Colorado: West View Press, 2000, p. 97.

40 Robert Kane, *op. cit.*, p. 73.

신경과학 시대에 인간을 다시 묻다

득하려 해서는 안 된다. 왜냐하면, 저마다 무한한 시간 경로를 통해 펼쳐진 물리적 사건들이 조금씩 다르며, 그 차이로 인해 스트로슨의 논변을 받아들이지 않는 것으로 결정되어버리기 때문이다. 스스로 정당화를 불가능하게 만드는 스트로슨의 논변은 그 자체로 설득력을 잃어버리고 만다. 그러나 이런 난점은 스트로슨의 논변 자체에서 기인하는 것이라기보다는 강한 결정론이 직면하는 난점이다. 강한 결정론이 옳다면, 논증 행위를 포함한 우리가 수행하는 모든 행위는 인과사슬에 의해 발생하는 물리적 사건에 불과하게 되고, 이로써 논증이 가지는 고유한 규범성이 들어설 자리는 없어지게 되며, 논증의 정당화 가능성도 불가능하게 된다.

2) 행위이유와 의지적 선택

행위자로서 인간은 어떠한 선택에 직면하여 합리적으로 숙고할 수 있는 능력을 가지고 있다. 숙고를 통해 선택의 이유를 마련할 수 있다. 숙고와 행위이유는 우리의 행위가 단지 자연적 사건이 아니게 만들어주는 중요한 요소다. 또한 숙고를 통해 자신이 가지고 있던 성향이나 기질 등의 영향력으로부터 어느 정도 자유롭게 선택할 수도 있다. 숙고를 통한 자기결정 능력 때문에 우리는 자신의 선택을 후회하거나 반성하기도 하고, 같은 상황에서 다른 선택을 하고자 다짐하며, 실제로 다른 선택을 하게 될 수도 있다.

핑크T. Pink는 양립론을 크게 두 종류로 구분한다.[41] 자연주의적 양립론과 합리주의적 양립론이 그것이다.[42] 자연주의적 양립론은 토마스 홉스T. Hobbes 같은 17세기의 철학자들에 의해 목소리를 내기 시작한 자연주의naturalism, 즉 인간을 자연의 한 부분으로 보는 신념에 토대를 두고 있다. 의지적 행위 문제와 관련하여 이 입장은 인간과 다른 동물들의 행위 통제능력 사이에는 정도의 차이만 있을 뿐 본질적인 차이는 없다고 본다. 반면, 합리주의적 양립론은 이성reason을 인간과 다른 동물들을 구분 지어주는 결정적인 능력이라고 본다. 인간은 다른 동물들과 달리 실천적 이성을 가지며, 그를 통해 행위를 하기 전에 숙고deliberation할 수 있는 능력 혹은 반성 능력을 가지고 있다.[43]

프랭크퍼트는 인간과 다른 동물들을 갈라놓는 결정적인 차이를 반성적 자기평가reflective self-evaluation에 있다고 보았다. 다른 동물과 마찬가지로, 인간도 일차적 욕구first-order desires를 가진다. 그러나 오직 인간만이 일차적 욕구를 욕구하려는 욕구, 즉 이차적 욕구second-order desires를 형성할 수 있다. 그 이유는 인간만이 반성적 자기

---

41 Thomas Pink, *Free Will. A Very Short Introduction*, New York: Oxford University Press, 2004, pp. 43-72.

42 핑크의 'Naturalist Compatibilism'과 'Rationalist Compatibilism'을 각각 '자연주의적 양립론'과 '합리주의적 양립론'으로 번역하고자 한다.

43 수전 울프(S. Wolf)는 핑크가 '합리주의적 양립론'이라고 부른 입장을 '이성 관점(Reason View)'이라고 부른다. 이성 관점은 비록 형이상학적 자유주의 의미에서의 강한 자유의지가 없다고 할지라도 어떤 행위자가 이성에 따라(in accordance with reason) 행위 할 수 있는 능력이 있다면, 도덕적 책임을 질 수 있다는 입장이다. Susan Wolf, *Freedom within Reason*, New York: Oxford University Press, 1990, pp. 46-62.

신경과학 시대에 인간을 다시 묻다

평가 능력을 통한 숙고를 할 수 있기 때문이다.[44] 인간은 다른 동물들과 달리 일차적 욕구를 인지하고 평가할 수 있으며, 자신의 행위를 그러한 생각에 방향 짓게 만들 수 있다. 그런데 프랭크퍼트는 이차적 욕구에서 다시 이차적 의지second-order volition를 구분한다. 이차적 욕구는 무언가를 욕구하려는 욕구a desire to desire something이지만, 실제적인 행위로 이어지지 않는 욕구다. 반면, 이차적 의지는 실제적인 행위로 이어지는 효과적인 욕구effective desires다.[45] 프랭크퍼트는 논리적으로 이차적 욕구를 가지지만 이차적 의지가 결여된 존재가 있을 수 있다고 보며, 그런 존재를 인격person과 구분하여 방종체wantons라고 부른다.[46] 어린아이나 다른 동물들은 인격이 아니라 방종체에 속한다. 왜냐하면, 일차적 욕구와 그 욕구의 연장선상에 있는 이차적 욕구의 지배에 놓여 있을 뿐 일차적 욕구를 행위로 옮기지 않거나 옮기려는 의지가 결여되어 있기 때문이다.

결국, 프랭크퍼트에게 있어서 인간이 다른 동물과 달리 의지적 자유를 향유할 수 있는 이유는 단순히 일차적 욕구에 따라 행동하지 않고, 이차적 의지를 발휘할 수 있기 때문이다. 이차적 욕구가

---

44 Harry G. Frankfurt, "Freedom of the Will and the Concept of a Person," in Gary Watson (eds.), *Free Will*, New York: Oxford University Press, 1982, pp. 82-83.

45 프랭크퍼트는 마약 중독자를 치료하는 의사의 예를 통해 이 차이를 설명한다. 의사는 마약을 하고자 하는 욕구를 가진다. 왜냐하면, 마약을 해보면 환자들을 더 잘 도와줄 수 있을 것이라고 생각하기 때문이다. 그러나 그는 그 욕구를 행위로 옮기지는 않는다. 이차적 욕구가 일차적 욕구의 연장선상에 있으며, 일차적 욕구로부터 독립적일 수 없는 반면, 이차적 의지는 일차적 욕구로부터 독립적이다. 그 이유는 인격의 반성적 지기평가가 개입되기 때문이다.

46 방종체에 대한 설명은 Harry Frankfurt, *op. cit.,* pp. 86-89 참조.

단순히 일차적 욕구의 연장선상에 있는 반면, 이차적 의지는 일차적 욕구와 독립적이다. 이런 이유로 우리는 비록 자기원인은 될 수 없을지라도 인과적 법칙에 종속되어 살아가는 수동적인 존재에서는 어느 정도 벗어날 수 있다.

그러나 프랭크퍼트의 합리주의적 양립론은 강한 결정론자들의 공격을 잘 방어하고 있는가? 프랭크퍼트에게 있어서 이차적 의지도 어디까지나 욕구에 속한다. 인간은 일차적 욕구를 반성적 자기평가 능력을 통해 욕구할지 혹은 하지 말아야 할지를 결정한다. 그러나 로스와 같은 강한 결정론자들은 여전히 이차적 의지 역시 무의식적 메커니즘이 만들어낸 결과물이며, 의식적 반성 행위는 두뇌 활동의 부산물에 지나지 않는다고 주장하려 할 것이다. 또한 신경과학의 발전과 함께 약물 등과 같은 신경 기술을 통해 의식적 내용을 조작하는 일이 가능해질 것이다.[47]

프랭크퍼트의 합리주의적 양립론은 반성적 자기평가 능력을 통해 인간에게 어느 정도 의지의 자유가 가능하다는 점을 보여주려고 한다. 그러나 프랭크퍼트가 말하는 반성적 자기평가는 주관적이고 사적인 특징을 갖고 있기 때문에 행위이유와 관련하여 착각에 빠지거나 조작될 수 있는 위험에 처하게 된다. 그리고 행위의 이유가 가지는 명제적 특성을 설명해주지 못한다.

이러한 난점에 직면하게 되는 이유로 왓슨이 지적한 것처럼, 프

---

47 '고무손 착각(rubber hand illusion)'이라고 불리는 실험에서 피실험자는 자신의 실제 손이 아닌 고무손이 자신의 손인 것 같은 착각에 빠진다. 신경과학의 발전과 함께 무언가를 실제인 것처럼 믿도록 만드는 신경 조작 기술이 발전할 것으로 예상된다.

랭크퍼트는 욕구들의 위계는 구별했지만, 욕구들의 근원sources은 구별하지 못했기 때문이다.[48] 무언가를 먹고자 하는 욕구는 에너지원을 얻기 위한 물리적인 요구 때문일 수도 있지만, 건강하고자 하는 욕구 때문일 수도 있다. 먹고자 하는 욕구의 두 동기motivations 중 후자는 전자와 달리 "건강한 것은 좋은 것"이라는 가치판단이 개입한다. 전자의 경우 가치의 문제나 가치판단과 무관하게 발생하지만, 후자의 경우는 개인의 가치관과 가치판단이 개입한다. 즉, 왓슨은 선택 혹은 행위의 동기를 욕구와 가치로 구분하며, 이 두 동기는 서로 독립적이다. 왓슨은 인간 행위에 개입하는 두 독립적인 체계, 즉 가치 체계the valuation system와 동기 체계the motivational system를 구분한다. 동기 체계란 행위자에게 행위를 하도록 만드는 숙고들의 집합이며, 가치 체계란 행위자에게 판단을 산출하도록 만드는 실제적 믿음을 포함한 숙고들의 집합이다.[49] 이 두 체계는 논리적으로 독립적이지만, 행위자가 행위나 선택을 할 때 서로 조화된다. 왓슨에게 우리 인간은 이성을 통해 무엇이 더 가치 있는지를 숙고하여 가치를 행위로 전환시킬 수 있는 능력을 가진 존재다.

필자가 보기에 프랭크퍼트와 달리 왓슨의 합리주의적 양립론은 가치 체계에 대한 객관성과 사회성을 확보해준다. 울프S. Wolf의 사고실험에 나오는 독재자 조Jo의 아들 조조JoJo를 생각해보자.[50] 조는

---

48 Gary Watson, "Free Agency," in Gary Watson (eds.), *Free Will*, New York: Oxford University Press, 1982, p. 101.

49 Frankfurt, *op. cit.*, p. 106.

50 Susan Wolf, "Sanity and the Metaphysics of Responsibility," in Ferdinand Schoeman (eds.), *Responsibility, Character, and the Emotions: New Essays*

잔악무도한 독재자인 아버지의 권력 계승자로서 어릴 때부터 아버지가 하는 일을 보고 배워왔으며, 아버지의 독재정치를 당연한 것으로 간주한다. 조조도 프랑크퍼트가 말하는 반성적 자기평가 능력을 갖고 있다. 가령, 반역을 주도한 자를 잔인하게 고문하고 사형시킬지, 아니면 그냥 바로 사형시킬지 숙고할 수 있다. 더 극단적인 예로, 어릴 적부터 부모에게 자신들은 세상을 구원하도록 선택받은 자들이며, 악한 주위 사람들이 자신들의 임무를 방해하고자 한다는 내용의 세뇌식 교육을 받고 자라는 영희라는 아이를 생각해보자. 영희는 이러한 이유로 이웃과의 교제를 거부하며 살아간다. 조조나 영희에게 결여된 것은 반성적 자기평가 능력이 아니라, 도덕적 옳음과 그름(조조의 경우)에 대한 앎과 신념체계에 대한 객관성(영희의 경우)이다.

가치 체계와 욕구 체계를 구분하여 가치평가 능력을 행위의 또 다른 동기로 인정해야만 인간 행위와 관련하여 이성이 들어설 자리가 확보되며, 행위이유에 대한 객관성과 사회성이 확보된다.

합리주의적 양립론은 행위자로서 우리 인간은 자기원인이 될 수 없고 타고난 기질과 성향을 쉽게 바꿀 수도 없지만, 이성을 통해 가치를 평가하고 그 가치에 따라 자신의 행위나 선택을 방향 짓게 만들 수 있는 제한된 의지의 자유는 향유할 수 있는 존재라는 점을 보여준다.

---

in Moral Psychology, New York: Cambrigde University Press, 1987, pp. 379-385.

신경과학 시대에 인간을 다시 묻다

4. 결론

　누구나 선한 삶을 살기 원하거나 적어도 남들이 보기에 좋은 평을 받는 삶의 이야기를 꾸려가기 원한다. 그러한 삶의 주인공은 그 어떤 외부적 요인도 아닌 자기 자신이다. 타인의 시선이나 평가 때문이 아니라, 자기 자신의 내면에서 들려오는 선한 삶을 향한 열망이 바로 자기 진실성의 정체다. 정치·경제적인 상황이 개선된다고 할지라도 자기 진실성을 상실한 사회에서는 결코 도덕적 진보를 기대할 수 없는 이유가 바로 여기에 있다. 자기 진실성을 상실한 사회, 이 덕목을 더 이상 장려하지 않는 사회야말로 불행한 사회일 것이다.

　그럼에도 불구하고 신경과학의 발전에 힘입어 더욱더 힘을 얻고 있는 강한 결정론은 우리가 이전 시점에서 물리적으로 결정된 여러 상태의 결과물에 불과하기 때문에 의지의 자유는 불가능하다고 주장한다. 그러나 이미 논한 것처럼 인간이 자기원인이 될 수 없다고 해서 의지의 자유가 불가능한 것은 아니다. 오히려 우리의 타고난 기질이나 성향은 이성적 존재인 우리에게 반성적 자기평가의 대상이 되어준다. 즉, 우리는 각자에게 주어진 기질이나 성향을 잘 파악함으로써 무엇을 할 수 없고 무엇을 할 수 있는지를 더 잘 알수 있게 된다.

　우리는 이성을 통해 선과 악을 구별하며, 악보다는 선을 택하고자 한다. 사람마다 선과 악의 가치체계가 조금씩 다를 수도 있지만,

그것에 대한 객관적인 평가가 가능하기 때문에 토론이나 권유, 설득 등을 통해 수정과 보완이 가능하다.

핑크가 정확히 지적하고 있듯이, 합리주의적 양립론의 장점은 자유의지와 이성의 연관성을 가장 잘 설명해준다는 데 있다.[51] 우리에게는 비록 형이상학적 자유주의자들이 주장하는 강한 의미에서의 자유는 아닐지라도 어느 정도 제한된 자유가 가능하다. 비록 외부환경의 영향에 따라, 감정이나 기질에 따라 우리의 행위와 선택이 좌지우지되기는 하지만, 우리는 가치를 평가할 수 있고, 가치에 따라 행위를 바꿀 수 있는 능력을 갖고 있다.

한국 청년세대의 비관론은 복잡한 요인들이 빚어낸 사회현상이기 때문에 단 하나의 방법으로 해결될 차원의 문제가 아니다. 그러나 확실한 점은 자기 진실성이 실현될 수 없는 세상이야말로, 더 나은 자신이 되기 위해 갈망하고 노력하는 모든 노력의 성과가 이미 결정론적으로 제한되어 있거나 불가능하다고 말하는 세상이야말로 진짜 지옥일 것이다.

---

51 Thomas Pink, *op. cit.,* p. 44.

신경과학 시대에 인간을 다시 묻다

참고문헌

김남호, 「창발적 이원론은 데카르트적 이원론을 극복하였는가?」, 『인간연구』 제32권, 2016, 91-120쪽.

찰스 테일러, 송영배 옮김, 『불안한 현대 사회』, 이학사, 2001.

Baumeister, R., "Free will, consciousness, and cultural animals," In J. Kaufman & R.Baumeister (eds.), *Are we free? Psychology and free will*, New York: Oxford University Press, 2008, pp. 65-85.

Ekstrom, L. W., *Free Will. A Philosophical Study*, Colorado: West View Press, 2000.

Frankfurt, Harry G., "Freedom of the Will and the Concept of a Person," in Gary Watson (eds.), *Free Will*, New York: Oxford University Press, 1982, pp. 81-96.

Gazzaniga, M. S., *The Ethical Brain*, the Dana Press, 2005.

Honderlich, Ted, *A Theory of Determinism*, Oxford: Oxford University Press, 1988.

_____ , *How Free Are You?*, Oxford: Oxford University Press, 1993.

Kane, Robert, *A Comtemporary Introduction to Free Will*, New York: Oxford University Press, 2005.

Libet, Benjamin, "Unconscious Cerebral Initiative and the Role of Conscious Will in Voluntary Action," in *Behavioral and Brain Sciences* 8, 1985, pp. 529-566.

_____ , *Mind Time*, Cambridge, MA: Harvard University Press, 2004.

Mele, Alfred R., *FREE. Why Science Hasn't Disproved Free Will*, New York: Oxford University Press, 2014.

Pereboom, Derk, *Living Without Free Will*, Cambridge: Cambridge University Press, 2001.

Pink, Thomas, *Free Will. A Very Short Introduction*, New York: Oxford University Press, 2004.

Roth, Gerhard, *Das Gehirn und seine Wirklichkeit. Kognitive Neurobiologie und ihre philosophischen Konsequenzen*, Suhrkamp, 1997.

_____ , *Aus Sicht des Gehirns*, Suhrkamp, 2003.

_____ , *Persönlichkeit, Entscheidung, und Verhalten*, Klett-Cotta, 2008.

Strawson, Galen, *Freedom and Belief*, Oxford: Oxford University Press, 1986.

Watson, Gary, "Free Agency," in Gary Watson (eds.), *Free Will*, New York: Oxford University Press, 1982, pp. 96-110.

Wolf, Susan, "Sanity and the Metaphysics of Responsibility," in Ferdinand Schoeman (eds.), *Responsibility, Character, and the Emotions: New Essays in Moral Psychology*, New York: Cambridge University Press, 1987, pp. 46-62.

_____ , *Freedom within Reason*, New York: Oxford University Press, 1990.

제5장

니체의 자기조형 프로젝트에 대한 평가

1. 서론

니체F. Nietzsche는 한편으로 전통적인 자유의지 개념을 부정하면서도 다른 한편으로는 삶에 대한 새로운 조형의 가능성을 주장한다. 그러나 이 입장은 양립하기 어려운 것처럼 보인다. 니체가 전통적인 자유의지 개념을 부정하는 이유는 그가 ① 행위의 궁극적 원인으로서의 실체-자아를 부정하며, ② 책임귀속 가능성을 부정하기 때문이다.[1] 니체는 행위의 궁극적 원인 대신에 다양한 무의식적 동기들 혹은 물리적·생리적 조건들을 행위를 일으킨 요인들로 제시한다. 그런데 니체는 여러 저작을 통해 자신의 삶을 새롭게 창조할 것을 주문한다.[2] 만일 니체의 생각처럼 책임을 귀속시킬 수 있는 '실체-자아'가 존재하지 않으며, 행위는 다양한 무의식적 동기들의 권력투쟁의 산물이라면, 어떻게 자기조형의 가능성이 정당화될 수 있는가? 과연 '자유의지에 대한 부정'과 '자기조형'[3]에 대한 긍정

---

1 '자유의지' 논쟁의 역사에서 20세기 이후 등장한 양립주의적 입장들을 보건대, 실체로서의 자아 부정으로부터 책임귀속 불가능성이 도출되지는 않는다. 따라서 니체의 자유의지 회의론은 논리적 비약에 근거하고 있는 듯 보인다. 그러나 이 책에서는 니체의 시대적 문제의식을 충분히 반영해서 그의 입장을 논하도록 하고자 한다.

2 가령, FWIV, [290], s. 530, KSA9, N, 7[213], s. 361 등이 자기조형의 문제를 언급한 구절들이다. 이외에도 위버멘쉬, 낙타-사자-어린아이로 이어지는 세 가지 변용(drei Verwandlungen)에 대한 가르침을 담고 있는 『차라투스트라는 이렇게 말했다』의 주요 내용들도 자기조형의 문제를 다루고 있다고 볼 수 있다.

3 이 문제와 관련해 흔히 '자기조형(self-creation)', '자기형성(self-making)', '자기극복(self-overcoming)', '자기실현(self-realization)' 등이 사용된다. 이 용어들은 분명한 하나의 독자적인 개념사를 가진 용어들이 아니며, 의미가 비슷하기 때문에 이 책에서는 편의상 '자기조형(self-creation)'으로 통칭하기로 한다.

은 양립할 수 있기나 한 것인가?

이 물음을 둘러싸고 크게 양립 가능성을 주장하는 양립주의적 해석R. C. Slomon (2002), K. Gemes (2009), 김바다 (2014; 2016)과 양립 가능성을 부정하는 비양립주의적 해석B. Leiter (2001; 2007)이 대립하고 있다. 레이터는 니체가 말하는 '의지의 현상학the phenomenology of willing'은 인과적 관계에 위치할 수 없는 일종의 부수현상epiphenomenon이며, 따라서 '자기조형'은 의도적 결정의 산물일 수 없다고 주장한다.[4] 반면 김바다는 니체의 자유주의 회의론을 옹호하면서, '자기조형'은 개인적 결단의 문제가 아니라고 주장한다. 오히려 '자기조형'은 개인이 가진 복수적인 인격들이 발현될 수 있는 조건들을 필요로 하기 때문에 니체는 '자기조형'을 가로막는 조건들을 '문화비판'이라는 이름으로 비판하고 있다고 주장한다. 즉, 니체에게 있어서 자유의지 회의론과 '자기조형'은 정합적으로 이해될 수 있다는 것이다.

이 책에서는 우선 두 입장을 대표하는 레이터와 김바다의 논증을 상세히 검토해보고자 한다. 그런 다음 김바다식의 해석이 가지는 난점들을 지적하여 비양립주의적 해석을 옹호하고자 한다. 결과적으로 '자기통제'는 '자기조형'의 필요조건이지만, 니체는 '자기통제'의 존재론적 가능성에 대해 언급하지 않기 때문에 결과적으로 '자기조형' 가능성에 대한 정당화는 실패할 수밖에 없다.

---

4   로버트 케인은 비록 니체의 '자기조형'의 문제는 다루지 않지만, 자유의지에 대한 니체의 입장을 스트로슨(G. Strawson)과 같은 비양립론에 속한다고 보고 있다. R. Kane, *A Contemporary Introduction to Free Will*, New York: Oxford University Press, 2005.

신경과학 시대에 인간을 다시 묻다

2. 니체를 둘러싼 두 가지 해석: 양립주의 vs. 비양립주의

1) 비양립주의적 해석

레이터B. Leiter는 니체의 자유의지에 대한 입장이 페레붐Derk Pere-boom (2001)이나 스트로슨Galen Strawson (1986; 1994) 등에 의해 지지되는 현대의 비양립론에 속한다고 판단한다. 그리고 심리학자 웨그너D. Wegner (2002)의 자유의지 회의론과 유사하다고 판단한다.[5] 레이터는 의지의 자유 문제를 '자유롭다는 느낌'의 문제로 보는 니체의 입장을 '의지의 현상학the phenomenology of willing'으로 보고, '체험으로서의 의지'는 인과적으로 무력한 부수현상으로서의 의지임을 보여주는 논증 전략을 취한다.

레이터가 자신의 논증을 위해 근거로 삼는 대표적인 구절들이 있다.

> "원한다는 것은 무엇인가! Was ist Wollen 우리는 태양이 솟아오를 때 방에서 나와 '나는 태양이 뜨기를 원한다'라고 말하는 사람을 비웃는다. 그리고 우리는 바퀴를 멈출 수 없으면서도 '나는 바퀴가 구르기를 원한다'라고 말하는 사람을 비웃는다. 그리고 우리는 격투에 져서 쓰러져 있는 사람이 '나는 여기에 누워 있다. 하지만 내가 원해서 누워 있는 것이다!'라고 말하는 것을 비웃는다. 우리는 이렇

---

5 B. Leiter, "Nietzsche's Theory of the Will," *Philosophers' Imprint*, Vol. 7, No. 7, 2007, p. 1.

게 비웃지만, 우리가 '나는 원한다'라는 말을 사용할 때 저 세 사람과 다른 의미로 그 말을 사용한다고 할 수 있는가?"(M, [124], s. 116.)

이 구절에서 니체는 '태양이 뜸', '바퀴가 굴러감', '격투 중 쓰러짐'을 예로 들면서 우리의 행위는 '우리가 원해서' 발생한 사건이 아니라고 말하고 있다. 우리의 행위는 태양이 뜨고, 바퀴가 구르고, 격투 중 쓰러지는 사건처럼 행위자의 의지에 의해 발생한 사건이 아니라는 것이다. 레이터는 이로부터 행동에 선행하는 의지의 체험은 인과관계를 추적하지 못하며, 행위와 관련해 의지의 체험은 부수현상적이라는 결론을 도출한다.[6] 그러나 일상에서 우리가 이러저러하게 하도록 스스로에게 명령을 내리고, 그 명령에 따라 행위한다는 것은 자명하지 않은가?

"'의지의 자유'라고 불리는 것은 본질적으로 명령에 순종하는 자에 대한 우월의 정서다."(JGB, [19], s. 32.)

"의지의 자유는 명령함과 동시에 자기 자신을 명령을 수행하는 자와 일치시키는, 의지하는 자의 저 복잡다단한 쾌의 상태를 나타내기 위한 말이다."(JGB, [19], s. 33.)

위 구절들은 니체가 의지를 철저히 쾌Lust나 우월의 정서Ueber-

---

6   Leiter (2007), p. 2.

legenheits-Affekt와 같은 체험의 영역으로 환원시키고 있음을 보여준다. 레이터는 의지를 체험의 영역으로 파악하는 니체의 입장을 '의지의 현상학the phenomenology of willing'이라고 부른다. '의지의 현상학'은 결국 행위를 일으키는 원인으로서의 '실체-주체'와 '의지'를 부정한다. 이 지점이 전통적인 자유의지 개념과 니체의 입장이 갈라서는 지점이며, 대표적으로 웨그너D. Wegner가 지지하는 비양립론과 맞닿는 지점이다.[7] 웨그너는 실제로는 그 무엇도 하고 있지 않지만 뭔가를 하고 있다고 믿는 '통제의 착각illusions of controll'과 뭔가를 하고 있지만 의지의 자유로움에 대한 체험을 갖고 있지 않은 '자동증automatism'을 예로 들면서, '자유롭다는 느낌 혹은 체험'이 허구라고 주장한다.[8] 그렇다면, 무엇이 우리의 행위를 일으키는가? 니체는 행위를 일으키는 원인을 어떤 단일한 것으로 보지 않고, 다양한 충동의 갈등으로 파악한다.

"각각의 행위(Handlung)에는 많은 충동들이 활동하고 있다. 적어도 ① 행위에서 만족되는 충동, ② 목적과 수단을 정립할 때 만족되는 충동, ③ 결과를 앞서 상상할 때 만족되는 충동. 충동은 자신을 만족시킨다. 즉, 충동은 자극을 지배하면서 변형시킴으로써 활동하고 있다. 자극을 지배하기 위해 싸워야 한다. 즉, 그것은 다른 충동

---

7 독일의 생물학자 게하르트 로스(G. Roth)도 의식적인 선택을 할 때 변연계가 활성화된다는 실험 결과를 통해 '자유롭다는 느낌'은 두뇌활동이 만들어낸 착각이라고 주장한다 (Gerhard Roth, *Aus Sicht des Gehirns*, Suhrkamp, 2003, pp. 178-179 참조).

8 D. M. Wegner, *The Illusion of Conscious Wil*, Cambridge, Mass: Harvard University Press, pp. 8-9 참조.

을 억제하고 약화시켜야 한다."(KSA11, N, 7[263], s. 322.)

다음 구절은 이 충동들의 갈등이 우리에게 의식되지 않으며, 심지어 우리는 어떤 충동이 승리할지 알 수 없음을 말해주고 있다.

"이것은 우리에게 전혀 보이지도 의식되지도 않는 것이다. [...] 나는 동기들의 이러한 전선을 잘 보지 못하는 것처럼 형성하지도 않는다. 동기들 간의 투쟁 그 자체가 내게 숨어 있다. 마찬가지로 어떤 동기가 승리하는지도 내게는 숨어 있다. 왜냐하면 내가 결국 무엇을 행하는지를 나는 잘 알지만 이때 어떤 동기가 승리했는지를 나는 알지 못하는 것이다. 그러나 이 모든 무의식적인 과정들을 고려하지 않으면서 우리에게 의식되는 한에서만 어떤 행위를 준비하는 것들에 대해 생각하는 것이 우리의 습관이다."(M, [129], s. 119.)

그러나 '성격', '기질', '성향' 같은 개인성을 구성하는 특징을 생각해볼 때, 이 충동들은 개인에게서 단순히 우발적으로 생성되었다가 사라지는 것이 아니라, 어떤 형태를 갖추고 있는 듯이 보인다. 레이터는 니체의 구절들[9]에서 '유형론Doctrine of Types'을 도출해낸다.

"개인은 그를 특별한 유형의 개인으로 정의해주는 하나의 고정된 생리-신체적 조건을 갖는다."(Leiter, 2007, p. 7)

---

9   대표적인 구절들은 JGB, [6], JGB, [187], FW P: 2, GM I: 15, M 119, D 542.

신경과학 시대에 인간을 다시 묻다

니체에 따르면 개인의 기질이나 성향뿐만 아니라 심지어 도덕 판단이나 가치평가조차 생리 현상으로 본다.[10] 극단적으로 보이는 이러한 생각은 결국 도덕적 판단에서조차 의지의 자유 가능성을 허용하지 않으며, 행위자의 책임귀속성도 인정하지 않는다. 니체의 '유형론'은 현대의 비양립론자 중 스트로슨G. Strawson의 입장과 유사하다. 스트로슨의 소위 '기본 논변the basic argument'을 케인R. Kane이 요약한 형태는 다음과 같다.

> "① 당신은 당신이기 때문에(당신의 본성 혹은 기질 때문에) 하는 바를 한다. ② 당신이 한 바에 진정으로 책임이 있기 위해서는 당신은 당신인 바에 대해(당신의 본성 혹은 기질에 대해) 진정으로 책임이 있어야 한다. ③ 그러나 당신이 당신인 바에 대해 진정으로 책임이 있기 위해서는 당신은 당신인 바에 책임이 있는 과거에 어떤 것을 해야 한다. ④ 그러나 만일 당신이 당신인 바를 만든 과거의 어떤 행위에 대해서도 진정으로 책임이 있다면, 당신은 더 이른 시점에서 당신이었던 바(당신의 본성 혹은 기질)에 대해서도 책임을 져야 한다. ⑤ 그러나 더 이른 시점에서 당신이었던 바에 대해 책임이 있기 위해서는 당신은 그보다 더 이른 시점에서 당신이었던 바에 책임이 있는 무언가를 해야 한다. 이런 식으로 더 이른 시점으로 거슬러 올라간다."[11]

---

10 M 119, D 542 참조.

11 Robert Kane, *A Comtemporary Introduction to Free Will*, New York: Oxford University Press, 2005, pp. 71-72. 스트로슨의 기본 논변은 *Freedom and Belief*

스트로슨의 '기본 논변'은 자신의 행위에 영향을 주는 성향이나 기질을 스스로 형성시킨 것이 아니라, 인과 과정에 의해 형성된 것이므로 각자는 자신의 행위에 궁극적인 책임자가 아니라는 것이다. 즉, 우리는 자기 원인$^{causa sui}$으로서의 궁극적 행위자가 될 수 없으므로 그 어떤 책임도 우리에게 귀속될 수 없다는 것이다.[12]

레이터는 결론적으로 니체가 파악한 의지는 유형적 사실들$^{type-facts}$, 즉 한 개인의 생리-물리적 조건이 만들어낸 느낌 혹은 체험에 불과하며, 의지는 그 어떤 인과적 영향력도 행사할 수 없는 부수현상에 불과한 것으로 결론짓는다.

2) 양립주의적 해석

김바다는 니체가 전통적인 의미에서의 자유의지를 부정하면, (의식된) 나는 자신의 행위와 생각의 주인이라는 기본적인 관념, (의식된) 내가 자신의 삶을 이끌어가고 변화시킬 수 있으며 새로운 방식으로 창조할 수 있다는 믿음은 폐기되어야 할 위기에 처하는 것이 아닌지 묻는다. 그러면서 니체의 자유의지에 대한 부정을 강조하면서 자기형성에 대한 니체의 지지가 실상 설득력이 없다는 점을 강조하는 숙명론자로서 니체를 규정하는 입장과 니체가 자연주의적 관점에서 자유의지를 부정하지만 그것이 곧 결정론[13]을 주장한

(1986)의 16장에 수록되어 있다.

12 JGB, [21]이 '자기 원인'을 부정하는 니체의 대표적인 구절이다.

13 두 용어 '숙명론(fatalism)'과 '결정론(determinism)'이 구분 없이 사용되고 있는

신경과학 시대에 인간을 다시 묻다

것은 아니라는 점을 부각시키면서 니체가 옹호하는 다른 의미의 자유가 있다는 점을 보여주려는 입장이 있다고 한다.[14]

이 두 입장 중에서 김바다는 후자의 입장을 옹호하고자 하는데, 전자의 입장을 거부하는 이유로 "니체가 자유를 강조하는 명확한 언급들이 도처에 있고 이러한 언급들은 전적으로 무시할 수 없다는 점"[15]을 들고 있다. 그러나 니체가 자유를 강조하는 언급들이 도처에 있다는 사실이 곧 '자유의지'와 '자기조형'이 논리적으로 양립가능하다는 주장에 대한 근거가 될 수는 없다. 그러면, 후자의 입장을 옹호하는 근거는 무엇인가? 김바다는 니체가 부정하는 자유 말고 다른 의미에서의 자유가 가능하다는 점을 그 근거로 제시한다. 그렇다면, 니체가 제시하는 새로운 의미에서의 자유가 무엇이며, 그 자유 개념이 '자기조형' 개념과 양립 가능한지 살펴보는 일이 관건이 될 것이다.

김바다는 니체가 '자아'와 '의식' 개념을 중심으로 자유의지를

데, 이 두 용어는 서로 다른 개념사를 가지는 용어이며, 현대 형이상학, 특히 심리철학 (Philosophy of Mind)에서 다른 의미로 사용되기 때문에 주의가 필요하다. 이 책에서는 다소 거칠기는 하지만, '숙명론'을 '미래에 일어날 특정한 일은 반드시 일어난다'는 입장으로, '결정론'을 '원인이 없는 사건은 없다'는 입장으로 이해하고자 한다. 니체의 자유의지 이론이 비양립론에 속한다면, 그는 그 어떤 행위주체의 영향력도 부정하는 '강한 결정론(hard determinism)'을 지지하게 된다. 다만 '강한 결정론'이 곧 '숙명론'으로 귀결될지에 대해서는 의문의 여지가 있다. 왜냐하면, 인간은 자연에만 속한 존재가 아니라 문화에도 속한 존재이기 때문에 단순한 생리·물리적 원인들에 의해 문화 내에서 행해지는 행위(가령, 직업 선택의 문제)까지 미리 결정된다고 보는 것은 근거가 부족한 비약으로 보이기 때문이다.

14 김바다, "니체의 자유 개념 이해: 니체의 자유의지 비판과 수정된 자유 개념의 징합 이해를 한 시도", 『니체연구』 제29집, 2016, p. 52.

15 김바다, 위의 논문, 2016.

파악하지 않고 '충동과 몸을 중심으로 한 자기' 개념을 제시하여 새롭게 자유의지를 파악하고 있다고 본다.[16]

> "니체의 자기 개념은 자아와 구분되는 것으로서, 언어-형이상학의 결과물이자 실체로 간주되는 자아와 달리 '몸-이성'으로서 충동이나 정서와 같은 선-언어적·생물학적·역사적·문화적인 조건들과 깊은 관계를 갖고 있다. 니체는 '자기'가 충동들의 총체에 의해 구성된다고 파악한다. 그리고 이 충동들의 총체가 곧 한 개인이 어떤 사람인가를 말해주는 것이다. 여기서 충동들의 총체는 무질서한 충동들의 집합이 아니다. 니체는 '자기'를 다수의 충동들이 이루는 사회로 표현하고, 이 다수의 충동들은 투쟁과 경합을 통해 위계질서를 만들어낸다."[17]

니체의 '자기'는 '자아'와 달리 다수의 충동이 끊임없이 빚어내는 생성 중인 무엇이라는 것이다. 김바다는 충동의 활동은 쾌감을 불러일으킨다는 니체의 언급으로부터 니체가 이해한 '자유의지'는 쾌감과 같은 감정이고, 그 감정은 우리의 내면에서 일어나는 충동의 활동(명령과 복종)으로부터 발생하는 쾌감[18]이라는 결론을 내린

---

16 물론 김바다도 지적하듯이 '자아'와 '자기'에 대한 니체의 구분은 국내의 연구자들에 의해 활발히 논의되고 있다. 김정현, 『니체의 몸 철학』, 문학과 현실사, 2000; 임홍빈, "몸과 이성, 자아: 『차라투스트라는 이렇게 말했다』의 한 해석", 『니체연구』 제10집, 2006, 175-195쪽 참조.

17 김바다, 위의 논문, 2016, 64쪽.

18 김바다, 위의 논문, 2016, 70쪽.

신경과학 시대에 인간을 다시 묻다

다. 그런데 자유의지에 대한 니체의 이러한 이해는 레이터가 말한 '의지의 현상학'과 부합하는 내용이다. '의지의 현상학'이 의지의 부정을 의미하는 '의지의 부수현상론'으로 귀결된다면, 어떻게 이것이 새로운 의미의 자유의지에 대한 대안이 될 수 있는가?

결국 김바다식의 양립주의적 해석이 레이터가 언급하지 못한 내용을 말하고 있다면, 그것은 레이터와 달리 사회 · 문화 · 역사적 조건들을 충동에 영향을 주는 요소들로 인정하고 있다는 점일 것이다. 김바다는 『아침놀』의 구절들을 분석하면서 다음과 같은 결론을 내린다.

> (1) 충동은 인간의 '본질'을 구성한다.
> (2) 충동은 '선-의식적' 수준에서 '자율적'으로 작동한다.
> (3) 충동은 '사회적 · 역사적' 수준에서 조정된다.
> (김바다, 2014, 112쪽)

이 중 (1)과 (2)는 레이터의 니체 해석에서도 충분히 받아들여질 만한 결론이다. (1)의 '인간'을 생물학적 종으로서의 인간이 아닌, 구체적인 역사적 · 문화적 맥락 속에서 살아가는 개인person이라고 본다면, 한 개인을 개인으로 만들어주는 특정한 유형-사실들이 있다는 레이터의 '유형론'은 (1)의 내용과 부합한다고 할 수 있다. 또한 충동이 '선-의식적' 수준에서, 즉 '무의식적 수준'에서 작동한다는 점도 레이터의 '의식의 현상학'과 '유형론'으로 대변되는 니체 해석과 부합한다. 그러나 (3)은 김바다식 양립론적 해석의 고유한 내용으로 판단된다. 왜냐하면, 레이터가 말하는 '유형-사실들type-facts'은 명백히 '생리적 · 신체적 조건'에 한정되고 있기 때문이다.[19] 그렇다면, (3)은 양립론적 해석의 가능성을 제시해주는 근거가 될 수 있는가?

> "한 인간이 복수성으로서 존재한다는 니체의 언급을 기억한다면, '우리는 여전히 많은 인격들을 드러낼 수' 있는 가능성을 가지고 있다. 우리는 '그럴 수 있는 소재를 우리 안에 지니고 있다.' 그러나 그것은 개인의 선택 문제는 아니다. 오히려 개인이 가진 복수적인 인격들, 다양한 성격들이 발현될 수 있는 조건들 속에서 가능한 것이다. 니체의 문화비판은 이러한 소재들이 발현될 수 있는 조건들을 만들기 위한 시도이다."(김바다, 위의 논문, 2016, 75쪽)

김바다는 '자기조형'이 개인의 선택 문제가 아니라는 점을 기꺼이 인정한다. 그러나 이것은 그에게 치명적인 약점이 아니다. 오히려 그는 '자기조형'은 그것이 가능한 문화적 조건들을 필요로 하기 때문에 니체의 '수정된 자유의지' 개념은 문화비판을 정당화시켜줄 수 있다고 주장한다.

> "자신을 새롭게 조형하는 일은 기존의 습관이라는 저항, 타인의 시선이라는 저항, 그리고 사회적 압력이라는 저항을 극복할 때 가능

---

19 '제1의 본성(die erste Natur)'과 '제2의 본성(die zweite Natur)'을 구분하는 M, [455] 같은 구절이 ③을 지지해주는 대표적인 구절일 것이다.

한 일이다. 그런 점에서 자기 자신을 조형하는 일은 '최고의 저항이 끊임없이 극복되는 곳'에서 발견되는 '최고로 자유로운 인간 유형'이 할 수 있는 일이다. 따라서 니체는 문화비판을 통해 자신을 새롭게 조형하는 일들이 적극적으로 권장되고 선택될 수 있는 문화적 조건을 형성하고자 하는 것이다."(Ibid.)

그러나 문화비판을 정당화하기 위해 굳이 '의지의 자유'를 부정할 필요가 있는가? 더 나아가, 김바다가 주장하는 니체의 '수정된 자유의지'는 결국 레이터가 말하는 '부수현상으로서의 의지'에 대한 내용과 동일한 것이지 않은가? 레이터식의 해석이 함축하지 않는 ③의 내용은 의지에 대한 새로운 해석이라기보다는 오히려 비양립론자인 스트로슨의 '기본 논변'에 부합하는 내용이 아닌가?

3. '자기통제' 없는 '자기조형'?

니체에게 '자기조형'이란 결국 내 안의 숨겨진 동기들이 실현됨으로써 복수적인 인격들을 드러내게 하는 것이다. 그러나 김바다의 지적처럼 이 과제는 한 개인의 결단만으로는 불가능하다. 왜냐하면, 그에 필요한 사회문화적 조건들이 갖춰져야 하기 때문이다. 가령 자유로운 예술 활동을 금지하는 독재사회에서 예술창작에 관한 동기들은 실현되기 어려울 것이다. 그러나 '조건들의 확장'이 곧 '의지의 자유'에 대한 폐기를 필요로 하는 것은 아니다. 이 둘은 어느 쪽이 다른 어느 쪽으로 대체될 수 있는 관계가 아니다. 오히려 한국사회처럼 다양한 동기들이 실현될 수 있는 사회일수록 선택의 근거와 책임의 문제가 더 중요해진다.[20]

김바다가 말하는 니체의 '수정된 자유' 개념은 레이터가 지적하는 '부수현상으로서의 자유' 개념과 결과적으로 다르지 않다. 다른 점이 있다면, 충동 혹은 동기가 실현되기 위해 사회문화적 조건들이 필요하다는 점을 강조하는 내용뿐이다. 그러나 이것이 곧 '의지의 자유'를 배제하거나 대체할 수는 없다는 점이 지적되었다. 만일 '수정된 자유' 개념이 '부수현상으로서의 자유' 개념과 같은 것이라면, 김바다식의 양립주의적 해석은 스트로슨이 제시한 '기본 논변'에 대해 여전히 동의하게 된다. 왜냐하면, 김바다가 말하는 사회문화적 조건들 역시 스트로슨이 말하는 '내가 나인 바'에 대한 선행 조건들에 포함되기 때문이다. 즉, 그런 사회문화적 조건들은 '내가 의지의 자유에 입각해서 의도적으로' 선택할 수 없는 영역이며, 따라서 그에 관한 그 어떤 책임도 내게 없다. 이 결론은 위에서 살펴본 '유형론'으로 대표되는 레이터의 니체 독해의 결론과 일치한

---

20 행위에 대한 책임귀속이 기독교인이 발명해낸 공상적 허구라는 니체의 논증은 오늘날 받아들여지기 어렵다. 니체의 기독교 이해는 근본적으로 플라톤주의적 독해법에 근거한다. 그러나 신학 발전의 역사에서 플라톤주적 이분법에 대한 자기비판은 지속적으로 이뤄져 왔고, 극복되어왔다. 그리고 이미 아리스토텔레스가 『니코마코스 윤리학』에서 운동의 원인이 외부에 있는 경우와 내부에 있는 경우(eph hemin)를 구분했지만, 설령 행위의 책임 귀속이 기독교 사상가들에 의해 최초로 탐구되었더라도 기독교인의 부정적인 동기로 그것의 가치를 폄하하는 것은 일종의 '발생론적 오류'에 불과하다고 판단된다.

신경과학 시대에 인간을 다시 묻다

다. 만일 그렇다면, 김바다식의 니체 독해 역시 의지의 자유는 부수현상이라는 레이터의 독해로부터 한 걸음도 나아가지 못한 것이 된다. '부수현상으로서의 의지'와 '자기조형'은 양립 가능하지 않다.

그렇다면, 양립주의적 해석의 가능성은 없는 것인가? 이 물음에 긍정적인 답을 하기 위해서는 '자기통제self-control' 개념이 요구된다. 프랭크퍼트H. G. Frankfurt나 왓슨G. Watson 등과 같이 새로운 형태의 양립론자들[21]은 '실체-자아', '영혼' 등과 같은 신비적 요소가 강한 '추가 요소들extra-factors'[22]에 대한 전제 없이 우리에게 욕구를 평가하고, 거부하거나 선택할 수 있는 능력이 있다는 것을 보여준다. 여기서 주목할 점은 '의지의 자유'에 대한 긍정이 곧 '실체-자아'나 '자기 원인causa sui'을 전제해야 하는 것이 아니라는 점이다.

사회에서 다양한 동기 혹은 충동들을 실현시키기 위해서는 단순히 그들의 힘에 이끌리는 '수동적인 존재'가 되어서는 안 된다. 그들을 평가할 수 있는 '자기반성 능력'이 필요하고, 그들 중 일부는 거부하고 받아들일 수 있는 '자기통제력'이 필요하다. 이런 능력들이 전제되지 않는 '자기조형'은 비가 오거나 꽃이 피는 것과 같이 그 어떤 가치평가도 개입할 수 없는 '자연적 현상'에 불과할 것이다. '자연적 현상'으로서의 '자기조형'은 단지 부수현상에 불과하며, 그런 '자기조형'은 행위자의 의도적 결단이 필요한 '요구',

---

21 핑크(T. Pink)는 이 입장을 '합리주의적 양립론(Rationalist Compatibilism)'이라고 분류한다. Thomas Pink, *Free Will. A Very Short Introduction*, New York: Oxford University Press, 2004, pp. 43-72 참조.

22 Robert Kane, *A Contemporary Introduction to Free Will*, New York: Oxford University Press, 2005, p. 39.

'목표', '권장' 등의 대상이 될 수 없다. 따라서 '자기통제력'에 대한 전제 없이는 '자기조형'에 대한 니체의 프로젝트는 실패할 수밖에 없다. 그럼에도 불구하고 (이미 언급했듯) 니체의 텍스트에서 확인해볼 수 있는 내용은 오히려 '자기통제력'에 대한 부정뿐이다.[23]

4. 결론

자유의지를 둘러싼 물음이 인류에게 중요한 이유는 이 물음이 궁극적으로 "인간이란 무엇인가?"라는 물음과 연결되기 때문이다. 즉, 인간존재를 어떻게 이해할 것인가에 대한 문제는 인간존재에게 자유의지가 있는가, 그것은 어떤 형태로 주어져 있는가의 문제와 맞물린다. 니체가 보는 인간은 철저히 '일원적'이며, '충동들의 집합체'다. 충동들은 쉼 없이 생성과 소멸을 반복하며, 서로 주도권을 쥐기 위해 투쟁한다. 어떤 충동이 승리할지는 우리의 능력 밖에 있다. 레이터가 정확하게 지적했듯이 니체에게 있어서 선택할 수 있는 능력, 즉 의지의 자유는 허구이며 부수현상이다. 그런데 니체는 우리에게 '자기조형'의 가능성을 가르쳐준다. '자기조형'과 '부수

---

23 이 책에서 이미 언급한 구절 외에 또 다른 구절로는 "어떤 격렬한 충동과 투쟁하려고 하는 것은 우리의 능력(Macht)에 속하는 것이 아니다. 마찬가지로 어떤 방법을 사용하는가, 이 방법으로 효과를 거두는가 못 거두는가 하는 것 역시 우리의 능력 밖에 존재한다."{M, [109], s. 98, (120-121)}

신경과학 시대에 인간을 다시 묻다

현상으로서의 의지'는 양립할 수 없다. 전자와 후자는 전혀 다른 인간론을 필요로 하는 것처럼 보인다. 한 사상 내에 이런 양립 가능하지 않은 인간론이 허용된다는 것은 그 사상가의 시대적 상황을 고려한다고 하더라도 일관성의 결여로밖에 볼 수 없다.

'자기통제력'은 그 어떤 신비적인 요소를 끌어들이지 않고도 설명될 수 있으며, 현대 신경과학적 연구 결과로도 뒷받침될 수 있다. 신경과학자 안토니오 다마지오^{A. Damasio}를 통해 잘 알려진 '피니어스 게이지^{Phineas Gage} 사례'는 전전두엽이 충동을 억제하고 이성적인 판단을 하는 데 핵심적인 부위임을 보여주고 있다.[24] 이런 연구 성과가 암시해주는 바는 한 개인의 유형을 구성하는 '유형-사실들'을 넘어서 인간종에게 보편적인 '유형-사실들'도 있다는 말이지 않은가? 만일 '개인적 유형-사실들'과 '종적 유형-사실들'을 구분한다면, 오늘날 신경과학은 '자기통제력'을 가능하게 하는 '종적 유형-사실들'에 대해 많은 것을 말해주고 있지 않은가? '자기통제력'의 근거를 뒷받침해주는 '종적 유형-사실들'과 '자기통제력'의 가능성에 대한 형이상학적인 정당화는 양립주의적 해석의 가능성을 위한 일종의 '잃어버린 열쇠'에 해당하지 않는가?

---

24 Antonio Damasio, *Descartes' Error: Emotion, Reason, and the Human Brain*, Putnam Publishing, 1994 참조.

참고문헌

김바다, 「인간의 자기이해의 관점에서 본 니체의 도덕비판: 『아침놀』을 중심으로」, 『니체연구』 제26집, 2014.

_____ , 「니체의 자유 개념 이해: 니체의 자유의지 비판과 수정된 자유 개념의 정합 이해를 한 시도」, 『니체연구』 제29집, 2016.

Damasio, A., *Descares' Error: Emotion, Reason, and the Human Brain*, Putnam, 1994.

Kane, R., *A Comtemporary Introduction to Free Will*, New York: Oxford University Press, 2005.

Ken G., "Nietzsche on Free Will, Autonomy, and the Sovereign Individual," *Nietzsche on Freedom and Autonomy*, eds. K. Gemes and S. May, Oxford, 2009.

Leiter, B., "the paradox of fatalism and self-creation," *Nietzsche*, J. Richardson and B. Leiter (eds.), Oxford, 2001, pp. 281-321.

_____ , "Nietzsche's Theory of the Will," *Philosophers' Imprint*, Vol. 7, No. 7, 2007, pp. 1-15.

Nietzsche, F., *Kritische Studienausgabe*, hrsg., G. Colli und M. Montinari, 15 Bände, Berlin/New York 2008; 프리드리히 니체, 이진우 외 옮김, 『니체전집』, 책세상, 2005.

Pereboom, D., *Living Without Free Will*, Cambridge: Cambridge University Press, 2001.

Pink, T., *Free Will. A Very Short Introduction*, Oxford: University Press, 2004.

Roth, G., *Aus Sicht des Gehirns*, suhrkamp, 2003.

신경과학 시대에 인간을 다시 묻다

Solomon, R. C., "Nietzsche on fatalism and 'free will'," *The Journal of Nietzsche Studies*, Issue 23, 2002, pp. 63-87.

Strawson, G., *Freedom and Belief*, Oxford: Oxford University Press, 1986.

_____ , "The Impossibility of Moral Responsibility," *Philosophical Studies* 75, 1994, pp. 5-24.

Wegner, D. M., *The Illusion of Conscious Will*, Cambridge: Harvard University Press, 2002.

제6장

능력주의와 새로운 귀족주의: 사건-인과 자유주의자로서의 니체

1. 서론

공로, 상벌, 보수 등을 의미하는 라틴어 meritum에서 유래한 merit와 통치를 의미하는 고대 그리스어 kratis에서 유래한 cracy 가 합성되어 나온 meritocracy는 마이클 영[M. Young]에 의해 알려지게 되었다. 이 단어는 실력주의, 공적주의, 업적주의 등으로 번역되기도 하지만, 국내에서는 보통 '능력주의'로 번역되고 있다. 영의 분석에 따르면, 1870년대에 영국에서 의무교육이 도입되고, 공무원 선발에서 정실주의가 폐지되고 경쟁이 도입되면서 좋은 직업을 얻는 기준이 능력[1]으로 인정받으며 '능력주의'라는 입장이 등장하게 되었다.[2] 능력주의를 둘러싼 논쟁은 샌델[M. Sandel]이 출간한 *The Tyranny of Merit: What's Become of the Commom Good?* (New York: Farrar. Straus and Giroux, 2020)을 통해 국내에서도 주목을 받기 시작했다.[3]

샌델은 능력주의가 ① 승자에게 오만함을, 패자에게 수치와 분노를 일으키고,[4] ② 좋은 대학에서 받은 학위가 좋은 일자리와 더

---

1   영은 '능력'을 '지능(IQ)'과 '노력(Effort)'으로 보았으나, 능력에 관한 규정의 문제는 이 책에서는 다루지 않겠다.

2   신중섭, 「공정과 능력주의에 대한 비판적 분석」, 『철학연구』 제159권, 대한철학회, 2020, 145쪽.

3   국내에서는 『공정하다는 착각』(와이즈베리, 2020)이라는 제목으로 출간되었다.

4   M. Sandel, *The Tyranny of Merit: What's Becomme of the Common Good?*, New York: Farrar. Straus and Giroux, 2020, pp. 59-60.

나은 삶을 보장한다는 생각은 대학에 가지 않은 이들의 위신을 떨어뜨리며, ③ 사회, 경제 문제가 좋은 교육을 받은 전문가에 의해 해결된다는 믿음은 민주주의를 타락시키고 시민의 정치 권력을 훼손하는 상황을 초래한다고 비판한다.

주지하다시피, 능력주의가 낳는 사회적 폐해는 한국 사회에서도 예외는 아니다. 소위 '줄 세우기식' 입시 경쟁 및 '금수저/흙수저'와 같은 신조어 등이 그것을 적나라하게 보여주는 대표적인 키워드들이다.[5]

이 책은 능력주의의 옳고 그름을 다루지 않는다. 그 대신 능력주의의 시각 외에도 자신을 포함한 세상을 진지하게 평가할 수 있는 대안적 시각이 있으며, 그 시각이 단순히 실천적 유용함뿐만 아니라 신뢰할 만한 형이상학적 배경을 갖추고 있음을 보여주고자 한다. 이 책이 주목하고자 하는 철학자는 니체F. Nietzsche다. '귀족주의'[6], '주권적 개인', '위버멘쉬', '세 변용dreiVerwandlungen', '자기극복' 등과 관련된 니체의 생각은 능력주의의 폐해와 관련하여 '대안적인 유용한 어휘들'을 제공해준다고 판단된다. 이런 니체의 생각 속에는 평균화되어가던 당대 시민들의 삶을 비판하고, 다양하고 고귀한 자아의 실현을 추구하라는 목소리가 공통으로 반영되어 있

---

5 큰 인기를 끌었던 「SKY 캐슬」(JTBC, 2018. 11. 23 - 2019. 2. 1)이나 「더 글로리」(넷플릭스, 2022. 12. 30 공개) 같은 드라마는 능력주의의 폐해를 극적으로 담고 있다고 볼 수 있다.

6 관련된 국내 논문은 이상엽, 「니체의 이상적 인간상 연구」, 『니체연구』 제11집, 한국니체학회, 2007, 121-150쪽; 최순영, 「니체의 귀족적 개인주의」, 『니체연구』 제18집, 한국니체학회, 2010, 93-122쪽 등이 있다.

다.[7] 능력주의가 지배하는 사회의 삶은 획일화될 수밖에 없다. 획일화된 사회는 다양한 자아실현의 욕구가 억압된 불행한 삶의 터전일 수밖에 없을 것이다.

그러나 니체의 저작에는 양립하기 힘들어 보이는 두 견해가 드러나고 있다. 한편으로, 실천의 측면에서는 '귀족주의'를 주장하면서도, 이론의 측면에서는 '의지의 자유freedom of will'를 부정하기 때문이다. 우리에게 의지의 자유가 없다면, 귀족적 삶을 향한 가능성은 모든 이에게 공평하게 열려 있지 않다. 위대한 정치도, 낙타에서 사자를 거쳐 어린아이로의 변화도, 자기 극복도, 즉 니체의 실천 표어들은 적어도 '그럴 만한 조건'이 갖춰진 특정 인간에게만 실현 가능한, 한마디로 '빛 좋은 개살구'에 불과하게 된다.

이 책에서는 니체 사상에 제기된 '비일관성의 문제'를 바라보는 두 견해를 양립론과 비양립론으로 구분하여, 기존의 내용을 비판적으로 검토하여, 새로운 해석을 통해 양립론을 옹호하고자 한다.

---

7 필자는 니체의 실천 사상을 '귀족주의'라고 통칭하고자 한다. '거리의 파토스(Pathos der Distanz)'를 통한 새로운 자기 극복과 자아실현을 추구하는 자가 니체에게서 '이상적인 인간'이며, 니체의 실천 사상을 관통하는 생각이라고 판단하기 때문이다. 다만 본 논문에서 '새로운 귀족주의'라는 표현을 사용한 이유는 니체 사상의 새로운 해석을 통해 이론적 측면(형이상학적 측면)과 실천적 측면이 일치된 '귀족주의'를 지칭하기 위함이다.

2. 비일관성의 문제

1) 비양립론과 그 문제

니체에게 있어서 이론적 측면과 실천적 측면의 비일관성을 어떻게 해결할 수 있을까? 즉, 자유에 대한 견해와 실천 교설에 대한 견해의 일관성을 확보할 수 있을까? 우선, 몇 가지 논리적 가능성이 있다. 첫째, 위에서 언급했듯, 니체의 자유 이해를 결정론determinism으로 독해하여B. Leiter (2002; 2007; 2009; 2019), 그의 실천적 교설과 일관성이 없다는 결론이다(김남호, 2018). 둘째, 니체의 자유 이해를 양립론compatibilism으로 독해하고, 온건한 의미에서의 자유의지를 인정하여, 실천적 교설과의 일관성을 확보하고자 하는 방식이다(정지훈, 2020, K. Gemes, 2009). 셋째, 니체의 자유 이해를 사건-인과 자유론event-causation libertarianism으로 독해하면, 일관성을 확보할 수 있다는 견해로, 본 논문의 3절에서 검토하도록 하겠다.

레이터B. Leiter (2002; 2007; 2009; 2019)는 니체가 '의지의 자유Freedom of Will'를 부정하고 있으며, 니체의 의지 회의론은 페레붐Derk Pereboom (2001)이나 스트로슨Galen Strawson (1986; 1994) 등에 의해 지지되는 현대의 비양립론에 속한다고 판단한다. 그리고 심리학자 웨그너D. Wegner (2002)의 자유의지 회의론과 유사하다고 판단한다.[8] 레이터는 자유의지를 '자유롭다는 느낌'의 문제로 보는 니체의 입장을 '의지

---

8 B. Leiter, "Nietzsche's Theory of the Will," *Philosophers' Imprint*, Vol. 7, No. 7, 2007, p. 1.

신경과학 시대에 인간을 다시 묻다

의 현상학the phenomenology of willing'이라고 규정하고, '체험으로서의 의지'는 인과적으로 무력한 부수현상임을 보여주는 논증 전략을 취한다.

> "원한다는 것은 무엇인가!Was ist Wollen 우리는 태양이 솟아오를 때 방에서 나와 "나는 태양이 뜨기를 원한다"라고 말하는 사람을 비웃는다. 그리고 우리는 바퀴를 멈출 수 없으면서도 "나는 바퀴가 구르기를 원한다"라고 말하는 사람을 비웃는다. 그리고 우리는 격투에서 져 쓰러져 있는 사람이 "나는 여기에 누워 있다. 하지만 내가 원해서 누워 있는 것이다!"라고 말하는 것을 비웃는다. 우리는 이렇게 비웃지만, 우리가 '나는 원한다'라는 말을 사용할 때 저 세 사람과 다른 의미로 그 말을 사용한다고 할 수 있는가?"(M, [124], s.116.)

이 구절은 비유를 통해서 우리의 행위는 '우리가 원해서' 발생한 사건이 아니라고 말하고 있다. 우리의 행위는 태양이 뜨고, 바퀴가 구르고, 격투 중 쓰러지는 사건처럼 행위자의 의지로 발생한 사건이 아니라는 것이다. 레이터는 이로부터 행동에 선행하는 의지의 체험은 인과관계를 추적하지 못하며, 행위와 관련해 의지의 체험은 부수현상적epiphenomenal이라는 결론을 도출한다.[9] 그러면, 인간의 행위를를 일으키는 원인은 무엇인가?

---

9   Leiter, 2007, p. 2.

"각각의 행위Handlung에는 많은 충동들이 활동하고 있다. 적어도 ① 행위에서 만족되는 충동, ② 목적과 수단을 정립할 때 만족되는 충동, ③ 결과를 앞서 상상할 때 만족되는 충동. 충동은 자신을 만족시킨다. 즉 충동은 자극을 지배하면서 변형시킴으로써 활동하고 있다. 자극을 지배하기 위해 싸워야 한다. 즉 그것은 다른 충동을 억제하고 약화시켜야 한다."(KSA11, N, 7[263], s.322.)

레이터는 이 구절을 제시하면서, 니체가 행위를 일으키는 원인을 어떤 단일한 것으로 보지 않고, 다양한 충동의 갈등으로 파악하고 있음을 지적한다. 다음 구절은 이 충동의 갈등은 우리에게 의식되지 않으며, 심지어 어떤 충동이 승리할지 우리는 알 수 없음을 말해주고 있다.

"이것은 우리에게는 전혀 보이지도 의식되지도 않는 것이다. […] 나는 동기들의 이러한 전선을 잘 보지 못하는 것처럼 형성하지도 않는다. 동기들 간의 투쟁 그 자체가 내게 숨어 있다. 마찬가지로 어떤 동기가 승리하는지도 내게는 숨어 있다. 왜냐하면 내가 결국 무엇을 행하는지를 나는 잘 알지만, 이때 어떤 동기가 승리했는지를 나는 알지 못하는 것이다. 그러나 이 모든 무의식적인 과정들을 고려하지 않으면서 우리에게 의식되는 한에서만 어떤 행위를 준비하는 것들에 대해 생각하는 것이 우리의 습관이다."(M, [129], s.119.)

그러나 '성격', '기질', '성향'과 같은 개인성을 구성하는 특징을 생각해볼 때, 이 충동들은 개인에게서 단순히 우발적으로 생성되었다가 사라지는 것이 아니라, 어떤 형태를 갖추고 있는 듯이 보인다. 레이터는 니체의 구절들[10]에서 '유형론Doctrine of Types'을 도출해낸다.

> "개인은 그를 특별한 유형의 개인으로 정의해주는 하나의 고정된 생리-신체적 조건을 갖는다."[11]

니체에 따르면 개인의 기질이나 성향뿐만 아니라 심지어 도덕 판단이나 가치 평가조차도 생리 현상으로 본다.[12] 극단적으로 보이는 이러한 생각은 결국 도덕적 판단에서조차도 의지의 자유 가능성을 허용하지 않으며, 행위자의 책임 귀속성도 인정하지 않는다.

의지의 자유에 입각한 자기 통제를 인정하지 않으면, '자기 극복', '위버멘쉬', '세 변용' 등과 같은 실천 교설은 모든 인간에게 동등하게 적용될 수 없다. 가령, 차라투스트라Zarathustra가 산에서 고행하고 하산Untergang을 결심하여 마을 사람으로 대표되는 '미래의 독자들에게' 하는 교설은 '빛 좋은 개살구'에 불과하게 된다. 만일 비양립론을 진지하게 인정한다면, 니체의 귀족주의로 대표되는 실천적 프로젝트는 실패작이라고 인정해야 할 수도 있다.[13]

---

10 대표적인 구절들은 JGB, [6], JGB, [187], FW P:2, GM I:15, M 119, D 542.

11 Leiter, 2007, p. 2.

12 M 119, D 542 참조.

13 유형론에 입각하여, 애초부터 실현 가능한 사람만을 위한 프로젝트라고 간주하면 문제가 해결되지 않을까? 이 경우 다음과 같은 문제가 발생한다. ① 니체 프로젝트가 유형적으로

그러나 리처드슨J. Richardson이 지적하고 있듯이, 니체의 자유의 지에 관한 생각이 생각보다 복잡하며, 더 나아가 '부정적 견해nega-tive view'와 '긍정적 견해positive view'가 공존하고 있다면,[14] 문제는 달라진다. 리처드슨의 지적은 자유의지 문제에 관한 니체의 철학함이 보다 복잡한 시대 및 문제 상황을 배경으로 하고 있음을 암시한다. 기존의 비양립론(김남호, 레이터)은 니체가 철학을 했던 시대적 맥락을 간과하고 있는 듯 보인다. 따라서, 니체가 부정하는 자유의지 개념이 무엇이며, 새롭게 긍정하고자 하는 자유의지 개념은 무엇인지 더 자세히 살펴볼 필요가 있다.

2) 양립론과 그 문제

정지훈(2020)은 니체가 자유와 필연성의 합치를 주장했다고 본다.

본고는 '자유의지' 논쟁보다는 '자유'의 이념에 집중하면서, 니

실현 가능한 사람도 자기 삶을 지속해서 조형해가야 한다면, 의지의 자유에 입각한 자기 통제가 전제되어야 한다. ② 실천 교설과 관련하여 니체의 저작에는 분명 인류 전체, 인간 일반을 대상으로 하는 구절들이 많이 등장한다. 예를 들어, "내 과제는 인류 최고의 자기 성찰의 순간인 위대한 정오를 준비하는 것이다. 이때 인류는 과거를 회고하고 미래를 내다보면서, 우연과 사제의 지배에서 벗어나 '왜?', '무슨 목적으로?'라는 질문을 최초로 제기할 것이다."(니체, 『이 사람을 보라』, 「아침놀」, 2, 415쪽) 이런 이유로 이상범은 위버멘쉬 사상이 모든 인간을 위한 교설이라는 결론을 내린다(이상범, 「건강한 인간유형으로서의 위버멘쉬: 위버멘쉬와 그의 실존적 건강에 대한 해명을 중심으로」, 『니체연구』 제35집, 한국니체학회, 2019, 171-214쪽 참조).

14 J. Richardson, "Nietzsche's Freedom," *Nietzsche on Freedom and Autonomy*, K. Gemes and Simon May (eds.), Oxford: Oxford University Press, 2009, p. 127.

체 철학에서 자유와 필연성의 합치에 대한 사유를 고대적인 그리고 이후의 철학사적인 맥락 속에서 살펴보려고 한다. 이는 니체의 입장이, 데카르트 이후 행위의 원인 혹은 필요조건으로서의 '의지' 개념이나 그런 개념에 기반을 두고 현대에 여러 형태로 전개되어 온 결정론과 양립가능론의 자유의지 논쟁의 맥락에서보다는, 자유의 이념에 대한 철학사적 맥락에서 보다 잘 드러난다고 생각하기 때문이다.[15]

그러나 정지훈의 해석 역시 기존의 '자유의지' 논쟁에서 벗어날 수 없다. 그는 니체의 자유 이해는 그리스도교적 의지 개념이 자유 논의를 지배하기 이전의 고대 철학적 문맥에서 발견되는 어떤 사유의 흐름을 고찰함으로써 더 잘 이해할 수 있다고 주장하며, 그것은 자연/본성Natur과의 합치 혹은 조화로서의 자유를 사유하는 흐름이라고 주장한다.[16] 우선 그는 그리스도교의 영향으로 자유를 모든 인간이 가진 의지의 능력으로 이해하면서 자유를 '자유의지'로서 내면화하고 보편화했다라고 주장하지만, 이는 재고의 여지가 있다. '의지의 자유freedom of will'에 상응하는 개념 및 표현은 등장하지 않지만, 플라톤의 파이돈Phaidon에는 "왜 소크라테스가 감옥에서 달아나지 않았는가?"라는 물음과 관련하여 크게 두 가지 가능한 답변을 구분하여 검토되고 있음을 알 수 있다. ① 소크라테스의 힘줄과

---

15 정지훈, 「자기에게 충실함으로서의 자유 개념: 니체와 철학사적 맥락」, 『니체연구』 제63집, 2020, 148-149쪽.

16 정지훈, 2020, 151쪽.

뼈가 움직이지 않았기 때문이다. ② 소크라테스는 그의 다이몬에 따르고, 공동체의 법에 복종하고자 했기 때문이다. 첫 번째 답변은 오늘날 '물리적 원인'에 해당하고, 두 번째 답변은 '행위 이유'에 해당한다.[17] 아리스토텔레스는 *니코마코스 윤리학*에서 '정치적 자유'를 의미하는 *eleutheria*와 행위자의 행위 귀속을 의미하는 *eph hemin*(~속하는)을 구분하고 있다. 이는 오늘날 '행위의 자유freedom of action'와 '의지의 자유freedom of will'에 상응하는 구분이라고 할 수 있다. 이런 이유로 자유의지 개념 및 논쟁이 중세 시대의 발명품이라는 해석은 반론의 여지가 있다. 이러한 이유로 니체가 그리스도교적 관념이 지배하거나 스며들지 않은 자유의 이념을 추구했다는 점은 옳을 수 있지만, 현대의 자유의지 논쟁 자체가 중세 시대의 틀에 의존해 있으므로, 새로운 관점이 필요하다는 정지훈의 판단은 옳지 않을 수도 있다.

그렇다면, 정지훈이 생각하는 니체의 새로운 관점은 무엇인가?

이 '자기 됨'이라는 생각은 내가 나의 의도와 마음대로 될 수 있는 자기를 말하는 것이 아니다. 니체는 사람의 유형이 체질적으로 혹은 생리적으로 타고난 부분이 있다고 이해했는데, 그래서 그 자신인 바를 단지 교육으로 바꿀 수 없다고 생각했던바 (…) 이런 면에서 니체에게 자기가 된다는 것은 내 마음대로 뜻을 펼치라는 통속적인

---

17 Eberhard Schockenhoff, *Beruht die Willensfreiheit auf einer Illusion?"*: *Hirnforschung und Ethik im Dialog*, E. Schokenhoff (Hrsg.), Schwabe Basel, 2004, S.7.

신경과학 시대에 인간을 다시 묻다

의미가 아니라, 오히려 그 자신의 생리적 체질과 자연성에 따라 실현되어야 할 그 자기를 형성한다는 것을 의미한다.[18]

이러한 생각은 니체를 결정론자로 독해하는 레이터가 말한 '유형론Doctrine of Types'과 유사하다. 정지훈도 니체에게 필연성이란 '인간의 내적 자연/본성, 특히 자신의 생리적 유형에 따른 내적 자연의 필연성'으로 보고 있다.[19] 그러나 레이터가 니체의 자유의지 개념을 '부수현상'으로 이해하지만, 정지훈은 그렇지 않다는 점에서 중대한 차이가 있다.

> 모차르트는 그럴 수밖에 없었다. 그렇게 작곡할 수밖에 없었던 것이다! 그것은 필연적인 행위였다. 하지만 그럼에도 그것은 최고로 충만한 힘의 발현으로서 진정 자유로운 행위이지 않을 수 없다. 일상적으로 생각해본다면, 이를테면, 누군가 어떤 커다란 기쁨을 경험하면서 그것을 뛰거나 소리치면서 몸으로 표현할 때, 그가 여러 행위들 중에서 다른 행위가 아니라 바로 그 뛰거나 소리치는 행위를 '선택'하고 '제어'해서 그를 자유롭다고 하지 않는다. 그 환희에 벅차서 자연적으로 '어쩔 수 없이' 나오는 그 행위를 두고 우리는 그가 부자유하다고 말하지 않는다. (…) 그리고 이때 자유란 내가 나의 자연성Natur과 합치되어 있다는 것을 가리킨다.[20]

---

18 정지훈, 2020, 159쪽.
19 정지훈, 2020, 159쪽.
20 정지훈, 2020, 162쪽.

짐스K. Gemes는 니체의 자유의지 이해를 흄D. Hume의 그것과 함께 양립론compatibilism[21]으로 해석한다. 그 이유는 ① 니체와 흄 모두 자유의지에 관한 자연주의적 접근을 시도한다. 더 나아가 ② 둘 모두 행위가 행위자의 성향character에 기인한 것일 때 자유롭다고 본다.[22] 물론 이 성향은 무의식적이고, 선재하는 수많은 원인에 의한 결과물이다.

양립론 독해는 크게 두 가지 문제에 직면한다. 우선, 자유의지 논쟁에서 양립론은 자유의지 문제를 해결하기는커녕, 교묘히 회피하는 입장이라는 비판이 제기되어왔다.[23] 즉, 양립론은 '자유롭다는 것이 무엇인가?'에 해당하는 의미 규정에 불과할 뿐, '결정하는 과정의 본성the nature of human decision-making processes'에 대한 견해는 아니라는 반론이다. 그러나 니체 실천 사상과 관련하여, 더 큰 문제는

---

21 양립론에 의하면, 우리가 자유롭다는 *의미*는 욕구하거나 원하는 바를 방해받지 않고 할 수 있는 능력(power, ability)이 있다는 것이다. 가령, 내가 보트를 타고 싶고 내가 보트를 살 상황에 처해 있고, 즉 보트를 사서 항해하는 일을 실현하는 데 방해 요소가 없고, 그래서 보트를 타서 항해할 수 있다면, 그런 의미에서 나는 자유롭다. 이때 행위자가 가지는 욕구는 본인 스스로가 창조한 결과물이 아니라, 인과 사슬의 결과물이다. 그런 점에서 양립론은 결정론이 참이라고 보며, 자유를 '욕구 실현 방해의 부재'로 보기에 결정론과 자유의지의 존재는 양립 가능하다는 것이다.

22 K. Gemes, "Nietzsche on Free Will, Autonomy, and the Sovereign Individual," *Nietzsche on Freedom and Autonomy*, K. Gemes and Simon May (eds.), Oxford: Oxford University Press, 2009, p. 38.

23 "다른 철학자도 비슷한 점들을 지적했다. 예를 들어, 18세기 철학자 임마누엘 칸트는 흄적인 양립론을 "하찮은 말 사기" 또는 "형편없는 속임수"라 칭했다. 그리고 19세기 미국 철학자 윌리엄 제임스는 다음과 같이 말했다. "[양립가능론]은 실재하는 사실상의 쟁점을 전적으로 덮어버린 회피의 수렁이다. [양립가능주의자가] ["자유의지"]로 무엇을 의미하건 문제는 존재하며, 그것은 사실의 문제이지 말의 문제가 아니다."(M. Balaguer, *Free Will*, Cambridge, Massachusetts: The MIT Press, 2014, pp. 74-75)

양립론은 니체의 실천 교설이 일반화될 수 없다는 귀결을 불러온다는 점이다. 니체의 실천 교설은 마치 모든 인류를 향해 "올림픽 경기에서 메달을 딸 수 있도록 노력하라!"라거나 "모든 인간은 백남준급의 예술가가 되도록 노력하라!"라고 외치는 것과 다를 바 없다. 모든 인간은 올림픽 경기에서 메달을 딸 수 없다. 특정 종목에 선천적인 재능을 타고나서, 노력으로 그 재능이 극한으로 발휘된 소수의 사람에게만 허락된 영광이기 때문이다. 예술가 백남준의 경우도 마찬가지다. 그와 마찬가지로 모두가 '위버멘쉬'나 '귀족'이될 수 없다. '자기 극복'을 통한 새로운 자아와 삶의 실현은 모두의얘기가 될 수 없다. 오직 '그럴 만한 조건(성향)을 갖춘' 사람에게만해당하는 교설이 될 것이다.

니체 자유의지 개념에 대한 양립론 접근은 ① 니체의 실천 교설이 가지는 보편적 성격을 뒷받침해주지 못하고, ② 인간을 '되어가는 과정'으로 이해하는 '실존적 측면'과도 어긋난다. 따라서 ③ 니체의 실천 교설의 의의와 가치를 반감시키는 결과를 초래한다.[24]

따라서 만일 그럴 만한 근거가 있다면, 니체 사상에서 지금까지놓치고 있었던 가능성을 현대 자유의지 논쟁의 연구성과를 응용하여 탐색해볼 필요가 있다.

---

[24] 흄과 달리 니체는 실천적 교설을 적극적으로 탐구하고, 표명했다는 점을 고려해볼 때도, 양립론적 접근은 분명 니체의 실천 교설에 치명적인 약점일 수밖에 없다.

3. 사건-인과 자유론자로서의 니체

1) 자유론의 두 형태

위에 언급한 세 입장 중 두 입장, 즉 '결정론determinism', '양립론compatibilism'이 니체 자유의지 사상과 일치하지 않는다면, '자유론libertarianism은 어떨까? 주지하다시피, 니체가 자유론에 입각한 자유의지[L-자유L-Freedom]²⁵ 개념을 초지일관 부정했다. 그런데 니체가 비판한 L-자유는 정확히 분류하자면, 행위자-인과 자유론agent-causation libertarianism²⁶이다. 행위자-인과 자유론은 선결정되지 않은 선택의 원인을 행위자의 인과력으로 본다. 그러나 20세기에 등장한 새로운 형태의 자유론, 즉, 사건-인과 자유론event-causation libertarianism²⁷은 선결정되지 않은 선택의 원인을 사건events으로 본다는 점에서 차이가 있다.

니체가 행위자-인과 자유론을 부정한 이유는 다음과 같다.²⁸
① 행위자-인과 자유론은 육체와 분리된 주체를 가정하기 때문이

---

25 발라규어(M. Balaguer)의 표현에 따라 자유론에 입각한 자유의지 개념을 L-Freedom으로 표기하겠다. M. Balaguer, *Free Will*, Cambridge, Massachusetts: The MIT Press, 2014 참조.

26 주요 지지자들은 다음과 같다. Ried (1788), Kant (1785), Chisholm (1964), Clarke (1993; 2003), O'Connor (2009), Taylor (1996; 1974).

27 주요 지지자들은 다음과 같다. Ekstrom (2000), Franklin (2011), Kane (1996), Balaguer (2014).

28 자유론에 대한 니체의 비판은 이미 국내 학계에서도 여러 연구논문을 통해 논의된 내용이므로 본 논문에서는 구체적으로 다루지 않겠다.

다. 즉 행위자-인과 자유론은 실체 이원론을 전제한다.[29] ② 행위자-인과 자유론은 인간에게 자신의 행위에 대해 죄를 묻고 형벌을 가하고자 하기 위한 목적으로 고안된 것이다. 이런 생각이 잘못된 이유는, 만일 실체로서의 '생각하는 주체'가 없다면, 한 개인은 그의 기질 및 수많은 외부적 요인들에 의해 형성된 '단일하지 않은 존재'이기 때문이다. ③ 결국 행위자-인과 자유론은 인간을 노예로 만들고자 하는 의지, 병들게 하려는 의지, 즉 "죽음을 설교하는 자들Prediger des Todes"[30]이 고안해낸 허구적 이야기다. 따라서, 행위자-인과 자유론은 니체가 보기에 다양한 자아와 삶을 실현하는 것을 방해하는 형이상학적, 종교적 믿음 체계이다.

행위자-인과 자유론이 직면한 가장 치명적인 난점은 행위자-인과 자체가 가지는 '신비주의적 요소'와 관련한다. 행위자-인과 자유론은 행위자의 인과력을 선결정되지 않은 원인으로 상정하기 위하여 통상적으로 '추가 요인 전략extra factor strategies'[31]으로 부르는 전략을 사용한다. 이 전략의 문제는 추가 요인들[32]이 현재 알려진 물리 법칙, 특히 에너지 보존법칙law of conservation of energy에 어긋난다는

---

29 이런 이유로 니체가 소크라테스, 플라톤, 데카르트, 칸트를 매우 부정적으로 평가하고 있음은 이미 잘 알려져 있다. 그러ㅏ 행위자-인과 자유론의 창시자로 평가받는 리드(T. Ried)에 대한 평가는 니체의 저작에서 발견되지 않는다. 니체는 칸트를 행위자-인과 자유론의 대표적인 지지자로 간주하여 비난한다.

30 Za I, S.51-53 참조.

31 R. Kane, *A Contemporary Introduction to Free Will*, New York: Oxford University Press, 2005, pp. 38-39 참조.

32 추가요인들이란 구체적으로 '비물질적 마음 혹은 영혼', '시간과 공간 외부에 있는 정신적 자아', '특별한 형태의 행위자 인과' 등이다(R. Kane, *A Contemporary Introduction to Free Will*, New York: Oxford University Press, 2005, p. 39 참조).

점이다. 클락Clarke(1993; 2003)과 오코너O'Connor(2000; 2009)는 양자역학의 비결정성quantum inderminancy을 통해 이 문제를 해결하고자 시도하지만, 여전히 행위자 개념이 실체substance로 이해되는 한 궁극적인 해결책으로 인정받기 어렵다고 판단된다.

사건-인과 자유론은 실체로서의 행위자를 가정하지 않으며, 행위자가 수반된 사건들agent-involving events이 L-자유를 가능하게 한다고 주장한다.[33] 발라규어M. Balaguer나 케인R. Kane 같은 사건-인과 자유론자들도 양자역학과 카오스이론의 비결정성을 '비결정된 선택'의 가능 근거로 삼지만, '적절한 비무작위성appropriate nonrandomness' 개념 등을 통해 무작위성만으로는 행위자의 통제력이 설명될 수 없다는 소위 '자유주의 딜레마libertarean dilemma'[34]를 해결할 수 있다고 주장한다. 가령, 발라규어는 '갈린 결정torn decisions'이 자연 내에 존재한다고 주장한다. 갈린 결정은 행위자 앞에 놓인 두 가지 이상의 선택지들이 동등하게 균형 잡힌equally balanced 상태이다.[35] 이때 행위자의 '의식적 숙고'는 어느 특정한 선택지를 선택할 확률을 높이는 변수로 작용하면서, '적절한 비무작위성'이 발생하게 된다. 다음과

---

33 이 비결정적으로 원자(atom)의 움직임으로 자유로운 선택이 가능하다고 보는 루크레티우스의 사상을 기원으로 갖는다고 보고 있다. 그러나 본격적으로 논의된 것은 20세기에 와서부터다(M. Mckenna & D. Pereboom, *Free Will*, New York: Routledge, 2016, p. 232 참조). 현대의 주요 지지자는 다음과 같다. Ekstrom (2000), Franklin (2011), Kane (1996).

34 R. Kane, *A Contemporary Introduction to Free Will*, New York: Oxford University Press, 2005, p. 34 참조.

35 발라규어는 자연 내에 '갈린 결정'에 해당하는 상태가 존재하는지는 순전히 경험 과학적으로 그 진위여부가 판별될 수 있다고 주장한다.

같은 예를 들어 설명해보겠다.[36]

영수의 사례: 철수는 제주도에 머물지 서울로 이사를 할지 고민하고 있다. 서울의 한 아마추어 축구팀에서 선수로 뛰고 싶은 욕구와 한 연극 극단에서 연극배우로 활동하고 싶은 욕구가 그가 서울로 이사를 하고 싶게 만드는 동기다. 제주도에 사는 여자친구와 결혼해서 여자친구의 부모님이 운영하시는 횟집을 물려받아 경영자가 되고 싶은 욕구가 제주도에 머물고 싶게 만드는 동기다.

위의 예를 사건-인과론 어휘로 표현하자면 다음과 같다.

사건1: 한 아마추어 축구팀에서 활약하고자 하는 영수의 욕구.[37]

사건2: 한 극단에서 연극배우로 활동하고자 하는 영수의 욕구.

사건3: 여자친구와 결혼하고자 하는 영수의 욕구.

사건4: 여자친구의 부모님께 물려받을 횟집을 경영하고 싶은 영수의 욕구.

사건5: 서울로의 이사 선택.

사건6: 제주도 체류 선택.

---

36 아래의 예는 발라규어가 든 랄프의 예(2010, p. 72)를 한국 상황에 맞게 변형한 것이다.

37 자신의 주저에서 상세히 논의는 피하고 있지만, 발라규어는 개별자 동일론을 옹호힌디. 그래서 행위자의 욕구는 물리적 사건과 동일하다. 이에 관해서는 Balaguer (2010), pp. 85-86 참조.

이 사건들의 나열에서 사건1과 2는 사건5를, 사건3과 사건4는 사건6을 확률적으로probabilistically 일으킨 원인이 된다. 즉, 사건1, 2, 5와 사건 3, 4, 6은 서로 다른 인과 사슬을 형성한다.[38]

2) 적용

사건-인과 자유론에 난점이 없지는 않다.[39] 그러나 본 논문에서 중요한 점은 니체의 자유의지 개념을 그의 실천 교설과의 일관성과 관련해서 생각해볼 때, 결정론도 양립론도 아닌 사건-인과 자유론이 가장 적합하다는 점이다. 우선 위에서 언급했듯, 니체는 행위자-인과 자유론을 반대하며, 니체가 주목했던 난점, 즉 '이성적 실체로서의 주체'는 오늘날 여전히 행위자-인과 자유론의 아킬레스건임을 확인했다. 둘째, 리처드슨이 지적하듯, 니체는 자유의지에 관한 '긍정적인 견해'를 피력하고 있다. 즉, 니체는 실체로서의 자아, 죄와 형벌 개념과 결부된 책임 관념을 자유의 '자연주의화natu-ralize'와 '탈도덕주의화de-moralize'의 시도를 통해 비판하면서, 동시에 새로운 형태의 자아 및 책임 이해를 선보이고 있다는 것이다.[40]

---

38 물론 사건-인과 자유론에는 소위 '행운-반론(luck-objection)'이 제기되며, 이에 대한 발라규어의 해법에 관해서는 김남호, 「자유의지 문제는 경험과학의 문제인가: 발라규어의 사건 인과 자유론에 대한 반론」(『대동철학』 제102권, 2023) 참조.

39 사건 인과 자유론에 대한 비판적 평가는 김남호, 「자유의지 문제는 경험과학의 문제인가: 발라규어의 사건 인과 자유론에 대한 반론」 참조.

40 J. Richardson, "Nietzsche's Freedom", *Nietzsche on Freedom and Autonomy*, K. Gemes and Simon May (eds.), Oxford: Oxford University Press, 2009, pp. 129-130.

리처드슨이 주목하는 대표적인 구절은 GS 347에 등장하는 '명령의 정열로서의 의지'와 '자기규정'에 대한 언급, 그리고 GM II 2에 등장하는 '주권적 개인the sovereign individual'에 대한 언급이다. GS 347에서 니체는 의지를 자기주권과 힘의 결정적인 표징으로 이해하며, 신, 영주, 신분, 의사, 당파적-양심 등에 의지하는 자는 스스로 명령을 내릴 줄 모르는 자로 이해한다. 외부적인 권위 등에 복종하는 자가 아닌 "심연 위에서 춤을 추는 자기규정의 기쁨과 힘, 의지의 자유"를 향유하는 "자유로운 정신"을 언급한다. 이 구절에서 리처드슨의 지적처럼 니체는 긍정적 의미로서의 '자기 통제'와 '자유의지'를 모색하고 있음을 엿볼 수 있다. GM II 2에 언급된 '주권적 개인'에 대한 니체의 언급을 보면, "주권적 개인"을 "자율적이고 초윤리적인 개체", 즉 "약속할 수 있는 자기 자신의 독립적인 오래된 의지를 지닌 인간"으로 이해하고 있다. 여기서 우리는 니체가 기독교적 죄의식과 처벌 개념과는 무관한 형태의 책임 개념을 모색하고 있음을 알 수 있다. 그러나 리처드슨은 니체의 자유 개념이 실천 교설과 양립 가능함은 설득력 있게 논하고 있으나, 니체 자유 개념의 정체성을 자유의지를 둘러싼 형이상학 논쟁의 역사 내에 위치시키지 못하고 있다.

JGB 19는 니체의 긍정적 자유의지 이해를 사건-인과 자유론으로 해석하는 데 중요한 단서를 제공한다. 여기서 니체는 의지작용Wollen을 '어떤 복합적인 것'으로 이해한다고 언급한다. 그리고 의지작용이 ① 감정의 다양함, ② 사고Dneckn, ③ 정서Affekt로 구성되어 있다고 주장한다. 즉, 니체에게 의지작용이란 감정, 사고, 그리고 정서, 특히 '명령의 정서'가 결합한 복합체다. 의지작용은 '주어진 상황에서 명령하는 자이자 동시에 복종하는 자'다. 니체가 말하는 '명령하고 복종하는 자'는 실체 이원론적 주체가 아니라, '충동들의 집합a collection of drives'[41]이다. 따라서, 니체가 말하는 긍정적 의미에서의 자유로운 인간은 수많은 충동과의 갈등 속에서 특정한 선택을 수행하도록 스스로 명령을 내리고, 스스로 그 명령에 복종하는 자다. 이것이 바로 '귀족', '위버멘쉬' 등으로 대표되는 실천 교설을 가능하도록 만드는 니체의 자유 개념이다.

니체 당시에 '사건-인과 자유론'에 대한 본격적인 논의가 없었으나, 끊임없이 생성되고 사라지는 의지작용의 요소들, 즉 감정, 사고, 정서를 현대적 의미에서의 '심적 사건mental events'으로 번역한다면,[42] 니체의 자유 이해는 사건-인과 자유론과 매우 닮아있다. 모든 인간은 일상에서, 각자만의 삶의 맥락에서 '자기 극복'을 실현할 수 있으며, 새로운 자아와 삶의 이야기를 창조해낼 수 있다. 그러나 니체가 지적하듯, 죄의식, 관습과 습관의 힘, 나약함 등으로 쉽게 실패하곤 한다. 그 갈등의 순간, 즉 '갈린 선택'의 순간에 행위자가 '의식적이고, 의도적이고, 목적지향적으로 행한 사건'[43](니체에게 있

---

41 J. Richardson, "Nietzsche's Freedom," *Nietzsche on Freedom and Autonomy*, K. Gemes and Simon May (eds.), Oxford: Oxford University Press, 2009, p. 132.

42 주지하다시피, 니체는 헤라클레이토스 전통에서 변화의 존재론적 우위를 강조한다. 따라서, 사건(events) 개념은 20세기 이전의 그 어떤 철학자보다도 니체의 사상과 잘 부합하는 측면이 있다고 판단된다.

43 Mark Balaguer, *Free Will as Open Scientific Problem*, Cambridge, Massachusetts: The MIT Press, 2010, p. 87.

신경과학 시대에 인간을 다시 묻다

어서 '명령과 복종의 의지')에 의해 새로운 선택의 가능성은 확률적으로 증가한다.

4. 결론

사건-인과 자유론은 '심적 사건'을 끊임없이 생성되고 소멸하는 '신경 사건'으로 본다는 점[44]에서 니체식 자연주의와 부합하며, 니체의 실천 교설이 진지하는 '긍정적 이미로서의 자유의지 및 책임 개념'을 뒷받침해주는 형이상학적 모델이 될 수 있다. 마지막으로, 사건-인과 자유론은 물리 법칙에 어긋나지 않으면서 다른 선택의 실현 가능성을 설명한다는 점에서 니체의 실천 교설을 보편화할 때 최선의 이론적 배경이 될 수 있다.

최순영은 "과도한 광고가 유도하는 집단적 유행의 몰개성이 개성으로 왜곡되고, 멀티미디어 복제기술의 등장에 따라 모든 존재의 유일성에 대한 성찰이 어려운 시대에 우리는 살고 있다. 니체의 귀족적 개인주의는 문화와 정치에 대한 많은 반성적 사유의 단초를 제공한다"[45]라며, 니체의 귀족주의가 오늘날 여전히 추구할 만한

---

44 Mark Balaguer, *Free Will as Open Scientific Problem*, pp. 85-86.

45 최순영, 「니체 철학화 인간, 법, 정치: 니체의 귀족적 개인주의」, 『니체연구』 제18집, 2010, 93-123쪽.

가치가 있다고 주장한다. 니체의 실천 교설에 해당하는 귀족주의가 그와 부합하는 형이상학적 배경을 만날 때, 우리는 그를 '새로운 귀족주의'라 부를 수 있을 것이다.

신경과학 시대에 인간을 다시 묻다

참고문헌

김남호, 「니체에게 있어서 '자기조형'과 '자유의'의 양립 가능성」, 『니체연구』 제34집, 2018, 101-118쪽.

_____, 「자유의지는 경험 과학의 문제인가: 발라규어의 사건 인과 자유론에 대한 반론」, 『대동철학』 제102권, 2023.

정지훈, 「자기에게 충실함으로서의 자유 개념: 니체와 철학사적 맥락」, 『니체연구』 제63집, 2020, 148-149쪽.

최순영, 「니체 철학화 인간, 법, 정치: 니체의 귀족적 개인주의」, 『니체연구』 제18 집, 2010, 93-123쪽.

Balaguer, Mark, *Free Will as Open Scientific Problem*, Cambridge, Massachusetts: The MIT Press, 2010.

_____ , *Free Will*, Cambridge, Massachusetts: The MIT Press, 2014.

Bergson, Henri, 1889/1910, *Essai sur les données immédiates de la conscience*, Paris: F. Alcan, 1889; translated as Time and Free Will, tr. F. L. Pogson. London: Allen and Unwin, 1910.

Chisholm, Roderick, "Human Freedom and the Self," The Lindley Lectures. Copyright by the Department of Philosophy, University of Kansas, 1964.

_____ , "Toward a Credible Agent-Casual Account of Free Will," Noûs 27, 1993, pp. 191-203.

Clarke, Randolph, *Libertarian Accounts of Free Will*, New York: Oxford University Press, 2003.

Ekstrom, Laura, *Free Will: A Philosophical Study*, Boulder, CO: Westview, 2000.

Franklin, Christopher, "Farewell to the Luck (and Mind) Argument," *Philo-*

sophical Studies, 156, 2011, pp. 199-230.

Kane, Robert, *The Significance of Free Will*, Oxford: Oxford University Press, 1996.

_____ , *Free Will*, New York/Oxford: Oxford University Press, 2005.

Ken, G., "Nietzsche on Free Will, Autonomy, and the Sovereign Individual," *Nietzsche on Freedom and Autonomy*, K. Gemes and S. May (eds.), Oxford, 2009.

Leiter, B., "the paradox of fatalism and self-creation," *Nietzsche*, J. Richardson and B. Leiter (eds.), Oxford, 2001, pp. 281-321.

_____ , "Nietzsche's Theory of the Will," *Philosophers' Imprint*, Vol. 7, No. 7, 2007, pp. 1-15.

Nietzsche, F., *Kritische Studienausgabe*, hrsg., G. Colli und M. Montinari, 15 Bände, Berlin/New York, 2008.

O'Connor, Timothy, "Agent-Causal Power," In Toby Handfield (ed.), Dispositions and Causes, Oxford: Oxford University Press, 2009, pp. 184-214.

Pereboom, Derk, *Living Without Free Will*, Cambridge: Cambridge University Press, 2001.

Reid, Thomas, "Essays on the Active Powers of Man," In Sir William Hamilton (ed.), The Works of Thomas Reid. Hildesheim: G. Olms Verslagsbuchhandlung, 1983(1788).

Taylor, Richard, Metaphysics. *Englewood Cliffs*, NJ: Prentice Hall, 1974.

_____ , Action and Purpose, *Engelwood Cliffs*, NJ: Prentice-Hall, 1966.

신경과학 시대에 인간을 다시 묻다

제7장

인공물에게 책임을
물을 수 있는가

기계가 생각할 수 있을까? — 기계가 고통을 느낄 수 있을까? [1]

1 Wittgenstein, *Philosophische Untersuchungen*, Oxford: Blackwell, 1959, § 359.

1. 서론

고대 그리스 신화에 등장하는 생명을 부여받은 조각상 갈라테이아Galateia부터 이탈리아의 동화작가 콜로디Carlo Collodi의 피노키오Pinocchio,[2] 영국의 소설가 메리 셸리Mary Shelley가 쓴 『프랑켄슈타인; 혹은 현대의 프로메테우스』(1818)에 등장하는 인조인간, 그리고 필립 딕Philip K. Dick이나 아시모프Isaac Asimov 같은 현대의 SF 소설가들의 수많은 소설에 이르기까지 '인간처럼 생각하고 행동하는' 인공물에 대한 인류의 관심은 끊이지 않고 있다.[3] 그러나 20세기 신경과학, 인지과학, 컴퓨터공학 등과 함께 발전한 인공지능 연구는 그러한 인공물이 실제로 등장할 것이라는 기대감을 불러일으키고 있다. 2016년 3월에 바둑 프로그램 알파고가 이세돌 9단과의 바둑대결에서 승리한 이야기는 여전히 전 세계에 회자되고 있으며, 로봇 제조사 핸슨 로보틱스Hanson Robotics가 만든 휴머노이드 로봇 소피아Sofia는 2017년 사우디 정부로부터 시민권을 받아 화제가 되기도 했다. 앞으로 인공지능이 탑재된 인공물은 교통수단으로, 군사용 무기로, 의료용으로 널리 사용될 것이다. 따라서 인공물을 둘러싼 책임귀속 가능성의 문제가 대두된다.

---

2 1883년에 출간된 『피노키오의 모험(*Le Aventure di Pinocchio*)』에 등장한다.

3 인공물의 외연이 너무 넓다. 가령, 커피 잔도 인공물이고, 한 인간을 구성하는 모든 물리적 입자를 복제한 복제인간도 인공물이다. 따라서 이 책의 목적에 맞게 인공물은 컴퓨더 프로그램으로 구현된 인공지능 혹은 인공지능이 탑재된 로봇이나 휴머노이드(Humanoid)로 제한하도록 한다.

이 책은 '특이점 인공물'(편의상 '인공물'로 칭함)[4]이 도덕적 행위자가 될 수 있는지에 대해 일종의 회의론적 입장을 제시하고자 한다. 이 문제와 관련하여 강한 의미에서의 회의론은 견지하기 힘들다. 왜냐하면, 인공물 지지자들은 통상적으로 과학의 발전에 호소하고 있기 때문이다.[5] 따라서 필자는 위 문제와 관련하여 일종의 온건한 회의론을 제시하려고 한다. 강한 회의론이 인공물의 실현 가능성을 부정하는 선험 논증을 주로 시도한다면, 온건한 회의론은 인공물이 '행위자'이거나 '인격'이 될 수 있다면, 이 개념들의 의미와 기준을 명확히 제시하는 데 목적을 둔다. 이 책은 인공물이 도덕적 행위자이기 위한 필요충분조건을 제시함으로써 책임귀속 가능성의 한계 설정을 시도하고자 한다.

이 책에서는 결론적으로 인공물에게 부여할 수 있는 세 가지 가능성, 즉 ① 도덕적 행위자 ② 대리자 ③ 도구 중에서 인공물에게는 ②와 ③의 지위부여가 확실하지만, ①의 지위가 부여될 수 있는지

---

4 인공지능과 관련하여 대중적으로나 학술적으로 여전히 개념상의 혼란이 많다. 인공지능을 말할 때, 의식 혹은 마음의 측면이 관건이 되는지[가령, John Searle (1984)], 지능의 측면이 관건이 되는지[가령, David Chalmer (2010)], 아니면 행위자의 측면이 관건이 되는지[가령, 김남호 (2017)] 명확해야 한다. 물론 존재론적인 문제에서 이 세 개념이 서로 연관이 없는 것은 아니지만, 각각 서로 다른 개념사를 가진 개념들로서 독립적으로 분석될 수 있는 개념들이다. 이 책에서는 행위자의 측면이 관건이 되며, 편의상 도덕적 행위자의 지위를 부여받을 수 있는 인공물을 정대현의 표현['특이점 로봇': 정대현(2017)]을 바꾸어 '특이점 인공물'이라고 부르기로 한다.

5 강한 회의론 진영에서 제시한 가장 대표적인 선험 논증은 루카스(J. Lukas)의 소위 괴델리안 논변[Lukas, "Minds, Machines and Gödel," *Philosophy* 36(137), Royal Institute of Philosophy, 1961]일 것이다. 그러나 커즈와일(R. Kurzweil) 같은 많은 특이점 인공물 찬성론자들이 빠르게 발전하는 과학기술의 발전에 호소하고 있기 때문에 인공물 개발에 대한 강한 부정보다는 개념 분석을 통한 '잠정적인 한계 설정'을 제시해주는 쪽이 더 생산적일 것이다.

신경과학 시대에 인간을 다시 묻다

에 대해서는 유보적인 입장이 논증될 것이다. 왜냐하면, 인격만이 도덕적 행위자일 수 있으며, 어떤 존재가 인격이기 위해서는 까다로운 존재론적 조건이 충족되어야 하기 때문이다. 이를 위해 우선 도덕적 행위자가 갖춰야 하는 능력에 대한 기존의 입장을 비판적으로 검토하여 일인칭 시점이 도덕적 행위를 위한 필요충분조건임을 논증할 것이다. 그런 다음 일인칭 시점이 가지는 사회적 특징들에 대한 검토를 통해 인공물이 도덕적 행위자이기 위해 충족해야 하는 조건들에 대한 밑그림이 그려질 것이다.

2. 데이빗슨과 프로케소바

도덕적 행위를 어떻게 규정하든 도덕적 행위가 이성적 능력을 전제한다는 점에 대해서는 부정하기 어렵다. 왜냐하면, 도덕적 행위가 가능하기 위해서는 옳고 그름에 대해 숙고^{deliberation}하거나 자신이 처한 상황을 판단할 수 있는 능력이 필요하기 때문이다. 모든 도덕적 행위자가 이성적 존재라는 점은 옳다. 그러면, 그 역도 참인가? 즉, 모든 이성적 존재는 도덕적 행위자인가? 이 물음에 답하기 전에 물어야 할 내용은 다음과 같다. "x는 이성적 존재이다"라고 할 때, '이성적 존재'란 무엇인가? x가 '이성적 존재'이기 위한 조건은 무엇인가?

1) 데이빗슨

데이빗슨D. Davidson은 "무엇이 어떤 동물을 이성적으로 만드는 가?"라고 묻는다.[6] 이 물음은 "어떤 동물이 이성적인가?"라는 물음과 달리 이성적임의 조건을 묻고 있다는 점에서 선험적인 물음이다. 데이빗슨은 이 물음에 답하기 위해 노먼 맬컴Norman Malcolm이 든 예를 소개한다.

> 우리 개가 이웃집 고양이를 쫓고 있다고 가정해보자. 고양이는 오크나무를 향해 전속력으로 달려가다가, 갑자기 마지막 순간 스쳐 지나가 단풍나무 근처로 사라진다. 개는 이 속임수를 보지 못하고 오크나무에 다다라 자신의 뒷발을 들고, 나무에 오르려는 듯 발을 들고, 위의 나뭇가지를 향해 흥분하여 짖는다. 이 에피소드를 창문 너머로 관찰하던 우리는 "개는 고양이가 오크나무 위로 올라갔다고 생각한다"라고 말한다.[7]

맬컴은 위의 상황에서 개에게 믿음을 귀속시키는 것은 옳다고 주장한다. 즉, 개가 '고양이는 오크나무 위로 올라갔다'는 믿음을 가지고 있다고 말할 수 있다는 것이다. 개가 일련의 행동과 정서적

---

6   Donald Davidson, "Rational Animals," *Dialectica*, Vol. 36, No 4, Balckwell, 1982, p. 318.

7   Norman Malcolm, "Thoughtless Brutes," Proceedings and Addresses of The American Philosophical Association, 46, University of Delaware, 1912-1913, p. 13.

반응을 보인 이유는 특정한 믿음 때문인 것처럼 보인다. 그러나 데이빗슨은 이를 부정한다. 믿음은 명제 태도^{propositional attitude}를 가지며, 하나의 믿음을 가지기 위해서는 그와 연관된 다른 많은 일반적 믿음들을 가져야 하기 때문이다. 가령, '고양이가 오크나무 위로 올라갔다'는 믿음을 가지기 위해서는 나무에 대한 일반적인 믿음들을 가져야 한다. '2017년 나의 주인은 사고로 다리가 부러졌다'는 믿음을 가지기 위해서는 연도를 비롯해 사건사고에 대한 일반적인 믿음들을 갖고 있어야 한다. 왜냐하면, 다른 배경 믿음들이 없으면 어떤 믿음은 믿음으로 확인될 수 없기 때문이다. 생각^{thought}을 확인하고, 어떤 생각을 다른 생각과 구분할 수 있으며, 생각을 기술할 수 있는 이유는 그것이 서로 연관돼 믿음들의 거대한 연결망에 위치지어질 수 있기 때문이다.

생각과 언어의 관계에 대한 데이빗슨의 정확한 입장은 무엇인가? 우선 데이빗슨의 생각은 언어적 활동에 환원될 수 있다는 것도, 생각의 존재가 그것을 표현하는 진술의 존재에 의존하고 있다는 것도 아니다. 그의 생각은 다만 언어를 가지기 전까지는 생각을 가질 수 없다는 것이다. 즉, 어떤 존재가 생각을 가지기 위해서는 생각을 언어로 표현하고, 다른 이의 표현과 생각을 해석할 수 있는 능력을 갖춰야 한다는 것이다.[8] 따라서 데이빗슨의 주장은 다음과 같다.

---

8   Davidson, "Rational Animals," p. 323.

(1) 믿음을 가지기 위해서는 믿음의 개념을 가지는 것이 필수다.

(2) 누군가가 믿음의 개념을 가지기 위해서는 언어를 가져야 한다.

위 두 전제를 받아들일 때, 위의 예에 등장한 개는 믿음을 가지지 못한다. 이로부터 생각을 가지지 못하며, 의도적 행위를 할 수 없다는 결론이 따라 나온다. 왜냐하면, 데이빗슨에게 의도적 행위란 믿음과 욕구의 어휘로 설명될 수 있으며, 그것들의 명제 태도에 의해 합리화될 수 있는 행위이기 때문이다.[9] 이는 지구상에 존재하는 인간 이외의 동물들에게 일반적으로 해당하며, 데이빗슨에게 있어서 오직 인간만이 이성적 존재일 수 있다.

이성적 존재에 대한 데이빗슨의 기준을 인공지능에 적용시켜볼 수 있을 것이다. 딥 러닝deep learning, 즉 사람처럼 학습할 수 있도록 고안된 인공 신경망을 기반으로 구축된 학습 기술이 적용된 인공지능은 언어를 학습하고 이해할 수 있다. 이때 언어의 의미를 이해한다는 뜻은 외재주의적 의미에서 이해되어야 한다. 즉, 어떤 기호가 외부 세계의 특정 대상이나 사건을 지시할 때 의미를 갖는다고 보는 것이다. 그렇다면, 딥 러닝이 탑재된 인공물은 어린아이처럼 언어를 학습할 수 있으며, 더 나아가서 어떤 믿음과 그에 상응하는 명제 태도를 가질 수 있을 것이며, 그 믿음을 다른 믿음과 구분시켜주는 배경 믿음들도 가질 수 있을 것이다. 따라서 인공물에는 이성적 존재rational being의 지위가 부여될 수 있을 것이다.

---

9 Davidson, "Rational Animals," p. 321.

그러면 인공물은 도덕적 행위자일 수 있는가? 즉, 도덕적 책임이 귀속 가능한 행위의 주체일 수 있는가? 데이빗슨의 이성적 존재에 대한 기준은 도덕적 행위자로서의 기준일 수 있는가?[10]

2) 프로케소바

프로케소바Eva Prokešova는 인공적 행위자가 도덕적 행위자가 될 수 있는지와 관련해 크게 세 가지 입장을 언급한다.[11] 첫 번째 입장은 인간은 도덕적 행위자가 될 수 없고, 오히려 인공적 행위자가 도덕적 행위자로서의 지위를 획득할 수 있다는 입장이다. 왜냐하면, 인간과 달리 인공적 행위자는 감정의 영향을 받지 않은 채로 이성적이고 논리적인 숙고에 따라 행동할 수 있기 때문이다. 두 번째 입장은 인지 능력이나 자율성의 측면에서 진보가 이루어지면 미래에는 언젠가 인공물도 도덕적 행위자가 될 수 있을 것이라는 입장이다. 세 번째 입장은 현재에도 미래에도 인공물은 도덕적 행위자가 될 수 없다는 강한 회의론이다. 이 중에서 프로케소바는 마지막 입장을 지지하고자 한다.

프로케소바의 회의론은 인간과 인공물의 차이에 기반을 둔다.

---

10 물론 데이빗슨의 위 논문은 도덕적 행위자의 조건에 대해 다루지 않으며, 단지 이성적 존재의 조건만 다룬다. 그러나 이성적 존재에 대한 데이빗슨의 견해를 도덕적 행위자의 본성을 이해하려는 이 책의 목적을 위해 응용할 수 있다.

11 Eva Prokešová, "What Is Moral Agency of Artificial Agents?," *Beyond AI: Interdisciplinary Aspects of Artificial Intelligence*, Michal Polák (eds.), Pilsen: University of West Bohemia, 2011, p. 82.

그 차이는 다음과 같다.

(1) 본래적 목적original purpose의 유무: 인간과 달리 인공물은 파생적 목적derivative purpose만 가질 뿐 본래적 목적은 가질 수 없다. 즉, 인공물은 자기 목적의 원천source일 수 없다.

(2) 도덕적 감정의 유무: 인공물은 특정한 상황에서 도덕적 감정을 가질 수 없다. 수치심, 죄책감 등과 같은 감정은 도덕적 행위에 필수다.

(3) 수동자patient 가능성: 인공물은 인간과 달리 수동자로서 행동할 수 없다. 즉, 인공물은 인간이 가치 있거나 유용하다고 간주하는 것에 대한 내적 의미를 가질 수 없다. 따라서 인공물의 도덕적 경험은 제한적이며 부분적일 수밖에 없다.

(4) 상호적 인식mutual recognition 가능성: 인공물은 타인의 동기나 행위의 의미를 이해할 수 없기 때문에 도덕적 행위에서 중요한 상호적 인식 능력을 가질 수 없다.[12]

이 차이들에 대한 언급을 통해 프로케소바는 인간을 도덕적 행위자로 만들어주는 기본적인 특징들이 인공물에게는 결여되어 있음을 주장하려 한다. 인공물은 도덕적 책임을 질 수 있는 도덕적 행위자가 될 수 없기 때문에 인공물과 인간의 관계는 망치 같은 도구와 사용자의 관계 이상이 될 수 없으며, 따라서 인공물을 만든 주체

---

12 Prokešová, "What Is Moral Agency of Artificial Agents?," pp. 83-84.

신경과학 시대에 인간을 다시 묻다

나 사용자 등에게만 책임을 귀속시킬 수 있다는 결론을 내린다.

그러나 이러한 주장은 도덕적 행위 가능성의 필요조건에 대한 것이 아니라, 단지 도덕적 행위자로서 인간이 갖고 있다고 간주되는 특징들을 병렬적으로 열거한 것에 지나지 않는다. 우선 자유의지를 둘러싼 현대적 논의를 고려해보면, 도덕적 행위자가 되기 위해 반드시 목적의 원천이어야 할 필요는 없다.[13] 그리고 도덕적 감정 혹은 감수성이 도덕적 행위 가능성에 필요조건인지에 대해서도 의문의 여지가 있다. 왜냐하면, 도덕적 행위의 동기로서의 정서적인 측면은 도덕적 행위를 어떤 입장에서 평가하느냐에 따라 의존적일 수 있기 때문이다. 가령, 도덕적 행위의 동기보다는 결과를 중시하는 공리주의 입장에서는 도덕적 행위자의 정서적인 측면은 중요한 고려의 대상이 아닐 수도 있다. 공리주의뿐만 아니라 의무주의 입장에서도 정서적 측면보다는 특정 의무의 실행이 관건이 된다. 따라서 프로케소바가 제시한 조건 중 적어도 (1)부터 (3)까지는 도덕적 행위 가능성의 필요조건이 될 수 없다. (4)는 도덕적 행위가 특정 사회 공동체 내의 구성원들과의 상호작용을 전제한다고 할 때, 중요한 요소일 수는 있지만 여전히 피상적이다. 더 나아가, (1)부터 (4)까지의 조건들이 도덕적 행위 가능성의 필요조건이 아닌 이상 프로케소바식의 강한 회의론은 더욱더 근거가 약해질 수밖에 없다.

마지막으로 프로케소바의 주장은 x를 도덕적 행위자로 만들어

---

[13] 물론 자유주의(libertarianism) 지지자들은 책임귀속이 가능하기 위해서는 행위자가 행위의 원천이어야 한다고 주장할 것이다. 그러나 잘 알려진 바와 같이 이러한 자유주의적 자유의지 개념은 여전히 해결되지 않은 많은 난점에 직면해 있다. 필자가 지적하고자 하는 점은 도덕적 행위자가 되기 위해 반드시 목적의 원천일 필요는 없다는 점이다.

주는 선험적 조건에 대한 것이라기보다는 도덕적 행위자로 간주되는 인간이 가지고 있다고 여겨지는 능력 혹은 특징들의 나열에 불과하다. 천사나 외계 생명체 같은 인간 이외의 존재도 도덕적 행위자가 될 수 있다면, 인간의 종적 특징을 초월하는 더욱 보편적인 조건이 탐구되어야 한다. 그렇다면, 도덕적 행위의 필요조건은 무엇인가?

3. 도덕적 행위자의 조건

도덕적 행위가 가능하기 위해서는 단순하게 욕구나 믿음 등을 가지기만 해서는 안 된다. 행위자는 그것들을 '나의 욕구', '나의 믿음'으로 이해하고 평가할 수 있어야 한다. 누군가가 심각한 피조종 망상delusion of control으로 범죄행위를 저지른다면, 도덕적으로도 법적으로도 그에게 책임을 물을 수 없다. 이 경우 범죄의 정신적 요소mens rea가 충족되지 않기 때문이다. 따라서 도덕적 행위를 하기 위해서는 욕구나 믿음을 '나의 것'으로 받아들일 수 있는 '일인칭 시점first-person perspective'이 전제되어야 하는 것 같다. 아래에서 일인칭 시점이 도덕적 행위의 필요충분조건임이 논증된다.

신경과학 시대에 인간을 다시 묻다

1) 일인칭 시점

우리 모두는 자신만의 내면을 들여다보는 고유한 시점, 즉 일인 칭 시점을 갖고 있다. 일인칭 시점을 통해 비로소 나의 특정 심적 상태들을 '나의 것'으로 인식할 수 있다. 일인칭 시점은 삼인칭 시점으로부터 연역되지 않는다. 왜냐하면, 둘 사이에는 '인식론적 비대칭성'이 성립하기 때문이다.

> (1) 나는 내가 늙어간다는 것이 슬프다.
> (2) 나는 김남호가 늙어간다는 것이 슬프다.
> (3) 김남호는 김남호가 늙어간다는 것이 슬프다.

(2)와 (3)이 옳다고 해도 (1)이 옳지 않을 수도 있다. 즉, (2)와 (3)의 옳음은 (1)의 옳음을 함축하지 않는다. 따라서 (1)은 (2)와 (3)으로부터 연역되지 않는다. 일인칭 시점은 삼인칭 시점과 달리 자신의 관점에서 자기 자신을 자기 자신으로서 인식하게 해준다.

필자는 베이커L. R. Baker의 두 구분, 즉 약한 일인칭 시점the weak or rudimentary first-person perspective(이하 '약한 시점')과 강한 일인칭 시점the strong or robust first-person perspective(이하 '강한 시점')의 구분을 받아들인다. 이를 구분하는 기준은 개념적 수준의 자기의식 유무다. 우선 약한 시점은 감응력sentience과 지향성intentionality[14]을 전제한다.[15] 맬컴의

---

[14] 감응력은 원초적 형태의 의식이다.

[15] Lynne Rudder Baker, *Naturalism and The First-Person Perspective*, New

예에 등장한 개는 약한 시점의 '감응력을 가진 존재sentient being'다. 왜냐하면, 위의 예에서 개는 고양이의 일련의 행동에 반응하며, 고양이를 잡으려는 목표 지향적 행동을 보이기 때문이다. 반면, 강한 시점은 개념적 수준에서 — '나'라는 인칭대명사와 '나의'라는 소유대명사를 통해 — 자기 자신을 자기 자신으로 이해하는 것을 가능하게 한다. 강한 시점을 가진 존재, 즉 '의식적 존재conscious being'는 갤럽G. Gallup의 거울 실험을 통과한 침팬지처럼 자기 자신을 자기 자신으로 단순히 인지하는 것을 넘어서[16] 자기 자신을 개념적인 차원에서 생각할 수 있는 능력을 갖고 있다. 강한 시점을 통해 비로소 어떤 믿음은 '나의 믿음'이 되고, 어떤 욕구는 '나의 욕구'가 되며, 어떤 목적은 '나의 목적'이 된다. 강한 시점은 자기반성 능력을 가능하게 해주며, 이를 통해 의식적 존재는 자기 자신의 욕구나 목적 등을 평가할 수 있는 능력을 갖게 된다. 그렇다면, 일인칭 시점은 구체적으로 도덕적 행위의 본성과 어떤 관련이 있는가?

2) 최소 행위, 이성적 행위 그리고 도덕적 행위

인간 이외의 동물들도 대체로 감응력과 지향성을 갖고 있기 때

York: Oxford University Press, 2013, p. 41.

16 1960년대 후반 미국의 진화심리학자 고든 갤럽(G. Gallup)은 거울 실험을 통해 일부 침팬지가 거울에 비친 자기 자신의 모습을 인지할 수 있다는 사실을 밝혀냈다. 그 뒤로 코끼리, 돌고래 등의 몇몇 개체가 거울 실험을 통과했다. 그러나 자기 모습(외형)에 대한 지각적 구분만으로도 거울 실험을 통과할 수 있으며, 특정 종에 일반적이지도 않기 때문에 이 개체들에게 인간과 같은 고도의 자기이해가 있다는 결론은 내리기 어렵다(가자니가, 『왜 인간인가』, 서울: 추수밭, 2012, 8장 참조).

신경과학 시대에 인간을 다시 묻다

문에 행위자라고 할 수 있다. 그리고 강한 시점을 가진 존재도 행위자라고 할 수 있다. 두 시점 사이의 차이를 고려해볼 때, 이 두 행위자의 행위는 종류가 다르다고 추측해볼 수 있다.

약한 시점만 가진 행위자와 강한 시점을 가진 행위자의 행위에 공통적으로 해당하는 것은 '최소 행위minimal agency'다.

> 최소 행위자: S가 실천적 추론(목적과 수단)에 사용된 태도들에 의해 설명 가능한 행위를 하는 경우에만, 그리고 오직 그 경우에만 S는 최소 행위자다.

위 정의에 따라 맬컴의 예에 등장하는 개의 행위는 최소 행위에 속하며, 개는 최소 행위자다. 그러나 강한 시점이 결여된 개는 프랭크퍼트적인 의미에서 이차적 욕구, 즉 욕구에 대한 욕구를 가지지 못한다. 프랭크퍼트H. Frankfurt의 표현을 빌리면, 강한 시점이 결여된 존재는 이차적 욕구의 형성으로 드러나는 반성적 자기평가 능력the capacity for reflective self-evaluation[17]이 결여된 존재라고 할 수 있다. 즉, 이성적 존재는 단지 일차적 욕구를 가지는 것을 넘어서 자신이 특정한 욕구를 갖고 있음을 알고, 욕구들이 충돌할 때 해결하고자 노력한다. 필자는 이차적 욕구의 소유 가능성이 이성적 존재의 필수조건이라는 프랭크퍼트의 생각에 동의하며, 베이커가 제시한 형식에 따라 이성적 행위자를 다음과 같이 정의한다.

---

17 Harry G. Frankfurt, "Freedom of the Will and the Concept of a Person," *The Journal of Philosophy*, Vol. 68, Columbia University Press, 1971, p. 7.

이성적 행위자: S가 (i) '행함'의 의미에서 뭔가를 행하며, (ii) S가 이차적 욕구를 가지는 경우에, 그리고 오직 그 경우에만 S는 이성적 행위자다.

이차적 욕구를 가지기 위해서는 일차적 욕구에 즉각적으로 순응하지 않고 그것을 평가할 수 있는 반성 능력이 필요하다. 이런 능력은 필수적으로 강한 시점을 요구한다. 강한 시점을 가진 존재만이 개념을 통한 자기 객관화를 할 수 있으며, 자신의 일차적 욕구를 객관적으로 평가할 수 있기 때문이다. 그러면 이성적인 행위자이기 위한 조건은 곧 도덕적 행위자이기 위한 조건일 수 있는가? 수전 울프^{S. Wolf}가 제안한 독재자 조^{Jo}와 그의 아들 조조^{JoJo}의 예를 생각해보자.[18] 조는 어느 나라의 극악무도한 독재자다. 조는 그의 아들 조조를 각별히 아껴서 후계자로 만들었다. 어릴 때부터 아버지의 통치 방법을 보고 배운 조조는 아버지처럼 독재정치를 하기 시작한다. 아버지처럼 조조도 사람들을 감옥에 가두고, 고문하고, 살해한다. 우리는 조조의 선택 혹은 행위가 옳지 않다는 것을 안다. 조조는 일차적 욕구에 대한 이차적 욕구를 갖고 있다. 그렇다면 상식적으로 비도덕적인 행위나 선택을 일상적으로 행하며 살고 있는 조조에게 결여된 것은 무엇인가? 울프는 그것을 '정상성^{sanity}'이라고 주장한다. 울프는 정상성을 맥노튼 룰^{M'Naghten rule}에 따라 (1) 행위자

---

18 Susan Wolf, "Sanity and the Metaphysics of Responsibility," *Responsibility, Character, and the Emotions: New Essays in Moral Psychology*, Ferdinand Schoeman (eds.), New York: Cambridge University Press, 1987, pp. 53-54.

신경과학 시대에 인간을 다시 묻다

가 자신이 무엇을 하고 있는지 알며, (2) 자신이 하고 있는 행위가 옳은지 혹은 그른지를 아는 것으로 규정한다. 조조의 경우 비록 일차적 욕구에 대한 이차적 욕구는 갖고 있지만, 무엇이 옳고 그른지에 대해서는 알고 있지 못하다. 따라서 울프는 조조에게 형이상학적인 의미에서 도덕적 책임을 물을 수 없다고 판단한다. 울프는 조조의 예를 통해 일차적 욕구에 대한 이차적 태도의 소유만으로는 도덕적 행위자가 되기에 충분하지 않다고 주장한다. 도덕적 행위자가 되기에 정상성이 요구되기 때문이다.[19]

> 도덕적 행위자: S가 (i) '행함'의 의미에서 뭔가를 행하며, (ii) S가 이차적 욕구를 가지고, (iii) S가 행하고 있는 바에 대해 정상적으로 평가할 수 있는 능력이 있는 경우에만, 그리고 오직 그 경우에만 S는 도덕적 행위자다.

행위자가 자신이 행하고 있는 바에 대해 정상적으로 평가하는 능력은 단순히 일차적 욕구에 대해 평가하는 능력보다 더 고차적인 능력이다. 왜냐하면, 정상성은 선함과 악함의 구분, 가치의 평가를 단지 사적인 차원에서가 아니라 공적인 차원에서 할 수 있는 능력

---

19 울프는 정상성을 능력의 일종으로 이해하고 있다(Wolf, "Sanity and the Metaphysics of Responsibility," p. 56). 그러나 조조의 예가 능력으로서의 정상성 여부에 대한 예로 적합한지 의문이 든다. 왜냐하면, 조조의 경우 무엇이 옳고 그른지에 대해 판단할 수 있는 능력이 결여되어 있다기보다는 그런 판단을 할 수 있는 환경 혹은 외적 상태가 결여되어 있는 것으로 보이기 때문이다. 그러나 정상성을 능력의 일종으로 간수하는 데는 문제가 없다고 생각한다. 왜냐하면, 심각한 망상을 앓는 조현병 환자의 경우처럼 옳고 그름을 객관적으로 평가할 수 있는 능력이 약화되거나 결여된 경우들은 얼마든지 있기 때문이다.

이기 때문이다.[20]

이 세 구분을 통해 맬컴의 예에 등장한 개의 행위를 다음처럼 설명할 수 있다. 고양이를 쫓아간 개는 감응력과 지향성을 가진다는 점에서 약한 시점을 가지며, 개가 보여준 일련의 행위를 그 개의 믿음이나 욕구에 대한 어휘로 설명할 수 있다는 점에서 최소 행위자다. 그러나 그 개는 자신의 일차적 욕구를 개념적인 차원에서 자기 자신의 욕구로 이해하지도 평가하지도 못한다. 따라서 개는 이성적 행위자가 될 수 없으며, 도덕적 행위자도 될 수 없다. 일인칭 시점(약한 시점 혹은 강한 시점)을 가짐은 (i)의 경우 충분조건이지만, (ii)와 (iii)의 경우 필요조건이다. 따라서 일인칭 시점을 가짐은 도덕적 행위자이기 위한 필요충분조건이다.

3) 사회적 존재

강한 시점은 '나'를 비롯한 많은 개념에 대한 이해와 사용을 요구한다. 그러나 크립키S. Kripke의 주장처럼 의미 귀속 문장은 '진리조건truth condition'이 아니라 '주장 가능성 조건assertability condition'을 갖는다.[21] 즉, 어떤 조건하에서 의미 귀속 문장이 옳게 사용되고 있음을 주장하는 것이 가능하다. 이때 사용상 옳음과 그름을 규정해주

---

20 정상성에 대한 이해는 주관주의, 객관주의, 절대주의 등 윤리적 입장에 따라 달라질 것이다. 정상성 개념은 윤리 주관주의와는 어울리기가 어려워 보인다. 이에 대한 논의는 다음 연구로 미루고자 한다.

21 Kripke, *Wittgenstein on Rules and Private Language*, Cambridge: Harvard University Press, 1982, 3장 참조.

신경과학 시대에 인간을 다시 묻다

는 것은 한 개인이 아니라 언어 공동체다.[22]

발달심리학적으로 보면 인간은 3세경부터 언어를 통해 자신의 여러 특성을 표현하기 시작하며, 3년 6개월 정도부터 내재적 인지 능력이 형성된다.[23] 이후 자기 자신에 대한 개념적 이해는 더욱 정교해진다. 이러한 개념적 자기이해가 가능한 이유는 인간이 한 언어 공동체의 구성원으로서 수많은 개념의 의미에 대한 이해 및 적용 규칙을 학습하기 때문이다. '나', '나의'와 같은 인칭대명사 및 소유대명사를 사용함으로써 인간은 자기 내면을 개념적으로 이해하고, 타인과 세계를 이해하는 일인칭 시점을 획득한다.

강한 시점을 가진 존재는 데카르트의 사고실험에 나오는 형이상학적으로 고립된 사유 주체일 수 없다. 다음과 같은 단순화된 양상 논증은 강한 시점을 가진 존재는 필연적으로 사회적 존재임을 보여준다.

> (1) 필연적으로, 오직 자기-개념self-concept을 가진 존재만 강한 일인칭 시점을 가진다.
>
> (2) 필연적으로, 오직 수많은 경험 개념들empirical concepts을 가진 존재만 자아-개념을 가진다.
>
> (3) 필연적으로, 오직 공적 언어를 가진 존재만 수많은 경험 개

---

22 가령, "대박!"이라는 표현을 생각해보자. '대박'이라는 단어의 어원은 불분명하다. 중요한 점은 이 단어가 특정한 맥락 혹은 상황에서 특정한 의미를 지닌 표현으로 사용된다는 것이며, 사용상 맥락은 공동체에 의해 규정된나는 것이다. 그립키의 생가처럼 이 단어에 특정한 의미를 부여해주는 그러한 사실은 존재하지 않는다.

23 송명자, 『발달심리학』, 서울: 학지사, 2008, 9장 참조.

념들을 가진다.

(4) 필연적으로, 오직 사회적이고 언어적인 관계를 가신 존재만 공적 언어를 가진다.

그러므로 (5) 필연적으로, 오직 사회적이고 언어적인 관계를 가진 존재만 강한 일인칭 시점을 가진다.[24]

전제 (1)에서 자기-개념은 질적인 개념이 아니라 순전히 형식적인 개념이다. 이 개념을 통해 이 개념의 사용자는 비로소 자기 자신을 지칭할 수 있게 된다. 전제 (2)의 자기-개념은 다른 많은 일상적이고 경험적인 개념들을 요구한다는 것을 보여준다. "나는 내가 호랑이를 실제로 본다면 좋겠다"에서 '호랑이', '보다' 등과 같은 개념들이 있어야 자기-개념이 사용될 수 있다. 즉, 자기-개념은 다른 경험적 개념들의 연결망 속에서만 기능할 수 있다. 전제 (3)은 비트겐슈타인L. Wittgenstein, 크립키의 생각을 반영한다. 경험적 개념들이 '옳게' 혹은 '그르게' 사용되고 있는지 판단하기 위해서는 그것을 규정해주는 공동체 내의 공적 언어가 있어야 한다. 가령, 무인도에 혼자 살고 있는 언어를 가지고 있지 않은 로빈슨 크루소를 생각해보자. 그는 '나는 우울하다'라는 뜻을 가진 인공 언어를 만들어낼 수 있을까? 설령 '우울'을 뜻하는 어떤 기호 M을 고안해낸다고하더라도 그 기호 M이 올바로 사용되고 있는지, 가령 기호 M은 자기 주위의 대상들에게 적용할 수 있는지 없는지 등에 대해 알 수 없

---

24 Baker, *Naturalism and The First-Person Perspective*, New York: Oxford University Press, 2013, p. 137.

신경과학 시대에 인간을 다시 묻다

을 것이다. 개념의 사용 조건과 그 작동은 전제 (4)가 말해주듯 언어 공동체에서 공적 언어를 학습하면서 습득해야 하는 규범적인 것이기 때문이다. 사회적이고 언어적인 관계를 맺지 못하면 공적인 언어를 습득할 수 없다. 이로부터 강한 시점을 가진 존재는 필연적으로 사회적이고 언어적인 관계를 맺는 존재라는 결론을 얻을 수 있다.

도덕적 행위의 필요충분조건이 강한 시점이라면, 도덕적 행위의 주체, 즉 도덕적 행위자는 사회적 관계를 맺으며 공적 언어를 습득한 사회적 존재다.

4. 결론

특이점 인공물은 도덕적 행위자일 수 있는가? 이 물음에 강하게 부정하는 강한 회의론은 지지되기 어렵다. 첫째는 행위자와 행위에 대한 표준적인 정의가 여전히 합의되지 않고 있기 때문이며, 둘째는 특이점 인공물에 대한 과학계의 노력이 계속되고 있기 때문이다. 이런 이유로 필자는 온건한 회의론을 제안하고자 한다. 온건한 회의론은 비록 모두가 합의할 만한 정의와 규정은 아닐지라도 인공물이 '행위자'이거나 '인격'이 될 수 있다면, 이 개념들의 의미와 기준을 명확히 세시하는 데 목적을 둔다. 이런 시도는 인공물을 '행위자'로, '인격'으로 간주하려 할 때 일종의 청사진 역할을 해줄 것이며, 과학기술이 지향해야 할 바를 어느 정도 알려줄 것이다.

이 책에서 도덕적 행위자는 필연적으로 강한 시점을 가진 존재이며, 사회적 존재라는 점이 논증되었다. 강한 시점은 단순히 자기-개념을 통한 지칭을 넘어서 자기 자신과 자기 내면에 대한 의미 내재주의적 이해를 요구한다. 이런 능력은 언어 공동체 내의 구성원들과의 상호작용을 통한 공적 언어에 대한 학습을 필요로 한다. 그러나 비트겐슈타인의 '삶의 형식Lebensform' 개념은 단순히 '개념들의 사용조건 매뉴얼' 이상의 의미를 가진다. 비트겐슈타인에게 쓰임의 맥락은 구체적인 삶의 문맥을 의미하기 때문이다.[25] 물론 논리적으로 우리의 삶의 형식과 전혀 다른 삶의 형식을 가진 도덕적 행위자가 있을 수 있다. 문제는 우리가 그 다른 삶의 형식이 무엇인지 알 수 없다는 점이다. 따라서 불가피하게 인공물의 특성상 제작자가 속한 삶의 형식이 배경이 될 수밖에 없다.

인간의 삶의 형식을 공유하는 인공물이 기술적으로 실현될 수 있을까? 그러기 위해서는 인간처럼 살과 뼈를 가지고, 다양한 심적 상태를 가져야 하는 것은 아닌가? 만일 그렇지 않다면, 인공물이 말을 할 수 있을지라도 우리는 그를 이해할 수 없게 되지 않을까?[26]

지금까지의 논의를 통해 확실한 점은 인공물은 인간의 대리자이거나 도구일 수 있다는 점이다. 인공물이 망치 같은 도구라면, 행위의 책임은 전적으로 도구의 사용자에게 있다. 만일 군견 같은 인

---

25 이승종, 「생활양식과 언어게임」, 『철학적 분석』 12, 한국분석철학회, 2005, 126쪽.

26 Wittgenstein, *Philosophische Untersuchungen Teil II*, Oxford: Blackwell, 1959, p. 223.

간의 대리자라면, 책임은 양쪽 모두에게 부과된다. 그러나 인공물이 전적으로 책임이 귀속될 수 있는 도덕적 행위자일 수 있는지에 대해 긍정적인 답을 하기에는 여전히 근거가 부족하다.

참고문헌

김남호, 「인격, 인간인격 그리고 인격 동일성」, 『인간연구』 제34호, 가톨릭대학교 인간학연구소, 2017, 189-212쪽.

_____ , 「확장된 자아는 도덕적 주체일 수 있는가?」, 『철학연구』 제144집, 대한철학회, 2017.

마이클 가자니가, 박인균 역, 『왜 인간인가』, 서울: 추수밭, 2012.

송명자, 『발달심리학』, 서울: 학지사, 2008.

이승종, 「생활양식과 언어게임」, 『철학적 분석』 12, 한국분석철학회, 2005.

정대현, 「알파고: 나는 자연종 인간과 둔 바둑을 이겼다 – 로봇종 인간의 의식론 서설」, 『과학철학』 제20권 제3호, 2017.

Baker, Lynne Rudder, *Persons and Bodies. A Constitution View*, Cambridge: Cambridge University Press, 2000.

_____ , *Naturalism and The first-person Perspective*, Oxford: Oxford University Press, 2013.

Chalmers, D., "The Singularity: A Philosophical Analysis," *Journal of Consciousness Studies* 17, Imprint Academy, 2010.

Davidson, D., "Rational Animals," *Dialectica*, Vol. 36, No. 4, Balckwell, 1982.

Frankfurt, Harry G., "Freedom of the Will and the Concept of a Person," *The Journal of Philosophy*, Vol. 68, Columbia University Press, 1971.

Kripke, Saul, *Wittgenstein on Rules and Private Language*, Cambridge: Harvard University Press, 1982.

Malcolm, Norman, "Thoughtless Brutes," *Proceedings and Addresses of The American Philosophical Association*, 46, University of Delaware, 1972-

신경과학 시대에 인간을 다시 묻다

1973.

Prokešová, Eva, "What Is Moral Agency of Artificial Agents?," Pilsen: *Beyond AI: Interdisciplinary Aspects of Arti ficial Intelligence*, Michal Polák (eds.), University of West Bohemia, 2011.

Searl, John, *Minds, Brains and Science*, Cambridge: Harvard University Press, 1984.

Wittgenstein, Ludwig, *Philosophische Untersuchungen*, Oxford: Blackwell, 1959.

Wolf, Susan, "Sanity and the Metaphysics of Responsibility," *Responsibility, Character, and the Emotions: New Essays in Moral Psychology*, Ferdinand Schoeman (eds.), New York: Cambridge University Press, 1987.

제8장

구성적 인격 이론과
인격적 삶의
서사적 구조성

인간은 자신이 만든 허구 속에서뿐만 아니라
자신의 행위와 실천에 있어서도 본질적으로 이야기를 말하는 동물이다.[1]

---

1   Alasdair Macintyre, *After Virtue. A Study in Moral Theory*, Nord Dame,
    Indiana: University of Notre Dame Press, 2007, p. 216.

1. 서론

인격person[2]이라는 단어는 라틴어 '페르소나persona'에서 유래했으며, 이 단어의 유래는 희랍어 '프로소폰πρόσωπον'으로 거슬러 올라간다. 호메로스 시대부터 사용된 '프로소폰'은 '얼굴'을 가리키는 단어였으나 고대 그리스의 연극 문화가 발달하면서 무대 위에서 배우들이 사용하는 '가면'이라는 뜻으로 변모했다.[3] 인격 개념이 철학적 의미를 획득한 최초의 계기는 보통 중기 스토아 학자 로도스의 파나이티오스Panaitios von Rhodos가 '인격에 관한 학설personae-Lehre'을 제시했을 때라고 평가된다.[4] 파나이티오스는 이 학설을 통해 이성적 능력을 가진 개인들의 삶을 본질, 개인적 특성들, 우리의 삶에 우연히 주어진 것들, 개인적인 인생 계획이라는 기준에 따라 해석하고자 했다.[5] 이후 보에티우스가 "인격은 이성적 본성을 지닌 개

---

2 person의 번역어로 인격(人格)은 적당하지 않다. 단순히 서구철학과 동양철학 내에서 의미의 차이로 인한 혼동 때문이 아니다. 가장 큰 이유는 현대 인격 연구에 결정적인 영향을 미친 보에티우스(Boethius)와 로크(J. Locke)의 인격 개념은 기본적으로 생물학적인 의미에서의 인간을 지칭하지 않기 때문이다. 인격과 인간의 개념 구분을 따르는 전통이 여전히 큰 영향력을 깆고 있음을 고려할 때, person의 번역어로 인격은 적합하지 않다. 특히 이 번역어는 'person'과 'human person'을 구분하는 구성적 인격 이론의 경우 치명적인 약점을 허용한다. 혹자는 '위격'을 대안으로 제시하지만, 이 책에서는 통상적인 번역어인 '인격'을 사용하기로 한다.

3 박승찬, 「인격 개념의 근원에 대한 탐구: 그리스도교와 보에티우스의 정의를 중심으로」, 『인간연구』 제13호, 가톨릭대학교 인간학연구소, 2007, 87쪽.

4 인격에 관한 학설을 담고 있는 파나이티오스의 서서는 유실된 것으로 추징된다. 이 학설은 키케로(Cicero)가 『의무론(De officiis)』에서 언급하여 후세에 전해지게 되었다.

5 Dierter Sturma (Hrsg.), *Handbuch Bioethik*, Stuttgard: J. B. Metzler, 2015, p.

별적 실체[persona est] naturae rationabilis individua substantia"[6]라는 결론을 도출해내면서 인격 개념에 존재론적인 지위가 부여되었다.

그러나 현대 형이상학 분야에서 인격을 둘러싼 주요 논쟁들은 대체로 로크J. Locke의 인격 이론을 그 기원으로 두고 있다. 아리스토텔레스 전통의 실체 개념에 의심을 품었던 로크는 그의 실체 개념을 버리기 위해 인간과 인격을 구분하게 된다. 인간은 생물학적 유기체로서 그 조직의 같음에 의해 동일성을 확보한다고 본 반면, 인격은 '사유하는 지적인 존재'[7]로서 의식의 지속성을 그 동일성의 기준으로 보았다. 로크에 따르면 우리가 뭔가를 의지하고, 감각하고, 생각하는 등의 활동을 통해 '자기self'가 형성되며, 로크에 따르면 우리는 뭔가를 의지하고, 감각하고, 생각하는 등의 활동을 통해 "자기self"가 형성되며, 다른 사물과 자기자신을 구별해주는 이 자기의식이 과거의 기억에 미치는 만큼 그 인격의 동일성이 확보된다.[8]

로크의 인격에 관한 새로운 견해는 "인격이란 무엇이며, 무엇이 시간의 경과에도 한 인격을 동일한 인격으로 만들어주는가?"라는 현재까지도 논의 중인 2개의 중요한 물음을 제기했다.

이 책에서는 먼저 로크식의 심리적 지속성 이론psychological continuity theory에 대한 일반적인 반론을 알아보고, 그에 대한 대안으로 제

129.

6 Boethius, *The theological tractates*, Cambridge: Harvard University Press, 1973, p. 84.

7 John Locke, *An Essay concerning Human Understanding*, Oxford: Clarendon Press, 1979, p. 335.

8 John Locke, *An Essay concerning Human Understanding*, p. 335.

시된 쉑트먼M. Schechtman의 자기서사성 이론의 핵심 주장을 알아본다. 그러나 쉑트먼의 자기서사성은 이미 수적 동일성numerical identity을 전제해야 한다는 점에서 인격 동일성 문제에 근본적인 해결책이 될 수 없음이 밝혀진다. 그 후에 구성적 인격 이론이 제시하는 강한 일인칭 시점a robust first-person perspective을 인격 동일성의 기준으로 제시하고, 강한 일인칭 시점을 갖춘 존재의 삶, 즉 인격적 삶은 필연적으로 자기서사적 구조를 가질 수 없다는 점에서 강한 일인칭 시점과 자기서사성은 상보적 관계를 맺고 있음이 밝혀질 것이다.

2. 쉑트먼의 자기서사 이론과 그 난점들

로크의 인격 동일성 이론은 '기억 이론' 혹은 '심리적 지속성 이론'으로 불리며, 몇 가지 중대한 반론에 직면했다. 첫 번째 반론은 리드Thomas Reid에 의해 제기된[9] 소위 '용감한 병사' 사례를 통한 반론으로, 로크의 기억 이론은 동일성의 이행성 원리transitivity of identity를 어길 수 있는 사례를 허용한다는 것이다.[10] 두 번째 반론은 버틀

---

9   Thomas Reid, "Of Mr. Locke's Account of Our Personal Identity," *Personal Identity* (edited by J. Perry), Berkeley and Los Angeles: University of California Press, 1975, pp. 114 115.

10 이에 관해서는 이희열, 「심리주의와 생체주의를 중심으로 본 개인동일성과 도덕적 책임 귀속 문제」, 『철학논총』 제87집, 새한철학회, 2017, 429쪽 참조.

러Joseph Butler가 제기한 것으로 의식 혹은 기억의 지속성은 이미 수적 동일성numerical identity을 전제해야 하기 때문에 인격 동일성의 기준으로 적합하지 않다는 반론이다.[11] 이외에도 기억의 조작 및 상실 가능성에 기반을 둔 반론도 제기되었다.

이런 로크식의 심리적 지속성 이론에 가해진 문제들을 극복하기 위해 현대 영미 분석적 형이상학 분야에서 다양한 입장이 등장했다. 쉑트먼은 기존의 대안적 입장들이 재식별의 문제the reidentification question만을 다루고 있지만, 우리에게 보편적인 자기관심의 네 가지 형태가 재식별의 기준에 대한 탐구를 통해서는 제대로 반영되지 않는다는 점에서 특성 귀속의 문제the characterization question로의 전환을 주장한다.

1) 재식별의 문제와 특성 귀속의 문제

쉑트먼은 재식별의 문제와 특성 귀속의 문제를 구분함으로써 인격 동일성의 문제에 새로운 돌파구를 마련하고자 한다. 쉑트먼이 말하는 재식별의 문제란 시간의 경과에도 한 인격이 동일한 인격으로 남아 있다면 어떤 기준 때문인가에 관한 문제다.

재식별의 문제the reidentification question: 어떤 조건 아래서 시점 t

---

11 Joseph Butler, "Of Personal Identity," *Personal Identity* (edited by J. Perry), Berkeley and Los Angeles: University of California Press, 1975, p. 100.

의 인격과 시점 t'의 인격이 동일한가?[12]

쉑트먼이 말하는 재식별의 문제는 소위 수적 동일성numerical identity에 관한 문제라고 할 수 있다. 수적 동일성에 관한 문제란 어떤 기준으로 인해 인격을 포함한 모든 개체가 시간의 경과에도 불구하고 수적으로 동일한 개체로 남아 있느냐에 관한 것이다. 쉑트먼은 로크 이래로 지금까지 등장한 인격 동일성에 관한 이론은 수적 동일성의 기준에 대한 탐구였으나 인격을 주체로서 파악할 때는 중요하지 않다고 본다. 쉑트먼은 인격이 객체로서의 특성과 주체로서의 특성을 갖는다고 본다. 한편으로 인격은 세계 안에 놓인 객체, 즉 신체이지만, 다른 한편으로 인격은 생존survival, 도덕적 책임moral responsibility, 자기이해self-interest, 보상compensation이라는 사항들에 관심을 가지는 주체다.[13] 즉 인격으로서의 우리는 자신의 생존에 관심을 가지고, 자신과 타인의 행위와 관련하여 도덕적 책임의 가능성을 따지며, 자신의 미래를 문제 삼으며, 미래에 주어질 적절한 보상을 위해 현재의 불편함과 고통을 감수하는 존재다. 쉑트먼은 인격

---

12 쉑트먼이 왜 '재식별'이라는 단어를 선택했는지 의문이다. 왜냐하면, 통상적으로 인격 동일성의 문제와 관련하여 수적 동일성의 기준을 묻는 '형이상학적 문제'와 '인식적 문제'가 발생하며, 이 중 '형이상학적 문제'가 중요하다고 보기 때문이다. 인식적 문제는 시간의 경과에도 불구하고 한 인격이 동일한 인격으로 남아 있다면, 우리가 그것을 어떻게 아는가에 관한 문제인데, 알기 이전에 존재론적 차원에서의 동일성 기준이 필요하므로 결국 '형이상학적 문제'로 돌아오게 된다. 쉑트먼의 '재식별 문제'는 내용적으로 '형이상학적 문제'임이 분명하지만, 인식적 문제를 연상시키는 표현이므로 적합한 표현이 아니라고 판단된다.

13 Marya Schechtman, *The constitution of selves*, New York: Cornell University Press, 1996, p. 68.

이 가지는 이러한 주체적인 측면이 수적 동일성의 객관적 기준에 관한 문제보다 일상을 사는 대부분의 사람들에게 중요하기 때문에 특성 귀속의 문제가 더 중요하다고 보는 것이다.

> 특성 귀속의 문제the charaterization question: 어떤 행위들, 체험들, 믿음들, 가치들, 욕구들, 개인적 특성들 등이 해당 인격에게 귀속되는가?[14]

특성 귀속의 문제는 일상을 영위하는 거의 대부분의 사람들이 갖고 있는 심적인 요소들이 어떤 조건에서 한 인격에 귀속되는지를 묻는 문제로, 수적 동일성의 필요충분조건을 묻는 재식별의 문제와 달리 실용적인practical 특징을 지닌다고 할 수 있다. 쉑트먼에 따르면, 자기서사의 내용이 바로 위에 거론한 심적인 요소들을 한 인격에 귀속시켜주는 역할을 한다. 인격은 스스로 자신의 체험을 서사적 이야기를 통해 구성하며, 그렇게 구성된 자기서사성은 자신의 인격 동일성을 형성한다.

> 이 견해에 따르면, 인격 동일성은 인격의 자기서사 내용에 의해 구성되며, 그 안에 포함된 그의 특성, 행위, 체험은 자기서사의 내용에 포함됨으로써 그 자신의 것이 된다.[15]

---

14 Marya Schechtman, *The constitution of selves*, p. 73.

15 Marya Schechtman, *The constitution of selves*, p. 94.

신경과학 시대에 인간을 다시 묻다

인격이 다른 존재들과 다른 점은 바로 자신의 체험을 자기서사의 형식으로 구성할 수 있다는 점이고, 그 자기서사의 내용으로 인해 자신의 동일성이 확보될 수 있다는 점이다.

2) 난점들

첫 번째로, 쉑트먼의 서사성 이론은 수적 동일성의 문제를 어떤 식으로든 피해갈 수 없다는 문제에 직면한다. 이미 확인해본 것처럼, 쉑트먼이 말하는 서사적 자기 동일성은 수적 동일성과는 다르다. 그러나 서사적 자기 동일성의 문제는 수적 동일성의 문제를 결코 피해갈 수 없다. 왜냐하면 서사적 자기 동일성은 수적 동일성을 전제로 해서만 확보될 수 있기 때문이다. 무언가를 체험하기 전에, 그 체험들을 하나의 이야기로 구성하기 전에 어떤 대상 x는 존재해야 한다. 그 대상 x가 앞으로 어떤 체험을 하든, 어떤 이야기를 구성하든 상관없이 그 대상 x는 수적으로 동일한 대상으로 존재해야 한다. 수적으로 동일하지 않은 대상 x와 대상 y가 어떤 이유에서인지 동일한 자기서사적 내용을 갖고 있다고 해서 대상 x와 y가 동일하다고 할 수는 없다.

두 번째로, 쉑트먼의 인격 개념은 로크의 그것에 비해 존재론적인 통합성이 결여되어 있다. 이미 살펴보았듯, 로크의 인격 개념은 인간 개념과 존재론적인 차이를 보여주고 있다. 따라서 로크의 경우 인간의 동일성과 인격의 동일성은 명확하게 구분될 수 있었다. 반면, 쉑트먼은 인격이 두 본성^{a dual nature}을 갖고 있다고 말하면서 객체로서의 인격은 신체적 본성을, 주체로서의 인격은 정신적 본성을 갖고 있다고 본다.[16] 또한 재식별의 문제는 인격의 신체적 본성과, 주체로서의 인격은 인격의 정신적 본성과 연결된다고 본다. 이렇게 인격을 2개의 상이한 본성으로 나누어 설명하게 되면, 인격의 존재론적인 통합성은 확보되기 어렵다. 두 상이한 본성을 허용하는 그 존재를 인격으로 부른다면, 두 본성의 관계를 설명해줄 수 있는 새로운 인격 개념이 필요하게 된다.[17] 쉑트먼은 자기서사적 내용에서 신체성이 차지하는 중요성에 대해 강조하지만, 존재론적으로 통합적인 인격 개념은 제시하지 못하고 있다.[18]

첫 번째 문제와 두 번째 문제는 서로 얽혀 있다. 자연계 내의 어떤 존재를 '인격'이라고 지칭하기 위해서는 필요충분조건이 필요하다. 이 조건은 곧 인격 동일성의 조건이기도 하다.[19]

결론적으로 서사적 동일성만을 다루는 쉑트먼의 인격 동일성 이론은 인격적 삶의 서사적 특징에 대해 잘 설명해주기는 하지만, 통합적인 인격 개념의 부재로 이론적 보완이 필요하다.

---

16 Marya Schechtman, *The constitution of selves*, p. 68.

17 이희열은 자신의 논문 「심리주의와 생체주의를 중심으로 본 개인동일성과 도덕적 책임 귀속 문제」(『철학논총』 제87집, 새한철학회, 2017)에서 'personal identity'를 '인격 동일성'이 아닌 '개인 동일성'으로 번역하고 있다. 그 이유는 '인격'이라는 용어가 "이미 어느 수준 이상의 정신적 능력을 가진 개별자"를 뜻하므로 중립적인 번역어를 찾기 위함이다. 그러나 '인격 동일성' 문제는 대개 '인격'의 개념 규정 문제와 맞물려 있기 때문에 '개인 동일성'이라는 번역어는 혼란을 주거나 관련 문제를 협소하게 파악할 여지를 제공하므로 적절한 대안은 아니라고 판단된다.

18 만일 통합적인 인격 개념이 제시된다면, 재식별의 문제와 특성 귀속의 문제는 서로 충돌하지 않고 통합적인 인격 개념 안에서 통합적으로 설명될 수 있을 것이다.

19 전자는 '공시적 동일성'의 조건이 될 것이며, 후자는 '통시적 동일성'의 조건이 될 것이다.

신경과학 시대에 인간을 다시 묻다

3. 구성적 인격 이론과 인격적 삶의 서사적 구조

구성적 인격 이론(이하 구성 이론)은 인격person, 인간 유기체human organism, 인간인격human person을 구분한다. 우선, 인격은 일인칭 시점a first-person perspective을 본질적으로 가진 존재이며, 인간 유기체는 생물학적 종, 즉 호모 사피엔스를 가리킨다. 인간인격은 구성 관계에 따라 인간 유기체에 의해 구성된 인격이다.[20]

구성 이론에서 일인칭 시점이 인격임의 본질적 기준, 즉 필요충분조건으로 제시된다. 아래에서는 일인칭 시점에 관한 베이커L. R. Baker의 견해를 비판적으로 계승하면서 구성 이론과 서사성 이론의 상호보완적 관계의 가능성을 모색해보고자 한다.

1) 일인칭 시점

로크가 인간과 인격을 구분하고, 인격을 "이성과 반성 능력을 갖고 자신을 자기 자신으로 사유할 수 있으며 다른 시간과 장소에서도 동일한 생각을 할 수 있는 지적인 존재"[21]라고 정의하면서 현

---

20 이 책은 인격 동일성의 문제에 초점을 맞추고 있으므로 구성적 인격 이론의 인격 개념에 대한 상론은 하지 않겠다. 구성적 인격 이론에 관해서는 김남호, 「인격, 인간인격, 그리고 인격 동일성」(『인간연구』 제34호, 가톨릭대학교 인간학연구소, 2017)을 참조할 것.

21 John Locke, *An Essay concerning Human Understanding*, Oxford: Clarendon Press, 1979, p. 335.

대적인 의미에서의 인격 논쟁을 불러일으켰다.[22] 문제는 로크의 인격 정의가 다소 혼란스럽다는 데 있다. 이성을 합리적으로 생각하는 능력으로 본다면, 주의를 외부에서 내부로 돌리는 반성 능력과는 구별된다. 로크가 말하는 '자신을 자기 자신으로 사유하는 능력'은 자기의식self consciouness을 의미한다. '다른 시간과 장소에서도 동일한 생각'이라는 표현이 무엇을 의미하는지는 불분명하지만, 로크를 소위 '심리적 이론the psychological view'의 선구자로 보는 진영에서는 대개 '기억의 동일성'으로 해석한다.

로크의 인격 개념에서 문제는 로크가 인격임의 필요조건을 제시하지 못했다는 점에 있다. 만일 인격이 인간과 구분된다면, 인격을 인격으로 만들어주는 본질적 속성이 있어야 한다. 그러나 데그라치아D. DeGrazia가 지적하듯이, 로크의 인격 개념은 "인격이 인격으로서 존재하는 것은 심리적 지속성을 필요로 한다"는 데딕토 주장the de dicto thesis만을 보여줄 뿐이다.[23] 데딕토 주장은 인격 동일성의 기준이 되기에 너무나 약하다. 따라서 본질적 속성[24]에 관한 언급, 즉 데레 주장the de re thesis이 필요하다. 인격임에 관한 본질적 속성은 무엇인가? 즉, 어떤 대상 x가 인격이 되기 위해 갖춰야 할 본질적 속성은 무엇인가?

---

22 필자는 인격과 인격 동일성에 관한 "모든 후속작들은 로크의 각주에 지나지 않는다"는 누년(H. W. Noonan)의 주장에 동의한다. Harold Noonan, *Personal Identity*, London, New York: Routledge, 2003, p. 24.

23 David DeGrazia, *Human Identity and Bioethics*, p. 30.

24 본질적 속성이란 속성 x를 가짐 없이 어떤 것이 존재할 수 없을 때, 그 속성 x는 그것의 본질적 속성이다. David DeGrazzia, *Human Identity and Bioethics*, p. 30 참조.

신경과학 시대에 인간을 다시 묻다

구성 이론은 인격임의 본질적 속성으로 일인칭 시점을 제안한다. 따라서 구성 이론에서 인격은 일인칭 시점을 본질적으로 갖춘 존재로 정의된다. 일인칭 시점은 자기 자신을 자기 자신으로 인식하게 해주는 하나의 관점[25]이다. 일인칭 시점은 '심리적 이론'이 제안하는 기억 같은 심리적 특성의 지속성보다 근본적이다. 왜냐하면, 시간의 경과에도 과거의 기억이 현재까지 지속적이기 위해서는 그것을 '나의 기억'으로 인식하게 해주는 일인칭 시점이 전제되어야 하기 때문이다. 비록 기억이 조작되거나 일부 기억이 상실될 수 있을지라도 일인칭 시점은 동일한 것으로 남아 있을 수 있다. 또한 일인칭 시점은 시점으로부터 연역되지 않는다. 왜냐하면, 둘 사이에는 '인식론적 비대칭성'이 성립하기 때문이다.

(1) 나는 내가 늙어간다는 것이 슬프다.

(2) 나는 ○○○(나의 이름)가 늙어간다는 것이 슬프다.

(3) ○○○는 ○○○가 늙어간다는 것이 슬프다.

(2)와 (3)이 옳다고 해도 (1)이 옳지 않을 수도 있다. 즉, (2)와 (3)의 옳음은 (1)의 옳음을 함축하지 않는다. 따라서 (1)은 (2)와 (3)으로부터 연역되지 않는다. 일인칭 시점은 삼인칭 시점과 달리 자신의 관점에서 자기 자신을 자기 자신으로서 인식하게 해준다.

---

25 데카르트(R. Descarets)가 코기토(cogito)에 관한 깨달음을 통해 알아낸 바는 내가 생각하고 있는 한 나 자신의 존재를 부정할 수 없다는 것이었다. 비록 기억은 조직될 수 있고, 일부가 상실될 수는 있어도 내가 나임을 인식하는 일인칭 시점은 소멸되지 않는다. 일인칭 시점은 그것의 배후를 더 캐물을 수 없는 하나의 관점 혹은 인식적 틀이다.

그러나 일인칭 시점은 베이커가 제안한 것처럼 발달심리학과 동물심리학의 연구 결과에 비추어볼 때, 약한 일인칭 시점the weak or rudimentary first-person perspective (이하 '약한 시점')과 강한 일인칭 시점the strong or robust first-person perspective (이하 '강한 시점')으로 구분된다. 이를 구분하는 기준은 개념적 수준의 자기의식 유무다. 우선 약한 시점은 감응력sentience과 지향성intentionality을 전제한다. 쥐를 잡으려는 고양이의 경우 쥐와 그의 움직임을 포착하며, 어떤 의도를 가지고 쥐에 대한 태도를 보인다. 이때 고양이는 자기 자신을 개념적인 수준에서 이해하지는 못하지만, 그 일련의 행위들은 자신만의 고유한 관점에서 체험하고 있다. 그런 의미에서 그 고양이는 자신만의 세계의 중심이다the center of his own universe.

반면, 강한 시점은 개념적 수준에서 — '나'라는 인칭대명사와 '나의'라는 소유대명사를 통해 — 자기 자신을 자기 자신으로 이해하는 것을 가능하게 한다. 강한 시점을 가진 존재, 즉 '의식적 존재conscious being'는 갤럽G. Gallup의 거울 실험을 통과한 침팬지처럼 자기 자신을 자기 자신으로 단순히 인지하는 것을 넘어서 자기 자신을 개념적인 차원에서 생각할 수 있는 능력을 갖고 있다. 강한 시점을 통해 비로소 어떤 믿음은 '나의 믿음'이 되고, 어떤 욕구는 '나의 욕구'가 되며, 어떤 목적은 '나의 목적'이 된다. 강한 시점은 자기반성 능력을 가능하게 해주며, 이를 통해 의식적 존재는 자기 자신의 욕구나 목적 등을 평가할 수 있는 능력을 갖게 된다.

베이커는 인간 이외의 고등 동물들도 약한 시점을 갖고 있지만, 오직 인간의 태아fetus만이 약한 시점을 획득하는 순간 인격이 된다

신경과학 시대에 인간을 다시 묻다

고 주장한다. 그 이유는 첫째로 태아의 약한 시점 획득은 강한 시점 획득의 예비 단계이지만, 다른 고등 동물들의 경우 약한 시점이 최고의 단계이기 때문이다. 둘째로 다른 고등 동물들은 일인칭 시점 (약한 시점 혹은 강한 시점)을 단지 우연적으로만 획득하지만, 인간의 태아는 본질적으로 획득하기 때문이다.[26] 우선 베이커가 제시한 첫 번째 근거는 태아의 약한 시점 획득이 필연적으로 강한 시점으로 발전하는 것은 아니므로 설득력이 약하다. 마찬가지로 인간의 태아만이 일인칭 시점을 본질적으로 획득한다는 두 번째 근거 역시 설득력이 부족하다. 왜냐하면 인간일지라도 어떤 경우나 상황에 따라 일인칭 시점을 획득하지 못할 수도 있기 때문이다. 베이커는 인격에 대한 규정 문제와 인간이 인격이 되어가는 생물학적·발달심리학적 과정에 대한 문제를 혼동하고 있는 것 같다. 인격은 일인칭 시점을 필연적으로 지닌 존재이지만, 인간이 인격이 되는 과정이 반드시 필연적으로 발생하는 것은 아니다.

필자는 베이커와 달리 강한 시점만이 인격임의 본질적 속성이 될 수 있다고 생각한다. 자기 자신을 고차적인 수준, 즉 개념적인 수준에서 이해할 수 있는 존재는 그 종과 상관없이 인격의 지위를 갖는다.[27]

---

[26] Lynne Rudder Baker, "Making sense of ourselves: self-narratives and personal identity," *Phenomenology and the Cognitive Sciences* 15(1), 2016, pp. 14-15 참조.

[27] 강한 일인칭 시점을 상실한 경우 등과 같은 극단적인 상황에 관한 해명에 대해서는 김남호, 「인격, 인간인격, 그리고 인격 동일성」(『인간연구』 제34호, 가톨릭대학교 인간학연구소, 2017)을 참조할 것.

2) 인격적 삶의 서사성

강한 시점이 인격임의 필요충분조건이지만, 쉐트먼이 지적한 바와 같이 인격적 삶의 특징은 수적 동일성의 기준 제시만으로는 충분히 설명되지 않는다. 그 이유는 이야기의 구조, 즉 서사적 구조가 인격적 삶의 필요조건도 아니고, 인격적 삶의 필연적인 귀결도 아님에도 불구하고 매킨타이어가 지적한 바대로 누군가의 행위는 더 큰 이야기의 맥락 속에서만 의미를 가질 수 있으며, 이해될 수 있기 때문이다.[28] 또한 쉐트먼의 '특성 귀속의 문제'가 말해주듯이, "나는 누구인가?"라는 물음은 곧 "나는 어떤 욕구, 어떤 믿음, 어떤 의도, 어떤 희망을 갖고 살아왔는가?"라는 물음이며, 이에 대한 답을 하기 위해서는 '내 삶의 이야기'에 관심을 기울여볼 수밖에 없기 때문이다.

더욱 근본적으로 인격적 삶이 갖는 서사적 내용에는 도덕적 행위자로서의 특징이 반영될 수밖에 없다. 도덕적 행위자는 다음과 같은 세 가지 조건을 충족시킨다.

도덕적 행위자: S가 (i) '최소 행위'[29]의 의미에서 뭔가를 행하며, (ii) S가 이차적 욕구를 가지고, (iii) S가 행하고 있는 바에 대해

28　Alasdair Macintyre, *After Virtue. A Study in Moral Theory*, Nord Dame, Indiana: University of Notre Dame Press, 2007, p. 216.

29　최소 행위에 대한 규정은 다음과 같다. "최소 행위자: S가 실천적 추론(목적과 수단)에 사용된 태도들에 의해서 설명 가능한 행위를 하는 경우에만, 그리고 오직 그 경우에만 S는 최소 행위자이다." (김남호, 「인공물과 책임귀속 조건」, 『철학연구』 제147집, 대한철학회, 2018, 69쪽)

정상적으로 평가할 수 있는 능력이 있는 경우에만, 그리고 오직 그 경우에만 S는 도덕적 행위자이다.[30]

인격적 존재는 다른 동물과 달리 일차적 욕구에 곧바로 순응하는 '즉각적인 삶'을 살지 않는다. 반성적 자기평가 능력the capacity for reflective self-evaluation[31]을 통해 일차적 욕구를 평가하여 응할 것인지 말 것인지를 결정할 수 있는 의지적 힘을 행사할 수 있다. 이러한 숙고 행위를 통해 행위자는 행위 이유reason를 얻는다. 행위 이유는 '욕구, 믿음 등'으로 이뤄지며, 명제적 태도propositional attitude를 지닌다. 행위자로서의 인격은 살아가면서 부단히 숙고하고, 행위 이유를 검토하는 존재다. 그런데 삶의 내용이 저마다 다르고, 상황과 삶의 조건이 저마다 다양한 인격의 삶에서 행위 이유는 필연적으로 어떤 맥락에 위치할 수밖에 없다. 어떤 인격의 행위 이유는 그 이전에 그가 살아온 삶의 서사적 내용에 위치지어지며, 그 서사적 내용은 그가 이전에 가진 수많은 행위의 이유들을 통일적으로 이해할 수 있는 해석적 토대를 제공해준다.

가령 범죄 조사의 경우 용의자의 수적 동일성에 대한 문제보다는 '용의자가 어떤 사람인가?'라는 문제가 중요하다. 범행의 정신적 요소, 즉 '범행 동기mens rea'를 이해해야만 범죄사건 발생에 대한 합리적인 이야기가 구성되는데, '범행 동기'를 알기 위해서는 용의

---

30 김남호, 「인공물과 책임귀속 조건」, 『철학연구』 제147집, 대한철학회, 2018, 71쪽

31 Harry G. Frankfurt, "Freedom of the Will and the Concept of a Person," *The Journal of Philosophy* Vol. 68, Columbia University Press, 1971, p. 7.

자가 어떤 사람인지를 이해해야 하며, 이는 곧 그가 어떤 삶을 살아왔는지에 대한 이해로 나아간다. 이런 이해 과정이 불가능하거나 일반적이지 않다면, 범죄심리학criminal psychology 같은 심리학 분과는 성립할 수 없을 것이다.

인격적 삶의 서사적 통일성은 그 자체로 인격의 수적 동일성에 대한 기준이 될 수는 없다. 왜냐하면, 누군가의 서사적 내용은 어떤 외적 조건에 의해 조작되거나, 기억 상실로 인해 이야기의 통일성이 확보되지 못할 수도 있기 때문이다. 더 나아가 서사적 통일성은 이미 수적 동일성을 전제로 해서만 성립할 수 있다. 그럼에도 인격적 삶의 서사성은 누군가가 그것을 잃어버리거나 획득하지 못할 때 '정체성의 위기'에 직면한다는 점에서 실천적인 중요성을 갖고 있다고 할 수 있다.

4. 결론

최근 생명윤리bioethics 분야를 중심으로 인격person 개념에 대한 연구가 활발히 진행되고 있다. 가장 큰 이유로는 생물학적 개념인 인간과 달리 규범적인 성격을 가지며, 도덕적 자율성을 갖춘 존재로 간주되는 인격 개념이 현대 신경과학 및 생물학의 발달로 큰 힘

신경과학 시대에 인간을 다시 묻다

을 얻고 있는 소위 신경중심주의neurocentrism[32]가 전제하는 환원주의에 맞서 비환원적 인간론을 구상하는 데 중요한 역할을 하기 때문이다. 그러나 인격에 관한 존재론적인 탐구에서 인격 동일성personal identity의 문제는 여전히 해결되지 않은 채로 몇몇 입장이 대립하고 있을 뿐이다.

매킨타이어는 『덕의 상실』에서 현대 분석철학자들이 인격 동일성의 문제를 지나치게 추상적이고 논리적으로만 접근한다고 비난하고 있다.[33] 쉬트먼 역시 인격 동일성의 문제를 '재식별의 문제'와 '특성 귀속의 문제'로 구분하여 실천적인 중요성을 갖는 '특성 귀속의 문제'를 중점적으로 탐구하고 있다. 그러나 그렇다고 해서 형이상학적 문제, 즉 수적 동일성에 관한 문제가 해결되는 것은 아니다.

구성 이론은 인격의 필요충분조건으로서 (강한) 일인칭 시점을 제시함으로써 '재식별의 문제'에 답을 한다. 그러나 일인칭 시점을 지닌 존재, 즉 인격이 향유하는 삶의 내용은 서사적으로 구성될 수 있으며, 그렇게 구성된 서사적 내용은 인격의 정체성 형성에 기여한다. 이때 일인칭 시점 없이는 삶의 서사적 내용이 구성될 수 없다는 점에서 일인칭 시점은 삶의 서사적 구조에 필요조건이라 할 수 있다.

따라서 구성 이론이 가정하는 일인칭 시점과 쉬트먼이 주장하는 삶의 서사성은 상보적 관계에 있다고 할 수 있다.

---

32 '신경중심주의' 용어와 관련해서는 Markus Gabriel, *I am not a brain* (Cambridge: Polity Press, 2017), pp. 10–16 참조.

33 Alasdair Macintyre, *After Virtue. A Study in Moral Theory*, Nord Dame, Indiana: University of Notre Dame Press, 2007, p. 217.

참고문헌

김남호, 「인격, 인간인격 그리고 인격 동일성」, 『인간연구』 제34호, 가톨릭대학교 인간학연구소, 2017.

_____, 「확장된 자아는 도덕적 주체일 수 있는가?」, 『철학연구』 제144집, 대한철학회, 2017.

_____, 「인공물과 책임귀속 조건」, 『철학연구』 제147집, 대한철학회, 2018.

마이클 가자니가, 박인균 역, 『왜 인간인가』, 서울: 추수밭, 2012.

박승찬, 「인격 개념의 근원에 대한 탐구: 그리스도교와 보에티우스의 정의를 중심으로」, 『인간연구』 제13호, 가톨릭대학교 인간학연구소, 2007.

웬델 월러치 · 콜린 알렌, 노태복 역, 『왜 로봇의 도덕인가』, 서울: 메디치, 2009.

이희열, 「심리주의와 생체주의를 중심으로 본 개인동일성과 도덕적 책임 귀속 문제」, 『철학논총』 제87집, 새한철학회, 2017.

Baker, Lynne Rudder, *Persons and Bodies. A Constitution View*, Cambridge: Cambridge University Press, 2000.

_____, *Naturalism and The first-person Perspective*, Oxford: Oxford University Press, 2013.

_____, "Making sense of ourselves: self-narratives and personal identity," *Phenomenology and the Cognitive Sciences* 15(1), 2016.

Boethius, *The theological tractates*, Cambridge: Harvard University Press, 1973.

Butler, Joseph, "Of Personal Identity," *Personal Identity* (edited by J. Perry), Berkeley and Los Angeles: University of California Press, 1975.

DeGrazia, David, *Human Identity and Bioethics*, Cambridge: Cambridge University Press, 2005.

Frankfurt, Harry G., "Freedom of the Will and the Concept of a Person," *The Journal of Philosophy*, Vol. 68, Columbia University Press, 1971.

Gabriel, Markus, *I am not a brain*, Cambridge: Polity Press, 2017.

Locke, John, *An Essay concerning Human Understanding*, Oxford: Clarendon Press, 1979.

Macintyre, Alasdair, *After Virtue. A Study in Moral Theory,* Nord Dame, Indiana: University of Notre Dame Press, 2007.

Noonan, Harold, *Personal Identity*, London, New York: Routledge, 2003.

Reid, Thomas, "Of Mr. Locke's Account of Our Personal Identity," *Personal Identity* (edited by J. Perry), Berkeley and Los Angeles: University of California Press, 1975.

Schechtman, Marya, *The constitution of selves*, New York: Cornell University Press, 1996.

Şturma, Dierter (Hrsg.), *Handbuch Bioethik*, Stuttgard: J. B. Metzler, 2015.

제9장

자유의지 문제는 경험과학의 문제인가: 발라규어의 사건 인과 자유론에 대한 반론

1. 서론

2019년 전 세계 17개 대학의 신경과학자, 심리학자, 철학자들이 미국 캘리포니아주 채프먼 대학 뇌연구소Brain Institute에서 열린 국제 콘퍼런스International Conference on the Neuroscience of Free Will에서 '자유의지Free Will' 문제를 규명하기 위한 융합연구에 합의했다. 그리고 그 결과물인 *Free Will: Philosophers and Neuroscientists in Conversation*이 2022년 출간되었다. 자유의지와 관련된 주제로 글을 쓰면, 다른 분야의 참가자들이 질문을 올리고, 그에 대한 답을 내놓는 형식으로 구성되어 있다.

위 논문집의 서문에서 편집자들Uri Maoz, Walter Sinnott-Armstrong은 신경과학자는 의지, 의식과 같은 주요 개념들에 대한 명료하고 정교한 이해를 얻을 수 있으며, 철학자는 약 1천 년 동안 다뤘던 자유의지가 경험 과학적으로 접근 가능한 측면이 있다는 사실을 알게 된다는 점에 협업collaboration의 가능 근거를 찾고 있다.[1]

그러나 모든 철학자가 이 협업의 필요성에 동의하지 않는다. 협업은 서로 다른 분야의 독자성을 전제로 한다. 발라규어는 모든 형이상학적인 문제는 ① 경험과학의 문제이거나, ② 논리적인 문제이

---

1   preface [*Free Will: Philosophers and Neuroscientists in Conversation*, Uri Maoz & Walter Sinnott-Armstrong (eds.), Oxford: Oxford University Press, 2022], xi.

거나, 아니면 ③ 무의미한 문제 중 하나라고 주장한다.[2] 형이상학의 대표적인 난제로 꼽히는 자유의지 문제 역시 예외는 아니다. 만일 그렇다면, '자유의지' 문제는 협업을 통한 학제간 연구를 통해 해결 가능하다기보다는, 경험과학의 발전만으로 해결 가능한 문제가 될 것이다.

자유의지 문제가 경험과학[3]의 문제에 지나지 않으며, 심지어 경험 과학적으로 그 진위 여부가 판별될 수 있다는 결론을 뒷받침하기 위해 발라규어는 a) 자유론libertarianism만이 형이상학적 문제로서의 자유의지 논의에서 중요하며, b) 자유론적 의미에서의 자유 L-freedom가 가능하거나 불가능하다는 기존의 형이상학적 논증(혹은 선험 논증)은 성공하지 못했음을 보여주는 전략을 취한다.[4]

이 장에서는 발라규어 논증에서 가장 기본적인 테제 a)를 분석하고, 이 테제가 그의 결론과 어떻게 연결되는지 알아본 다음, 그 결론을 비판적으로 평가해보고자 한다.

결론적으로 발라규어의 주장은 1) 그의 다른 형이상학적 진술의 경우 경험 과학적으로 진위를 판별하기 불가능하다는 점에서 '적용의 문제'에 직면하며, 2) 개별자 동일성을 받아들일 때, 특정 신경

---

2 Balaguer, Mark, *Free Will as Open Scientific Problem*, Cambridge, Massachusetts: The MIT Press, 2010, p. 22. 발라규어 자신이 인정하듯, 이 책에서 형이상학의 문제가 세 물음으로 귀결된다는 그의 주장에 대한 근거 제시는 부족하다. 본 논문에서는 자유의지 문제와 관련해서만 발라규어의 주장을 검토해보고자 한다.

3 발라규어가 말하는 경험과학은 물리학과 신경과학을 지칭한다.

4 물론 테제 b)에서 '자유의지는 결국 경험 과학적 문제'라는 결론이 논리적으로 도출될 수는 없다. 소위 '무지에 호소하는 오류'를 범하기 때문이다. 따라서 그의 결론은 자유의지 논쟁을 둘러싼 경쟁력 있는 이론적 대안을 제시한 결과라고 판단된다.

사건neural events이 욕구와 같은 특정 신경 사건과 같음을 확인할 방법이 없다는 점에서 '인식의 문제'에 직면한다는 점이 분명해질 것이다.

2. 자유론적 자유와 경험과학 문제로서의 자유의지

자유의지 문제는 경험과학의 문제라는 발라규어의 견해를 이해하고 비판적으로 평가하기 위해서는 양립론compatibilisms에 대한 그의 평가와 갈린 선택torn decision, 적절한 비무작위성appropriate nonrandomness이라는 그의 고유한 개념을 이해할 필요가 있다.

1) 양립론과 자유론

자유의지 논쟁과 관련한 여러 입장 중 양립론compatabilism은 홉스T. Hobbes, 로크J. Locke, 흄D. Hume 등에 의해 알려진 이래 현재까지 가장 많은 지지를 얻고 있는 입장이다.[5] 양립론에 의하면, 우리가 사유롭다는 의미는 욕구하거나 원하는 바를 방해받지 않고 할 수 있

---

5 발라규어는 현대 전문 철학자의 60% 정도가 양립론을 지지한다는 설문조사 결과가 있다는 얘기를 하고 있으나 출처는 제시하지 않았나. 그러나 20세기 전문 철학자 중 양립론 지지자가 가장 많다는 사실은 이미 기정사실이다. Balaguer, *Free Will*, Cambridge, Massachusetts: The MIT Press, 2014, p. 67 참조.

는 능력power, ability이 있다는 것이다. 가령, 내가 피자를 먹고 싶고 내가 피자를 살 상황에 처해 있고, 즉 피자를 사서 먹는 것을 실현하는 데 방해 요소가 없고, 그래서 피자를 사서 먹을 수 있다면, 그런 의미에서 나는 자유롭다. 이때 행위자가 가지는 욕구는 본인 스스로가 창조한 결과물이 아니라, 인과 사슬의 결과물이다. 그런 점에서 양립론은 결정론이 참이라고 보며, 자유를 '욕구 실현 방해의 부재'로 보기에 결정론과 자유의지의 존재는 양립 가능하다는 것이다. 양립론은 일상에서 흔히 내가 자유롭다고 믿거나 말할 때의 생각과 일치한다. 한 달 동안 열심히 일하고 월급을 받은 주말에 여행을 즐기며 스스로 자유롭다고 느끼는 직장인의 예를 상상해보라. 그에게 일상을 벗어나 여행을 가고자 하는 욕구가 생겼고, 그것을 실현하는 데 방해가 되는 요소(직장 상사의 긴급한 전화, 임금체불, 사건사고 발생 등등)가 없어 그것을 실현한다면, 누구라도 자유롭다고 생각할 것이다.

발라규어는 흄-방식의 자유의지Hume-Style free will라고 불리는 고전적 양립론이 자유의지 논쟁의 핵심에서 벗어났다고 본다.[6] 양립론은 자유의지가 무엇인가what-is-free-will question에 대한 견해(의미론적 견해)일 뿐[7], '결정하는 과정의 본성the nature of human decision-making processes'에 대한 견해는 아니기 때문이다. 형이상학적으로 중요한

---

6 "그러나 나는 제3의 대안이 있다고 생각한다. 그것은 양립론이 틀렸다고 논증하는 함정에 빠지지 않는 것이다. 그 대신 양립론이 중요하지 않다고 논증하는 것이다. 심지어 양립론이 옳고, 문제가 없다고 하더라도."(Balaguer, 2014, p. 49.)

7 즉 내가 자유롭다는 것이 무슨 의미인지에 관한 물음.

자유는 '선결정되지 않은 자유의지NPD free will: not-predetermined free will'
혹은 '자유론적 자유L-freedom: Libertarian free will'의 존재 여부이다. 즉,
이전의 원인에 의해 결정되지 않은 어떠한 선택이 가능할 수 있는
지에 대한 여부가 형이상학 논쟁에서 핵심이라는 생각이다.

위와 같은 이유로 발라규어는 자유론Libertarianism을 지지한다.[8]
통상적으로 결정론이 틀렸고 자유의지가 존재한다는 입장을 지지
하는 입장을 통칭하여 자유론이라고 한다. 자유론 내에서도 선결
정되지 않은 선택의 원인을 행위자의 인과력으로 보는 행위자-인
과 자유론agent-causal libertarianism[9]과, 사건으로 보는 사건-인과 자유론
event-causal libertarianism[10]으로 구분된다. 또 자유로운 행위를 본질적으
로 비인과적인 사건으로 보는 비인과 자유론non-causal libertarianism[11]도
있다. 그 외에 자유로운 선택에 있어 결정적인 비결정성이 선택 전
에 발생한다고 보는 발레리언 견해Valerian View와 비결정성이 선택의
순간에 발생한다고 보는 비-발레리언 견해non-Valerian View로 구분된
다. 발라규어는 스스로 사건-인과 자유론과 비-발레리언 견해를 지
지한다고 밝힌다. 그런데, 다른 자유론자들과 다른 점은 자신의 견

---

8 형이상학 문제의 탈형이상학화(demetaphysicalize)를 도모하는 발라규어에게 있어서 "지
지한다"는 의미는 기존의 형이상학자들의 용법과 다르다. 그는 자유론의 핵심 결론의 진위
가 경험 과학적으로 판별될 수 있다고 본다. 따라서 그의 태도는 반증 혹은 검증 가능한 가
설을 내놓고 그 진위가 판별될 때까지 방어하는 과학자의 그것에 가깝다고 할 수 있다.

9 주요 지지자는 다음과 같다. Chisholm (1964), Clarke (1993; 2003), O'Connor
(2009), Ried (1788), Taylor (1996, 1974).

10 주요 지지자는 다음과 같다. Ekstrom (2000), Franklin (2011), Kane (1996).

11 주요 지지자는 다음과 같다. Bergson (1889; 1910), Ginet (1990), Goetz (2008),
McCann (1998).

해가 옳은지 그른지 경험 과학적으로 판단 가능하다고 주장한다는 데 있다.[12] 그렇다면, 발라규어가 규정하는 자유론은 무엇인가?

> 자유론은 우리가 오직 비결정적이고 적절하게 비무작위적인 선택을 할 수 있고, 비결성성이 그런 선택을 발생generate시키거나 마련procure하거나 증진increase시키는 의미에서 중요할 때에만, 우리가 자유론적 의미에서 자유롭다L-free고 보는 견해이다.[13]

사건-인과 자유론의 입장 내에서 관건은 그런 종류의 선택이 구체적으로 무엇이며, 실제로 가능한지에 대한 여부이다.

2) 갈린 선택

발라규어식의 사건-인과 자유론에서 가장 핵심적인 개념은 '갈린 선택torn decisions'이다. 갈린 선택이란 행위자가 두 개 혹은 그 이상의 선택지 중 어느 쪽이 가장 최고의 선택인가에 대해, 그 갈등에 대한 해결 없이 '갈린' 느낌을 받는 상황에 직면하는 선택이다.[14]

---

12 동시대에 발라규어와 케인(R. Kane)은 사상적인 유사성이 매우 큰 대표적인 사건-인과 자유론자이다. 그런데, 발라규어가 그 어떤 자유론자와도 다른 점은 그가 단지 자유론이 '일관성 있는 입장'임을 증명하려는 기존의 시도를 벗어나려고 한다는 점에 있다. 발라규어는 자신의 자유론이 경험과학의 발전을 통해 참과 거짓으로 판명될 수 있는 견해임을 강조하고 있다.

13 Balaguer (2010), p. 15.

14 Balaguer (2010), p. 71.

신경과학 시대에 인간을 다시 묻다

다음과 같은 예를 들어 설명해보겠다.[15]

> 철수의 사례: 철수는 대구에 머물지 서울로 이사를 할지 고민하
> 고 있다. 서울의 한 아마추어 야구팀에서 선수로 뛰고 싶은 욕구와
> 한 연극 극단에서 연극배우로 활동하고 싶은 욕구가 그가 서울로 이
> 사하고 싶게 만드는 동기다. 대구에 사는 여자친구와 결혼해서 여자
> 친구의 부모님이 운영하시는 막창집을 물려받아 경영자가 되고 싶
> 은 욕구가 대구에 머물고 싶게 만드는 동기다.

위의 예를 사건-인과론적 어휘로 표현하자면 다음과 같다.

> 사건1: 한 아마추어 야구팀에서 활약하고자 하는 철수의 욕
> 구.[16]
> 사건2: 한 극단에서 연극배우로 활동하고자 하는 철수의 욕구.
> 사건3: 여자친구와 결혼하고자 하는 철수의 욕구.
> 사건4: 여자친구의 부모님께 물려받을 곱창집을 경영하고 싶은
> 철수의 욕구.
> 사건5: 서울로의 이사 선택.
> 사건6: 대구 체류 선택.

---

15 아래의 예는 발라규어가 든 랄프의 예(2010, p. 72)를 한국 상황에 맞게 변형한 것이다.

16 자신의 주저에서 상세히 논의는 피하고 있지만, 발라규어는 개별자 동일론을 옹호한다.
그래서 행위자의 욕구는 물리적 사건과 동일하다. 이에 관해서는 Balaguer (2010), pp.
85-86 참조.

이 사건들의 나열에서 사건1과 2는 사건5를, 사건3과 사건4는 사건6을 확률적으로probabilistically 일으킨 원인이 된다. 즉, 사건1, 2, 5와 사건3, 4, 6은 서로 다른 인과 사슬을 형성한다. 갈린 선택과 관련하여 세 가지 특징을 언급할 필요가 있다. 첫째, 갈린 선택은 분열감과 같은 현상적 체험을 동반한다.[17] 발라규어는 누구나 일상에서 갈린 선택을 체험할 수 있음을 강조한다. 두 번째, 갈린 선택은 항상 의식적인 결정이다. 가령, 자동차 운전을 하다가 갑자기 앞으로 뛰어온 어린아이를 보고 급정차를 하는 경우 등은 갈린 선택의 예로 적합하지 않다. 세 번째, 갈린 선택은 일상에서 자주 경험한다. 가볍게는 영화를 보러 갈지 집에 그냥 있을지부터, 좀 더 복잡하게는 동성 결혼 합법화에 찬성할지 반대할지와 같은 선택이 우리가 일상에서 직면하는 갈린 선택의 예다.

갈린 선택이 발라규어식 사건-인과 자유론에 중요한 이유는 갈린 선택이야말로 선행하는 인과 사슬이 인과적 힘을 잃는 결정적인 순간으로 보이기 때문이다. 양자역학의 등장으로 뉴턴 역학에서 가정하는 '강한 결정론'은 이미 고수되기 힘들다. 양자현상이 거시차원macroscopic levels에서 어느 정도까지 드러나는지는 논란의 여지가 있다. 그러나 신경과학적 연구에 의하면, 대뇌 피질 내 신경세포들의 갑작스러운 발화firing의 결과로서 예측 불가능한 변동fluctuations이 발생한다는 사실이 밝혀졌다.[18] 이는 신경 상태가 확률적으로만

---

17 Balaguer (2010), p. 73.

18 Liljenstroem, Hans, "Are any neural processes truly random (or stochastic)?," *Free Will: Philosophers and Neuroscientists in Conversation*, Uri Maoz &

신경과학 시대에 인간을 다시 묻다

예측 가능함을 의미한다. 갈린 선택이 L-자유의 가능성 여부에 있어서 중요한 이유가 바로 여기에 있다. 그러나 갈린 선택의 존재만으로 L-자유 가능성에 대한 긍정적인 결론을 도출하기에는 충분치 않다. 자유로운 선택에는 행위자의 주권과 통제가 개입되기 때문이다. 그렇지 않다면, 이 세상에는 '무작위적으로 발생하는 우발적인 사건'만이 존재하게 될 것이기 때문이다.

3) 적절한 비무작위성

갈린 선택의 존재가 중요한 이유는 구체적 선택의 현실화가 확률적으로만 발생하는 그런 순간에 행위자의 통제가 개입될 수 있기 때문이다. 어떤 선택이 선택한 사람의 통제 없이 발생한다면, 자유의지에 입각한 선택이라고 할 수 없다.[19] 따라서, 갈린 선택의 순간 '적절한 비무작위성'이 있어야 한다. 그러면, 선택의 순간 적절한 비무작위성이 발생할 수 있는 이유는 무엇인가? 발라규어는 행위자에 의해 통제되어 발생한 사건이 적절한 비무작위성을 일으킨 원인이라고 주장한다.

위에서 든 철수의 예를 들어 설명하자면 다음과 같다. 가령, 대구에 머물고자 하는 철수의 선택$_{d1}$은 (a) 의식적, 의도적, 그리고 목

---

walter sinnott-armstrong (eds.), Oxford: Oxford University Press, 2022, p. 260.

19 "어떤 결정이 내 자유의지의 산물이기 위해서는 그 결정이 그냥 나에게 일어났다고 할 수 없다. 그 결정을 내가 한 경우이어야 한다. 다른 말로, 그 결정은 내 것이어야만 한다. 내가 그 결정의 장본인이었어야 한다." (Balaguer, 2014, p. 73).

적 지향적이다. 그것은 철수의 의식적인 선택-사건이다. (b) 그 선택은 철수의 의식적인 이유reasons와 생각thoughts에서 비결정적인 인과적 방식으로 흘러나왔다(flowed out). (c) 그의 의식적인 이유와 생각 외에 외부적인 그 무엇도 그가 선택한 것에 인과적 영향을 주지 않았다.[20] 발라규어는 선택$_{d1}$이 행위자가 연루된 사건에 의해 발생했으므로, 선결정되지 않은 사건, 즉 L-자유의 예라고 주장한다.

그러나 만일 행위자의 사건이 선결정되지 않았다면, 그것은 단지 '우발적'이고 '무작위적'인 사건이라고 봐야 하지 않을까? 이 문제의식은 소위 '행운-반론luck-objection'으로 불리며, 사건-인과 자유론 진영에 제기된 가장 까다로운 반론이라고 판단된다. 행운-반론에는 가능세계 개념을 도입하여 전개하는 멜레식의 반론, 시간 역행 사고실험을 도입한 인웨건식의 반론, 극단적으로 행위자의 실종 위험성을 지적하는 페레붐식의 반론[21]이 있다. 이 중 인웨건식의 시간역행-반론을 철수의 예를 통해 제시하자면 다음과 같다.

역행-반론rollback-objection: 철수가 위와 같은 갈린 선택에서 마침내 서울로 이사 가는 선택을 했다고 해보자. 그리고 전능한 신이 있고 신이 시간을 100번 뒤로 돌려 철수가 같은 갈린 선택의 순간에 직면하게 한다고 가정해보자. 선택이 선결정되지 않았다면, 선택 1(서울행)과 선택2(대구에 머뭄)가 나올 확률은 각각 약 50% 정도일 것이다. 이는 결국 철수의 선택이 무엇이든 우발적이고 무작위적인 사

---

20 Balaguer (2010), p. 87 참조.

21 Afred Mele (1999), van Inwagen (2002), Pereboom (2001; 2004; 2007).

신경과학 시대에 인간을 다시 묻다

건임을 의미한다.

발라규어는 역행-반론에서 제시된 상황에서 선택1과 선택2가 나올 확률은 각각 50% 정도라는 데 동의한다. 그러나 그로부터 철수의 선택이 우발적이고 무작위적인 사건이라는 결론은 나오지 않는다고 주장한다. 첫째로, 어느 한 선택만 실현되는 상황보다 다른 선택이 실현되는 상황이 행위자의 자유로운 통제에 대한 이해와 더 잘 부합된다. 둘째로, 선택1과 2의 실현 가능성이 각각 50%라는 점보다 중요한 사실은 어느 쪽이든 행위자 철수의 의식적, 의도적, 목적지향적 사유의 결과물이라는 점에는 변함없다는 점이다. 각각의 선택에 철수의 의식적 이유와 사유가 있었고, 이는 곧 각 선택에 대한 철수의 장본인임과 통제가 반영된 결과라는 점에서 단순한 우발적이고 무작위적인 사건이 아니라는 것이다.[22]

4) 경험과학 문제로의 환원

발라규어식 자유론의 가장 큰 특징은 자유의지를 경험과학의 문제로 환원하려는 데 있다. L-자유의 존재 여부가 형이상학에서 가장 중요한 문제라면, 갈린 선택이 실제로 존재하는지 경험 과학적으로 접근해서 그 진위를 판별해야 할 문제라고 발라규어는 주장

---

22 발라규어는 철수의 다양한 선택 가능성이 자칫 '비합리적이고 변덕스러운' 성격을 갖는다는 우려에 내해 행위자의 선택을 '강한 힙리직 선딕'과 '약힌 합리적 선택'으로 구분한 다음, 자신의 이론에 '약한 합리적 선택'이 더 부합한다는 생각을 전개한다. 본 논문에서 이 문제를 상세히 다루지는 않겠다. Balaguer (2010), pp. 114-115 참조.

한다. 즉, 이전의 자유론자들이 이론적 일관성을 보여주려는 데 주력했다면, 발라규어는 과감하게 자유론의 검증 가능성을 주장하고 있다. 자유론이 옳으냐의 문제는 L-자유가 존재하느냐의 문제이고, 이 문제는 결국 L-자유를 가능하게 하는 갈린 선택이 실제로 존재하느냐의 문제로 귀결된다는 것이다.

위에서 언급했듯이, 갈린 선택은 두 개 이상의 선택지가 동등하게 행위자로 하여금 갈등을 일으키는 상황이며, 동시에 선결정되지 않은 행위자의 의식적 이유와 생각이 개입되어 '적절한 비무작위성'을 일으킬 수 있는 상황이다.

이러한 갈린 선택이 존재하는지의 여부는 경험과학적으로 열린 물음이다.[23] 발라규어는 신경과학의 발전이 이 물음에 대한 답을 줄 수 있을 거라고 예상한다. 동시에 현재 인류의 과학 수준은 이 문제에 대한 답을 내놓기에 많이 부족하다는 점을 지적한다.

3. 평가

발라규어식의 자유론은 '비물질적 실체', '행위자 인과력'과 같은 '추가 요인 전략extra-factor strategy'[24]을 사용하지 않는다는 점에서

---

23 Balaguer (2010), p. 166.

24 Robert Kane, *Free Will*, New York/Oxford: Oxford university press, 2005, p. 39

신경과학 시대에 인간을 다시 묻다

큰 장점을 지닌다. 왜냐하면, 추가 요인에 대한 가정 때문에 자유론은 곧잘 신비주의라는 오명을 받아왔기 때문이다. 게다가 개별자 동일성을 지지하면서, 자연주의 형태를 띤 자유론을 선보이고 있다. 마지막으로 동시대의 대표적인 사건-인과 자유론자인 케인의 이론과 비교하여 이론적으로 보다 간결하다는 점도 인상적이다. 그러나 다음과 같은 이유는 발라규어식 자유론의 설득력에 의심을 갖게 한다.

첫째, 갈린 선택의 존재 여부가 옳고 그름의 문제이며, 경험 과학적으로 판별 가능한 문제라는 발라규어의 견해는 그의 이론에서 중요한 역할을 하는 형이상학적 개념이나 명제에 일관성 있게 적용하기 힘들다. 우선, 비록 발라규어가 행위자-인과 자유론자는 아니지만, 모종의 행위자를 가정한다는 점에서 행위자agent라는 개념은 중요한 역할을 맡고 있다고 할 수 있다. 그러나 행위자라는 개념 자체가 경험과학의 탐구 대상이 아니다. 신경과학은 신경계의 해부학적, 신경생리학적, 기능적 특징을 연구할 뿐, 행위자의 존재론적 본성을 직접적으로 탐구하지 않는다. 만일 행위자 개념 자체가 경험과학의 탐구 대상이 될 수 없다면, '행위자가 연루된 비무작위성 agent-involving nonrandomness'[25] 같은 개념이나, 그런 개념이 포함된 명제 역시 그 진위가 경험 과학적으로 판별될 수 없다고 봐야 한다. 이를 '적용의 문제'라고 부르겠다.

둘째, 발라규어 스스로 인정하고 있듯, 그의 결론이 설득력을

___

참조.

[25] Balaguer (2010), p. 8.

얻으려면, 신경적 상태를 인간이 완전히 독해할 수 있어야 한다.

둘째, 우리가 어떤 신경 사건을 지칭하며 그것이 갈린 선택이라고 확신을 가지고 말할 수 있다면, 신경 사건의 어떤 특징이 선택된 옵션에 해당하는지도 말할 수 있어야만 할 것이다. 다르게 말해서, 우리는 그런 종류의 신경 사건을 자세히 볼 수look 있어야 하며 그런 후에 그것이 바닐라보다 초콜릿을 향한 선택인지 초콜릿보다 바닐라를 향한 선택인지, 아니면 그 무엇이건 간에 그 신경 사건을 읽어낼 수read off 있어야 할 것이다.[26]

발라규어는 각각의 신경 사건에 대한 독해가 불가능한 이유가 아직 과학 발전이 충분치 않기 때문이라고 생각한다. 그러나 발라규어가 개별자 동일성 이론token identity theory을 수용한다는 건, 특정한 심적 사건과 물리적 사건의 *유형적 동일성*을 부정한다는 걸 의미한다. 만일 심적 사건과 물리적 사건 간의 유형적 동일성이 불가능하다면, 개별적인 사건들 사이의 동일관계를 식별하는 일이 과연 가능할까? 이는 존재론적 문제라기보다 인식론적 문제다. 존재론적으로 개별적인 심적 사건과 물리적 사건이 같다고 해서, 그것으로부터 두 사건의 식별 가능성이 도출되지는 않기 때문이다. 위의 인용문에서 확인할 수 있듯, 발라규어 역시 이 문제를 인지하고 있으나 경험과학의 발전을 통해 해결 가능할 것으로 전망하고 있다.

---

26 Balaguer (2014), pp. 122-123.

이 '인식의 문제'가 과학 발전을 통해 해결할 수 없다고 봐야 하는 또 다른 이유는 '이유reason'의 존재론적 본성 때문이다. 이유는 추론reasoning이나 논증에서 특정한 역할을 맡으며, 명제로 표현된다.[27] 이유는 설명적explanatory, 인식적epistemic, 실천적practical 이유로 구분될 수 있다. 설명적 이유는 행위자가 왜 그런 선택 혹은 행위를 했는지에 대한 이유이며, 행위자가 가졌던 욕구desires나 동기motivations에 해당한다. 1980, 1990년대에 폭탄테러를 감행했던 유나바머Unabomber로 알려진 카진스키T. Kaczyski가 그런 범죄를 저지른 이유는 '기술문명 사회에 경고를 주고자 함'이었고, 이것이 그의 범행에 대한 설명적 이유다. 인식적 이유는 행위자가 갖고 있던 믿음beliefs에 해당한다. 카진스키가 폭탄 테러를 감행한 이유는 그것이 기술문명 사회에 경고를 주는 데 가장 효과적이라는 믿음을 가졌기 때문이다. 실천적 이유는 행위 이유를 정당화하는 사실facts과 관련된다. 내가 나의 애완견에게 닭 뼈를 주는 행위를 멈춰야 하는 이유는 닭 뼈 섭취가 개에게 치명적인 위협이 될 수 있다는 사실 때문이다. 설명적 이유와 인식적 이유는 각각 욕구와 믿음에 관련된 것으로 두뇌 상태로 환원 가능하거나, 두뇌 상태로부터 창발하는 '심적 상태mental states'다. 반면, 실천적 이유는 행위를 정당화하는 사실과 관련된 내용에 해당하므로, 두뇌 상태와 무관하다.[28] 즉, 아무리 두

---

27 Walter Sinnott-Armstrong, "What are reasons?" *Free Will: Philosophers and Neuroscientists in Conversation*, Uri Maoz & walter sinnott-armstrong (eds.), Oxford: Oxford University Press, 2022, p. 129.

28 Walter Sinnott-Armstrong (2022), p. 129.

뇌 상태를 관찰해도 '닭 뼈 섭취가 개에게 치명적이다'라는 사실은 확인할 수 없다.

어떤 행위의 경우 이 세 이유가 모두 복합적으로 작용한다. 암벽 등반을 하다가 급작스럽게 발생한 돌풍으로 내 옆에 있던 동료 한 명이 자신을 묶고 있던 로프가 끊어져 추락 위기에 처해 있다고 해보자. 그리고 이때 내가 그를 구해줄지 아니면, 먼저 정상에 올라가 위험에 처한 다른 동료를 구하기 위해 조처할지 갈린 선택에 직면한다고 가정해보자. 만일 내가 이 상황에서 로프가 끊어진 동료를 구하는 선택을 한다면, 이 선택에 친구를 구하고자 하는 욕구라는 이유가 개입하고, 나를 묶고 있는 로프가 두 사람의 무게를 견딜 것이라는 믿음이 개입할 것이다. 그리고 나와 연결된 로프가 바위에 깊숙이 박힌 철제구조물에 단단하게 연결되어 있다는 사실도 개입할 수 있을 것이다. 실천적 이유가 갈린 선택의 상황에 개입할 수 있음은 무엇을 의미하는가? 그것은 특정한 신경적 상태가 행위자의 의식적 이유와 사고로부터 나왔으며, 그런 의미에서 선결정적이지 않은 심적 사건이 특정 선택이 실현되는 확률을 증가시킨다는 의미에서 '적절한 비무작위성'이 발생하며, 이런 상태의 존재 여부가 경험 과학적으로 판별 가능하다는 발라규어의 생각이 옳지 않을 수 있음을 의미한다. 실천적 근거는 신경적 상태에 대한 관찰로는 인식 불가능하기 때문이다.

신경과학 시대에 인간을 다시 묻다

4. 결론

스스로 그렇게 평하고 있듯 발라규어의 사건-인과 자유론은 동시대 자유론자인 케인의 이론에 비해 간결하다는 매력을 지닌다.[29] 왜냐하면 케인의 자유론에는 '자기 형성적 행위self-forming actions'와 같은 복잡한 선험 논증이 핵심적이지만, 발라규어의 경우에는 갈린 선택의 존재 여부만 경험 과학적으로 확인해보면 된다고 보기 때문이다.

그러나 위에서 보았듯, '적용의 문제'와 '인식의 문제'가 발생한다. 발라규어는 '인식의 문제'를 인지하고 있으며, 과학 발전을 통해 극복 가능하다고 보고 있으나, 만일 선택의 이유에 '실천적 이유'가 존재하며, 특정 선택 행위에 개입한다면 어떤 신경 사건이 이유를 반영하는 심적 사건인지 확인하는 일은 원칙적으로 불가능하다.

---

29 Balaguer (2010), 3장에서 이를 강조하고 있다.

참고문헌

Balaguer, Mark, *Free Will as Open Scientific Problem*, Cambridge, Massachusetts: The MIT Press, 2010.

_____ , *Free Will*, Cambridge, Massachusetts: The MIT Press, 2014.

Bergson, Henri, *Essai sur les données immédiates de la conscience*, Paris: F. Alcan, 1889; translated as Time and Free Will, tr. F. L. Pogson, London: Allen and Unwin, 1889/1910.

Chisholm, Roderick, "Human Freedom and the Self," The Lindley Lectures. Copyright by the Department of Philosophy, University of Kansas, 1964.

Clarke, Randolph. "Toward a Credible Agent-Casual Account of Free Will," *Noûs* 27, 1993, 191-203.

_____ , 2003. *Libertarian Accounts of Free Will*, New York: Oxford University Press, 2003.

Ekstrom, Laura, *Free Will: A Philosophical Study*, Boulder, CO: Westview, 2000.

Franklin, Christopher, "Farewell to the Luck (and Mind) Argument," *Philosophical Studies* 156, 2011, 199-230.

Ginet, Carl, *On Action*, Cambridge: Cambridge University Press, 1990.

Goetz, Stewart, *Freedom, Teleology and Evil*, London: Continuum, 2008.

Kane, Robert, *The Significance of Free Will*, Oxford: Oxford University Press, 1996.

_____ , *Free Will*, New York/Oxford: Oxford University Press, 2005.

Liljenstroem, Hans, "Are any neural processes truly random (or stochastic)?" *Free Will: Philosophers and Neuroscientists in Conversation*,

신경과학 시대에 인간을 다시 묻다

Uri Maoz & walter sinnott-armstrong (eds.), Oxford: Oxford University Press, 2022.

Mele, Alfred, "Ultimate Responsibility and Dumb Luck," *Social Philosophy&Policy* 16, 1999, 274-293.

O'Connor, Timothy, "Agent-Causal Power," In Toby Handfield, ed., Dispositions and Causes, Oxford: Oxford University Press, 2009, 184-214.

Pereboom, Derk, *Living Without Free Will*, Cambridge: Cambridge University Press, 2001.

_____ , "Is Our Concept of Agent Causation Incoherent?" *Philosophical Topics* 32, 2004, 275-286.

_____ , "On Mele's Free Will and Luck," *Philosophical Explorations* 10, 2007, 163-172.

Reid, Thomas, "Essays on the Active Powers of Man," In Sir William Hamilton (ed.), The Works of Thomas Reid, Hildesheim: G. Olms Verslagsbuchhandlung, 1788/1983.

Sinnott-Armstrong, Walter, "What are reasons?" *Free Will: Philosophers and Neuroscientists in Conversation*, Uri Maoz & walter sinnott-armstrong (eds.), Oxford: Oxford University Press, 2022.

Taylor, Richard, *Metaphysics*, Englewood Cliffs, NJ: Prentice Hall, 1974.

van Inwagen, Peter, "Free Will Remains a Mystery," *Philosophical Perspectives* 14, 2000, 1-19.

제10장

섹스로봇은 인격적 동반자가 될 수 있는가: '상징-결과 논변'에 대한 반론

1. 서론

　일본인 나카지마 센지는 '사오리'라는 이름의 리얼돌real doll[1]과 함께 살고 있다. 그는 사오리를 성적 해소 목적으로 샀지만, 어느 순간부터 사오리와 동반자 관계를 갖기 시작했다고 하며, "그녀(리얼돌)는 절대 배신하지 않는다. 나는 현대의 인간관계에 대해 피로감을 느낀다"라고 인터뷰에서 밝힌 바 있다.[2] 센지 외에도 리얼돌과 혼인 관계를 포함해 넓은 의미에서의 동반자 관계를 맺고 있는 사례가 해외 언론을 통해 보도된 바 있다.[3]

　위의 사례처럼 리얼돌이 인간과 동반자 관계가 될 가능성이 있음에도 불구하고, 국내에서는 리얼돌 수입 및 판매, 그리고 소위

1　통상적으로 성적 욕구를 해소하기 위한 사람 모양으로 제작 및 판매되는 인형을 '리얼돌 (real doll)' 혹은 '섹스돌(sex doll)'이라고 부르며, 본 논문에서는 '리얼돌'이라는 명칭을 사용하기로 한다. 섹스봇(sex bot)은 인공지능이 탑재된 성인용 로봇을 의미한다. 섹스봇의 경우 탑재되는 인공지능의 종류와 레벨(level)에 따라 천차만별의 종류가 가능할 것이다.

2　'리얼돌'과 사랑에 빠져 동거 중인 60대 남성, https://www.dispatch.co.kr/941093 (2017. 10. 11.)

3　데이브캣(Davecat)은 세계 최초로 생산된 리얼돌에 시도레(sidore)라는 이름을 주고, 10년 넘게 동거하고 있다. 시도레와 결혼한 데이브캣에게 시도레는 이미 단순한 성기구 이상의 의미를 가진다. Sven Nyholm and Lily Eva Frank, "From Sex Robots to Love Robots: Is Mutual Love with a Robot Possible?," *Robotsex. Social and Ethical Implications*, J. Danaher and N. McArtur (eds.), Cambridge: The MIT Press, 2017, p. 219. 물론 리얼돌이 아닌 로봇이기는 하지만 자신이 만든 여성과 약혼하여 동거하는 여성의 사례도 있다. "로봇과 결혼"… 직접 만든 로봇과 사랑에 빠진 여성, https://m.etnews.com/20161227000386?obj=Tzo4OiJzdGRDbGFzcyI6Mjp7czo3OiJyZWZlcmVyIjtOO3M6NzoiZm9yd2FyZCI7czoxMzoid2ViHRvG1vYmlsZSI7fQ%3D%3D (2016. 12. 28.)

'리얼돌 체험방'을 둘러싼 문제로 사회적 혼란과 갈등을 초래하는 골칫덩어리 신세를 면치 못하는 것처럼 보인다.

그러나 문제는 그리 간단하지 않다. 인공지능이 탑재된 인간형 로봇, 즉 휴머노이드가 개발되어 일상생활 영역의 다양한 분야에서 활용되면, 인간과 로봇 사이의 관계는 단순한 성적 만족을 위한 '사용자-도구' 관계를 넘어설 것으로 예상되기 때문이다. 로봇 회사인 핸슨 로보틱스Hanson Robotics에서 2015년 휴머노이드 소피아를 선보였다. 소피아는 60가지가 넘는 다양하고 미세한 표정 변화로 정서적 교감이 가능하며, 인간과 실시간으로 음성 대화도 할 수 있고, 피부는 프러버frubber라는 특수 실리콘 소재로 되어 있어 인간의 그것과 흡사하다. 자칫 인간과 구분하지 못할 수도 있어 머리에 가발을 일부러 씌우지 않는다고 할 정도이다. 그런데 핸슨 로보틱스는 '소피아'를 비롯해 4종을 2021년에 대량생산하겠다고 발표했다. 회사 측에서는 코로나19 사태로 인간관계가 협소해져 외롭거나 도움을 원하는 사람들이 늘었으며, 휴머노이드[4]가 그들에게 큰 도움을 줄 것이라 기대하고 있다.[5] 소피아와 같은 수준의 인공지능이 탑재된 휴머노이드들은 다양한 현장에서 인간과 상호작용을 할 것으로 전망된다.

위와 같은 사실이 의미하는 바는 다음과 같다. 첫째, 현재의 리얼돌은 휴머노이드로 발전될 것이다. 둘째, 휴머노이드는 단순한

---

4 이하 휴머노이드는 '인공지능이 탑재된 인간형 로봇'의 의미로 사용하기로 한다.

5 "홍콩업체 휴머노이드 '소피아', 팬데믹 맞아 인간 근로자 대신?" https://www.irobotnews.com/news/articleView.html?idxno=23793 (2021.01.01.)

신경과학 시대에 인간을 다시 묻다

성기구를 넘어서 우리와 어떻게든 '인격적 관계'를 맺게 될 것이다. 이러한 이유로 휴머노이드에 대한 우리의 생각을 다시 정립할 필요가 있다. 즉, 휴머노이드의 '존재론적 지위ontological status'가 무엇인가에 대한 물음과 인간과 휴머노이드는 원칙적으로 어떤 관계를 맺을 수 있는가에 대한 재고찰이 절실하다.

아래에서는 우선 리얼돌을 포함한 섹스봇sexbot에 대한 부정적인 견해를 대표하는 '상징-결과 논변symbolic-consequences argument(이하 SC-논변)'을 비판적으로 고찰할 것이다. 특히 리얼돌이 여성상을 왜곡하므로 금지되어야 한다고 주장하는 윤지영(2020)의 논문을 비판적으로 고찰해보고자 한다. 왜냐하면, 휴머노이드가 지닌 '능력들'은 리얼돌의 그것을 포함하는 것일 수 있지만, 그 역은 불가능하므로, 리얼돌을 둘러싼 부정적인 시각은 그대로 휴머노이드에게도 옮겨갈 가능성이 있기 때문이다.[6]

2. 상징-결과 논변

SC-논변은 섹스봇을 반대하는 입장의 대표적인 논변으로 알려져 있다. 그러나 위에서 언급했듯, 섹스봇의 기능이 리얼돌의 그것

---

6   섹스봇의 전원을 끄면 리얼돌과의 기능 차이가 사라지게 될 것이다.

을 포함한다면, 그대로 리얼돌에 대한 반대 입장에도 적용될 수 있다. SC-논변은 다음과 같은 논증 구조를 기반으로 한다.

(1) 섹스 로봇은 윤리적으로 문제가 있는 성적 규범을 상징적으로 보여준다represent/보여줄 수 있다(상징성 주장Symbolic Claim).

(2) 만일 섹스 로봇이 윤리적으로 문제가 있는 성적 규범을 상징적으로 보여준다면(줄 수 있다면), 그것의 개발과 사용(개발 혹은 사용)은 부정적인 결과를 가져올 것이다(결과 주장Consequential Claim).

(3) 그러므로 섹스 로봇의 개발과 사용(개발 혹은 사용)은 부정적인 결과를 가져오고, 우리는 이에 대해 어떤 조치를 내려야 한다(경고 결론Warning Call Conclusion).[7]

위 논변은 우선 섹스봇(리얼돌 포함)이 하나의 상징으로서 우리 사회에 자리 잡을 수 있으며, 그것이 윤리적으로 문제가 있는 성적 규범을 보여주는 상징일 수 있음을 주장한다. 가령, 어린아이 모습 혹은 유명 연예인의 모습을 한 섹스봇의 경우가 그러하다. 더 나아가 상호 합의consent가 가능하지 않아 주로 여성의 모습을 한 섹스봇을 상대로 강압적이고 일방적인 성관계가 실현될 수도 있다. 두 번째로 위 논변은 섹스봇의 상징성이 우리 사회에 부정적인 결과를 초래함을 주장한다. 섹스봇을 매개로 실현되는 강제적이고 일방적

7　John Danaher, "The Symbolic-Consequences Argument in the Sex Robot Debate," *Robotsex. Social and Ethical Implications*, J. Danaher and N. McArtur (eds.), Cambridge: The MIT Press, 2017, p. 107.

인 성관계는 그대로 여성과의 관계에까지 실현될 여지가 커지며, 여성에 대한 왜곡된 시각을 견고하게 만들 위험이 커질 것이다. 어린아이의 모습을 한 섹스봇 제작 및 판매의 경우 소아성애와 같은 범죄행위 역시 부추길 위험을 초래한다. 따라서 위 논변은 섹스봇의 생산 및 판매를 원칙적으로 금지해야 한다고 결론 내린다.

윤지영(2020)은 국내 연구자 중 SC-논변을 잘 보여주는 대표적인 저자라고 판단된다.[8] 그에게 리얼돌이란 단지 "여성의 신체 형상을 머리부터 발끝까지 고도로 모사해낸 여성-유사물"이며, "여성을 남성의 욕망규준에 알맞게 조작, 변경한 허상illusion"[9]에 불과하다. 게다가 리얼돌은 "섹슈얼리티를 궁극적으로 남성의 자위 행위에 불과한 것으로 축소시킨다는 점에서, 남성의 성적 유아론을 구축하는 장치"[10]에 불과하다. 그의 입장에서 SC-논변은 다음과 같은 논리 구조에 의해 분명해진다. 그에게 리얼돌은 현실의 여성이 아닌 남성의 비현실적인 환상만을 반영하는 여성 시뮬라크르Woman simulacra[11]다. 텅 빈 그릇과 같은 리얼돌은 남성의 왜곡된 성적 환상으로 채워지며, 여성을 성적 사물화의 대상으로 격하시킨다. 이는 윤리적으로 옳지 않은 성 규범을 상징적으로 반영한다. 왜

---

8   국외의 경우 다나허(danaher)가 구티유(Gutiu), 리처드슨(Richardson), 그리고 다나허 본인의 논문을 '상징-결과 논변'으로 분석한 바가 있다[John Danaher (2017), pp. 107-110 참고]. 비록 국내 철학계에서는 아직까지 리얼돌 및 섹스 로봇 관련 논문이 많이 출간되지는 않았으나, 본 논문에서는 국내 논문을 주요 분석 대상으로 삼아보았다.

9   윤지영, 「리얼돌, 지배의 에로티시즘: 여성신체 유사 인공물에 기반한 포스트 휴먼적 욕망 생태학 비판」, 『문화와 사회』 제28권, 한국문화사회학회, 2020, 7쪽.

10   윤지영(2020), 같은 쪽.

11   윤지영(2020), 19쪽.

냐하면, '일방적 방식으로 구조화된 성욕은 여성의 신체를 남성이 삽입구나 배설그릇으로 인식하거나 남성의 욕망만을 유일한 욕망의 형태로 여기고 여성에 대한 일방성과 공격성을 정당화하고 강화하는 것"[12]에 지나지 않기 때문이다. 즉, 리얼돌의 존재 자체는 남성의 이기적이고, 유아적이며, 강압적인 성적 욕망의 상징 이외에 아무것도 아니다. 그런 이유로 그는 2019년 리얼돌의 수입, 판매 허가를 허용한 대법원의 판결에 유감을 표하며, 남성중심적인 욕망 생태학의 극복을 위한 연대를 옹호한다.[13] 결론적으로 윤지영의 SC-논변 구조[14]는 다음과 같다.

> (가) 리얼돌(섹스봇 포함)은 윤리적으로 문제가 있는 성적 규범을 상징적으로 보여준다represent/보여줄 수 있다. 왜냐하면, 1) 리얼돌은 여성을 성적 사물화의 대상으로 고착화시키며, 2) 남성의 이기적이고, 유아적이며, 강압적인 성 욕망의 산물에 불과하기 때문이다(상징성 주장). (나) 1)은 현실의 여성들에게 부정적인 영향을 초래한다(결과 주장). (다) 따라서 리얼돌의 생산 및 판매는 금지되어야 한다(경고 결론).

---

12 윤지영(2020), 32쪽.

13 윤지영(2020), 58-59쪽.

14 윤지영의 SC-논변은 다나허가 분석한 구티유의 그것과 매우 비슷하다. 구티유는 섹스봇의 외모, 옷차림, 목소리, 움직임 등이 남성중심적이며, 상호간의 대화나 존중을 무시한 채 강간에 대한 환상이나 신화를 허용하는 성기구에 불과하다고 주장하며, 섹스봇의 사용은 현실 속의 여성에게 해악을 미칠 것이라고 본다. John Danaher (2017), p. 109.

과연 윤지영의 SC-논변은 타당한 논변인가? 더 나아가 건전한 논변인가? 아래에서 이 물음에 대한 답을 찾아보고자 한다.

3. 반론

1) 경험적 반론

윤지영의 SC-논변은 리얼돌을 실제로 사용하는 사용자, 특히 남성 사용자의 현실을 잘 반영하고 있는가? 실제로 남성 사용자들에게 리얼돌은 이기적이고, 유아적이며, 강압적인 성 욕망의 분출구에 불과한가?

리얼돌의 판매가 시작된 지 전 세계적으로 그리 오래되지 않았기 때문에 사용자들을 대상으로 한 통계 자료가 아직 많지 않다. 그런 점에서 더럼durham 대학의 랭케스터-제임스langcaster-james와 밴틀리bentley의 연구는 중요하다고 할 수 있다.[15] 이들은 두 개의 온라인 리얼돌 커뮤니티 포럼에서 실제 리얼돌을 구입하여 사용하고 있는 83명의 사용자들을 대상으로 설문조사를 했다.[16] 참고로 83명의 사

---

15 게다가 이 자료는 한국에서 문제되고 있는 소위 '리얼돌 체험방' 이용자가 아닌 리얼돌을 소유하고 있는 사람들을 대상으로 하고 있다는 점에서 중요한 의의를 갖는다고 할 수 있다.

16 이하 설문조사 내용은 Mitchell Langcaster-James and Gillian R Bentley, "Beyond

용자 중 북미 거주자가 70%로 가장 많았고, 시골보다는 도시 거주자가 많았으며, 독신의 비율이 49.4%로 가장 높게 나왔다. 트랜스젠더 등을 제외하면 남성 사용자가 75명이고 여성 사용자가 3명으로 나왔다. 이성애자가 양성애자 등에 비해 88%로 압도적으로 높았고, 연령대는 45~59세가 45.8%로 가장 높았다. 대학 교육을 받은 경우가 30.1%로 고학력자의 사용 비율이 상대적으로 높게 나왔다.

중요한 점은 자신의 리얼돌과 주로 어떤 관계core relationship를 맺고 있는지에 대한 설문이었다(중복체크 허용). 설문 결과 리얼돌과 성적인 관계를 맺는 경우가 77.1%로 가장 높았으나, 동반자 관계companionship를 맺고 있다고 답한 경우도 56.6%로 높게 나왔다. 그리고 애정loving을 느낀다고 답한 경우도 46%나 되었다. 그리고 자신의 리얼돌을 어떻게 보는지에 대한 물음에는 애인lover이 43.8%로 42.5%가 나온 동반자companion보다 근소하게 앞서 있다. 반면 장난감toy이라고 답한 경우는 31.3%로 애인과 동료보다 낮게 나왔다. 이는 인공지능이 탑재되지 않은 리얼돌조차도 단순한 도구나 장난감 정도로 보지 않는다는 점을 암시해주는 결과이다. 마지막으로 흥미로운 결과는 리얼돌이 단순히 성적 욕구 충족만을 위해 사용되기보다는 훨씬 그 쓰임이 다양하다는 점이다. 실제 여성과의 만남으로 공황장애panic attack를 겪는 한 이용자나 양극성 감정장애biopolar disorder를 앓고 있는 한 이용자의 경우 그를 통해 마음의 위안과 새로운 삶을 위한 희망을 꿈꾸고 있다. 이는 리얼돌이 정신 건강과 치

---

the Sex Doll: Post-Human Companionship and the Rise of the 'Allodoll'", *Robotics* 7(4), 2018에서 인용된 것이다.

신경과학 시대에 인간을 다시 묻다

유 효과의 가능성을 갖고 있음을 보여주는 사례라고 할 수 있다. 또한 리얼돌을 모델 삼아 새로운 헤어 스타일을 창조하거나 새로운 패션을 실현시키고, 사진을 촬영하는 취미 활동은 리얼돌의 사용에 대한 SC-논변 옹호자들의 이해가 지나치게 일방적이라는 점을 말해준다.

실제 사용자들의 설문조사 결과는 윤지영식의 SC-논변이 주장하는 리얼돌에 대한 이해와 들어맞지 않는다.[17] 리얼돌은 단순히 남성의 전유물도 아니며, 남성중심적인 이기적이고 강압적인 성 욕망의 결과물도 아니다. 윤지영이 든 '사만다 사례'[18]는 일렉트로닉스 축제 중에 일어난 사건으로 남성의 공격적[19]이고 일방적인 성 욕망을 보여주는 적절한 사례일 수 없다. 또한 여성의 성기구가 자신의 신체가 느끼는 바에 집중하는 반면, 남성의 그것은 여성의 구체적인 시각적 형상화를 반영하므로 여성의 사물화에 일조한다는 비난은 남성과 여성의 성적 충동의 생물학적 차이를 간과한 결론이다. 일반적으로 여성에게 성관계의 맥락과 이야기가 중요하지만, 남성에게는 그런 요소가 중요하지 않거나 부차적이라는 특징은 심

---

17 이는 모든 형태의 SC-논변에 해당하는 결론이다.

18 2017년 9월 오스트리아 린츠에서 열린 아트 일렉트로닉스 축제에서 인공지능 섹스봇인 사만다가 남성 관람객들에 의해 심각하게 훼손된 사건을 말함.

19 남성의 성적 성향이 과연 '공격적'인지에 대해서는 심리학적, 사회학적 연구결과가 필요하다. 최근 한국 사회 내에서는 기존의 남녀 사이의 성 역할이 변화하고 있다. 물론 이런 변화의 면모를 좀 더 알기 위해서는 역시나 문화, 사회학적 연구가 필요할 것이다. 더 나아가 일렉트로닉스 축제의 사만디 시례의 경우 실리콘 기반으로 된 피부가 사용자의 부주의함으로 상한 경우라고 중립적으로 볼 수 있는 가능성이 있다. 이런 이유로 '사만다 사례'가 남성의 성적 공격성을 보여주는 대표적인 사례라고 볼 수 없다.

리학뿐만 아니라 fMRI를 통한 신경과학적 연구결과[20]에 의해서도 뒷받침되고 있다. 생물학적 차이는 그 자체로 가치 중립적이며, 타인에게 피해를 주지 않는 한 윤리적(법적)인 비난의 주제가 될 수 없다.

물론 랭케스터-제임스와 벤틀리가 제시한 통계자료가 전체 사용자에 대한 대표성을 지니는지에 대한 의문이 생길 수 있다. 그러나 로봇이나 인간을 닮은 인공물을 의인화하려는 인간의 특성[21]을 고려해본다면, 적어도 리얼돌을 대하는 태도나 방식과 관련하여 이후에 나올 통계자료들과 약간의 수치 차이는 생길 수 있으나, 결정적인 차이는 생기지 않을 거라 전망한다.

2) 논리적 반론

위에서 SC-논변은 '상징성 주장'과 '결과 주장'을 두 개의 전제

---

20 WS Chung, SM Lim, JH Yoo and H Yoon, "Gender difference in brain activation to audio-visual sexual stimulation; do women and men experience the same level of arousal in response to the same video clip?" *International Journal of Impotence Research* 25, 2013 참조.

21 로봇 개발기업 '보스턴 다이내믹스(Boston Dynamics)'가 4족 보행로봇 '빅도그'를 만들고 실험을 위해 일어선 로봇을 발로 차서 넘어트리는 영상이 공개되고 수많은 비난의 댓글이 달린 경우가 그 대표적인 사례라고 할 수 있다["로봇 넘어뜨렸다고 비난 쇄도"(2016. 6. 14), https://www.sciencetimes.co.kr/news/%EB%A1%9C%EB%B4%87-%EB%84%98%EC%96%B4%EB%9C%A8%EB%A0%B8%EB%8B%A4%EA%B3%A0-%EB%B9%84%EB%82%9C-%EC%87%84%EB%8F%84/]. 그리고 지디넷코리아에서 2020년 12월 20~50대 남녀 3,777명을 대상(1천 명 대답)으로 조사한 결과에서 81.0%가 인공지능 혹은 인공지능이 탑재된 로봇에 욕을 하거나 성적 농담을 해서는 안 되고 사람처럼 대우해줘야 한다고 답했다["[핫문쿨답] AI한테 욕해도 될까? … 1000명한테 물어보니"(2021. 1. 13), https://zdnet.co.kr/view/?no=20210113115 531&from=pc].

로 하고, '경고 결론'을 결론으로 하고 있음을 언급했다. SC-논변의 치명적인 논리적 난점은 두 전제에서 결론이 필연적으로 도출되지 않는다는 데 있다. 왜냐하면, 다나허가 지적하고 있듯이, 사회적으로 문제가 될 수 있는 리얼돌의 생산 및 판매에 대해서는 '제거removability'와 '개선reformability'의 가능성[22]이 존재하기 때문이다.

윤지영이 적절하게 지적하고 있듯이 2019년 "중국 섹스산업 박람회"에서 갓난아기 리얼돌을 전시 및 판매한 사례는 우리 사회가 허용할 수 없는 도덕적, 법적으로 옳지 않은 사례다. 소아성애는 성적 결정권이 없는 세대에 직접적이고 치명적인 해악을 미친다는 점에서 결코 가치중립적으로 판단할 수 없는 욕구라고 할 수 있다. 또한, 특정 연예인의 모습을 한 리얼돌이나 섹스봇은 초상권을 침해한다는 점에서 명백한 범죄다. 그러나 이 문제들은 얼마든지 한 사회 내에서 규제와 통제가 충분히 가능한 문제들이다. 따라서, SC-논변이 주장하듯 리얼돌이 윤리적으로 잘못된 성적 규범을 드러내는 상징이 될 수 있고, 그를 통해 사회적으로 해악을 미칠 수 있음이 사실이라고 해도, 그로부터 리얼돌 자체의 생산 및 판매를 원칙적으로 금지해야 한다는 결론은 나올 수 없다. 즉, SC-논변은 타당한 논변이 아니다.

그렇다면, 리얼돌이 여성을 성적 사물화의 대상으로 진락시킨다는 주장은 어떠한가? 윤지영은 마샤 너스바움Martha Nussbaum과 레이 랭톤Rae Langton의 의견을 종합하여 모두 10가지 사물화 요소를

---

22 John Danaher (2017), p. 120.

언급한다.

　　"1. 수단화: 사물화를 진행하는 자의 목적을 위한 도구로 오직 취급하는 것. 2. 자율성의 부인: 자율성과 자기 결정이 부족한 이로 취급하는 것. 3. 불활성: 행위성이 결여되어 있으며 활동을 하지 않는 것으로 취급하는 것. 4. 대체 가능성: 다른 물건과 상호 교환, 대체 가능한 이로 취급하는 것. 5. 침해 가능성: (인격적) 경계의 온전성이 결여된 자로 취급하는 것. 6. 소유권: 다른 사람에 의해 소유되거나 구매 또는 판매 가능한 것으로 취급하는 것. 7. 주체성의 거부: 한 사람의 경험과 감정을 전혀 고려할 필요가 없는 것으로 취급하는 것." "8. 몸으로의 환원: 몸이나 몸의 부분들로 동일시되도록 취급하는 것. 9. 외형으로의 환원: 우선적으로 그들이 어떻게 보이는지, 또 감각에 의해 어떻게 나타나는지에 따라 취급하는 것. 10. 침묵시키기: 말할 수 있는 능력이 결여된 침묵 상태로 취급하는 것."[23]

이 요소들이 사물화를 이해하는 데 필요한 조건들이라면, 적어도 위의 통계자료에 근거하여 이미 몇 가지 조건에 들어맞지 않는다는 것을 알 수 있다. 많은 사용자가 자신의 리얼돌을 단순한 성기구로 보지 않고, '동반자'로 대하며, '애인'이라고 부른다는 점을 확인했다. 이는 이들이 자신의 리얼돌을 단순히 성적 목적을 위한 수단으로 삼지 않음을 의미하며, 따라서 적어도 '1. 수단화', '7.

23　윤지영(2020), 23-24쪽.

주체성의 거부' 등은 들어맞지 않는다. 그리고 소피아와 같은 수준의, 더 나아가 그 이상의 인공지능이 탑재된 휴머노이드가 등장한다면, 인간과 '지적인 대화', '보다 더 내밀한 언어적 교감'이 가능해질 것이다. 소피아의 경우 2017년 10월 사우디아라비아로부터 시민권을 획득한 바 있으며, 해외 방문을 할 경우, 필요시 비자 발급을 받게 된다. 소피아는 더 이상 '프로그램된 기계'가 아닌 것이다. 섹스봇의 경우 외모뿐만 아니라 성격, 취향 등의 개인성을 구현하여, 스스로 파트너를 선택할 수 있는 자율성을 부여하면 '2. 자율성의 부인', '7. 주체성의 거부'와 같은 조건은 적용되지 않게 된다. 또 지적인 대화가 가능한 인공지능이 탑재된다면, 단순히 외형적인 매력을 넘어 지적인 매력도 갖추게 되므로 '9. 외형으로의 환원', '10. 침묵시키기' 조건은 적용되지 않게 된다. 그리고 인간 파트너가 강제적인 성관계를 시도할 경우 경고를 내리고, 더 극단적인 경우 사용자에게 모종의 불이익을 주는 방식으로 설계된다면, '3. 불활성' 조건도 적용되지 않는다.

따라서, 리얼돌을 단순히 사물화의 대상으로 간주하는 윤지영 식의 SC-논변을 구성하고 있는 첫 번째 전제인 '상징성 주장'은 옳지 않으며, 리얼돌의 사용이 실제 여성에게 부정적인 결과를 초래할 수 있다는 '결과 주장' 역시도 설득력이 없다고밖에 할 수 없다.[24] 즉, 건전한 논변이 아니다.

---

24 구체적으로 어느 정도까지 휴머노이드가 자율성과 주체성을 가진다고 할 수 있는가에 대한 문제는 후속 논문을 통해 구체적으로 다루기로 한다.

4. 결론

자신의 조각상을 사랑한 나머지 결국 신의 도움으로 인간이 된 조각상에게 '갈라테아'라는 이름을 주고 결혼한 피그말리온Pygma-lion 신화부터 피노키오Pinocchio와 같은 동화와 2014년 개봉한 영화 'Her'까지 인간은 자신이 만든 인공물과의 다양한 교감과 정서적 체험을 상상하고 표현해왔다. 그리고 인공지능과 로봇 산업의 발전으로 인류의 오랜 꿈은 현실로 다가왔다. 소피아의 제조사인 핸슨 로보틱스는 2021년 소피아와 같은 수준의 인공지능이 탑재된 휴머노이드 4종을 대량생산하겠다고 발표했다. 휴머노이드를 통해 코로나19로 외로워하거나 관계적 고립을 겪는 이들에게 도움을 줄 수 있다는 이유 때문이다.

랭케스터-제임스와 벤틀리는 리얼돌의 사용자들이 자신의 리얼돌은 단순히 성적 만족의 도구로만 사용하지 않는다는 위의 설문조사 결과를 고려하여 섹스돌 대신에 '알로돌allodoll'이란 명칭으로 부를 것을 제안한다.[25] 알로돌은 성적 만족을 주는 목적 이외에 인간과 준사회적 관계parasocial relation를 맺을 수 있는 능력을 지닌 인공물이다. 물론 인공지능이 탑재된 로봇의 경우를 통칭하는 새로운 명칭이 필요할 것이다.[26] 여기서 중요한 점은 소위 '튜링 테스트turing

---

25 Lancaster-James, Mitchell and Bentley, Gillian R., "Beyond the Sex Doll: Post-Human Companionship and the Rise of the 'Allodoll'" (*Robotics*, 2018) 참조.

26 필자는 후속 논문을 통해 인공지능이 탑재된 휴머노이드에게 '대행인격'의 지위를 부여해

test'에 통과할 정도로 정교한 의사소통 능력과 유일무이한 개성을 갖춘 휴머노이드가 등장하면, 인간과 맺을 수 있는 관계의 폭이 지금보다 훨씬 확장되고 또 깊어질 것이라는 점이다.

SC-논변은 건전한 논변일 수 없음을 알아보았다. 그러나 SC-논변의 '경고 결론'은 여전히 우리 사회가 고민해야 할 문제를 보여주며, 이 문제를 극복할 수 있음을 전제로 해서만 SC-논변의 반론이 설득력을 얻는다는 점을 기억해야 한다. 즉, 리얼돌을 포함하여 휴머노이드를 대하는 윤리적 가이드라인을 마련해야 하며, 소아성애 등과 같은 반사회적 욕구가 반영되는 인공물을 생산하고 유통할 수 없도록 하는 법안 마련[27]이 필요할 것이다.

야 한다는 내용을 다루고자 한다.

27 가령, 백수원은 섹스봇에 대한 무조건적인 금지나 규제가 아닌 생산·이용·폐기 전(全) 단계에 걸쳐 구체적인 매뉴얼을 통해 기술적·제도적·관리적 통제가 이루어질 수 있도록 설계되는 것이 바람직하다는 입장을 제시하고 있다[백수원, 「진자인격체로서 반려로봇(섹스로봇)의 규제 기준 마련을 위한 시론적 고찰」, 『법학논총』 32(3), 국민대학교법학연구소, 2020 참조].

참고문헌

백수원, 「전자인격체로서 반려로봇(섹스로봇)의 규제 기준 마련을 위한 시론적 고찰」, 『법학논총』 32(3), 국민대학교법학연구소, 2020.

윤지영, 「리얼돌, 지배의 에로티시즘: 여성신체 유사 인공물에 기반한 포스트 휴먼적 욕망 생태학 비판」, 『문화와 사회』 제28권 1호, 한국문화사회학회, 2020.

Chung, WS., Lim, SM., Yoo, JH., and Yoon, H., "Gender difference in brain activation to audio-visual sexual stimulation; do women and men experience the same level of arousal in response to the same video clip?" *International Journal of Impotence Research* 25, 2013.

Danaher, John., "The Symbolic-Consequences Argument in the Sex Robot Debate", *Robotsex. Social and Ethical Implications*, J. Danaher and N. McArtur (eds.), Cambridge: The MIT Press, 2017.

Langcaster-James, Mitchell and Bentley, Gillian R., "Beyond the Sex Doll: Post-Human Companionship and the Rise of the 'Allodoll'," *Robotics* 7(4), 2018.

Nyholm, Sven and Frank, Lily Eva., "From Sex Robots to Love Robots: Is Mutual Love with a Robot Possible?" *Robotsex. Social and Ethical Implications*, J. Danaher and N. McArtur (eds.), Cambridge: The MIT Press, 2017.

Peplau, Letitia A., "Human Sexuality: How Do Men and Women Differ?" *CURRENT DIRECTIONS IN PSYCHOLOGICAL SCIENCE*, 12(2), 2003.

신경과학 시대에 인간을 다시 묻다

제11장

구성 이론의 응용 I:
부활체 문제

"몸을 경멸했던 그리스도교는 지금까지 인류 최대의 불행이었다."
- 프리드리히 니체, 『우상의 황혼』, 어느 반시대적 인간의 편력 47.

"이르되 갈릴리 사람들아 어찌하여 서서 하늘을 쳐다보느냐
너희 가운데서 하늘로 올려지신 이 예수는 하늘로 가심을
본 그대로 오시리라 하였느니라"

- 사도행전 1:11

"부활이 기적적인 이상, 우리는 부활에 대한 완전한 철학적 설명을
기대할 수 없다. 뭔가 미스터리한 것이 늘 남겨질 것이기 때문이다.
부활에 대한 믿음과 일치하고, 그것에 적합한 형이상학을
희망해보는 것이 우리가 희망할 수 있는 최상의 것이다."

- 베이커, "인격과 부활의 형이상학" 중에서

1. 부활과 인격 동일성

기독교 교리의 핵심 중 하나는 바로 부활(영: resurrection, 독: Auferstehung)에 대한 믿음이다. 부활은 십자가에 못 박혀 돌무덤에 묻힌 예수를 통해 발생한 하나의 사건이다. 신약은 예수 그리스도를 믿는 사람도 예수처럼 부활하게 될 것이라고 말하고 있다. 부활은 하나의 사건이고, 하나님의 약속이며, 그 전체 과정의 메커니즘이 밝혀지지 않은 기적이다.

그러나 부활은 믿음의 문제이기만 하지 않다. 대부분의 신학적 문제들이 그러하듯이, 우리의 지성을 통해 합리적으로 이해해볼 수 있는 부분이 있기 때문이다. 부활을 하나의 형이상학적 문제로 보면, 부활 문제의 독특함과 난해함이 어디에 있는지 알 수 있다. 우선, 부활의 문제는 인간론의 문제와 직결되어 있다. 부활의 대상은 일차적으로 나무, 꽃, 고양이 등이 아닌 나 자신이다. 만일 그렇다면, '존재론적으로 부활되는 대상 X는 정확히 무엇인가?'라는 물음이 발생한다. 누군가가 "그 X는 바로 나 자신이다"라고 말한다고 해도 물음은 여전히 남는다. "'나 자신'이 지칭하는 것은 무엇인가?"라고 물을 수 있기 때문이다. 잘 알려진 바와 같이, 데카르트는 '사유하는 것res cogitans'을 '신체corpus'와 구분함으로써 이 물음에 답을 제시했다. 그러나 이미 확인해보았듯, 데카르트의 이원적 인간론은 실패로 돌아갔다.

부활 문제를 난해하게 만드는 또 다른 문제는 바로 인격 동일성의 문제the problem of personal identity다.

> PPI: 한 인격이 시간이 경과함에 따라 신체적·심리적 변화에도 불구하고 동일한 인격이라면, 어떻게 그것을 알 수 있겠는가? 시점 t_1과 t_2의 인격이 동일하다고 할 때, 그 기준은 무엇인가?

PPI를 부활체의 문제와 연결시키면 다음과 같다. 만일, 부활되기 전의 대상을 X_1이라고 하고, 부활되고 난 후의 대상을 X_2라고 할때, 'X_1이 X_2와 동일하다는 것을 어떻게 알 수 있는가?'라는 문제가 발생한다. 가령, 아브라함이 부활한다면, 부활한 아브라함이 부활전의 그 아브라함과 동일한 아브라함이라는 것을 어떻게 알 수 있는가? 또 그 기준은 무엇인가?

2. 유아주의와 죽음의 에토스

실체 이원적 인간론에서 인간은 영혼과 신체라는 두 부분으로 구성되어 있으며, 이 중에서 영혼이 본질적인 부분으로 간주된다.[1] 인격의 동일성은 곧 영혼의 동일성이다. 그러나 우리가 생물학적인

---

1 Swinburne, *The Revolution of the Soul*, Oxford: Oxford University Press, 1997), p. 146.

신경과학 시대에 인간을 다시 묻다

유기체로 태어나 자기의식을 가지고, 본능이나 감정에 의해서가 아니라 숙고를 통한 의식적 선택을 할 수 있는 존재, 즉 인격으로 성장해가는 데 있어서 몸은 필수다. 또한 몸은 우리가 도덕적 책임을 질 수 있도록 해주는 토대이기도 하다.[2] 그럼에도 실체 이원론은 인과적 상호작용의 문제를 여전히 해결하고 있지 못하다는 점에서 인격적 존재가 되기 위한 필수조건으로서의 몸과 물질적 세계가 어떻게 영혼과 상호작용하는지 설명하지 못한다.

그런데 실체 이원론의 이러한 문제가 단지 설명상의 결핍에만 그치지 않고 다른 문제를 낳는다. 그것은 바로 '유아주의solipsism'와 '죽음의 에토스'이다. 필자가 여기서 말하는 유아론은 "나 자신 이외에 아무것도 존재하지 않는다"와 같은 강한 주장을 함축하는 형이상학적 유아론이 아니라 어떤 삶의 태도다. 유아론적 삶의 태도는 의식을 가진 나 이외의 존재, 즉 타인을 포함한 외부 세계가 무가치하며 덧없다는 것으로 간주하는 태도다.[3] 외부 세계는 끊임없이 변화하지만, 나는 늘 나 자신을 시간의 흐름에도 변하지 않는 나자신으로 의식한다. 따라서 타인과 사회, 문화 등이 나를 인격적 존재로 만들어주는 데 있어서 필수적인 조건 및 요소임에도 불구하고 나는 이러한 것들로부터 고립된다.

---

2 김선희, 『사이버시대의 인격과 몸』, 서울: 아카넷, 2004, 80-87쪽.

3 김균진은 성 어거스틴의 표현을 빌려 나와 영혼의 동일시를 다음처럼 표현한다. "하나님 안에 있는 안식을 얻기 위한 영혼의 여행에 대해 육체는 방해가 될 뿐이다. 육체의 성적 욕구와 기능은 이른바 "원죄"를 생물학적으로 유전하는 통로로 평가된다. 인간은 그의 영혼과 동일시된다: "나는 입니다, 나의 하나님, 그것이 얼마나 무서운 비인지, 얼마ㅏ 깊고 끝없는 다양함인지. 그것은 영혼입니다. 그것은 나 자신입니다."(김균진, 「인간학적 이원론의 윤리적 측면과 근원적 문제성: 죽음의 문제와 연관하여」, 『신학논단』 57, 2009, 41쪽).

유아주의적 삶의 태도는 죽음의 에토스와 맞물린다.

     오늘날 많은 신학자들이 인간학적 이원론의 문제점을 지적한다. 그런데 필자의 견해에 의하면 인간학적 이원론의 근원적 문제성은 죽음의 문제에 있다. 본래 인간학적 이원론은 인간의 육적 측면과 영적·정신적 측면, 동물적·이기적 측면과 이성적·도덕적 측면이 조화된 생명의 세계를 이루고자 하는 윤리적 의도를 갖지만, 영과 육을 이원론적으로 이해함으로 말미암아 인간의 생명을 파괴하는 "죽음의 에토스"를 갖게 된다. 그것은 죽음을 미화하고 장려하며 인간의 생명을 파괴하는 일종의 "죽음의 미학"으로서 "죽음의 문화"를 확산시키는 기능을 가진다.[4]

실체 이원적 인간론은 이처럼 실체 이원론이 직면한 이론적 난점들 이외에 삶의 태도 및 인생관을 포함한다. 그것은 유아주의적 삶의 태도이며, 이 세계를 떠나 저 세계로 초월하고자 하는 죽음에 대한 동경이다.[5]

---

4   김균진, 「인간학적 이원론의 윤리적 측면과 근원적 문제성: 죽음의 문제와 연관하여」, 44쪽.

5   니체(F. Nietzsche)가 기독교를 비판하는 이유 중 하나가 바로 여기에 있다는 점은 주지의 사실이다.

     신경과학 시대에 인간을 다시 묻다

3. 부활체와 부활체의 동일성

부활에 대한 형이상학은 가장 먼저 부활이 형이상학적으로 가능하다는 것을 보여주어야 한다. 이미 언급했듯이 부활의 문제는 인격적 동일성의 문제와 연결되어 있다.

> 부활체의 동일성 문제: 만일, 부활되기 전의 대상을 X_1이라고 하고, 부활되고 난 후의 대상을 X_2라고 할 때, X_1이 X_2와 동일하다는 것을 어떻게 알 수 있는가? 만일 동일하다면, 동일성의 척도는 무엇인가?

우선 성경은 우리가 부활하면 자연의 몸을 버리고 신령한 몸spirited body을 취하게 된다고 말하고 있다(고전 15:44). 부활체와 관련하여 인격 동일성의 문제에 대해 몇 가지 입장이 있다. ① 실체 이원론은 죽음 전과 죽음 이후에 인격 동일성의 기준으로 영혼의 동일성을 제시한다. ② 동물주의는 살아있는 유기체의 동일성을 기준으로 제시한다. ③ 심리적 지속성 이론은 기억의 동일성을 동일성의 기준으로 제시한다. ④ 소프트웨어로서의 영혼 관점은 인격의 동일성을 소프트웨어의 동일성과 같다고 본다. 마지막으로 ⑤ 구성 관점은 1인칭 시점의 동일성을 인격 동일성의 기준으로 본다. 이 중에서 극단적인 이원론인 실체 이원론과 극단적인 일원론인 동물주의를 비판적으로 평가하면서, 구성 관점이 부활의 문제에 대한 가장 적합한 형이상학적 뒷받침을 제공해준다는 것을 논하겠다.

스윈번R. Swinburne 같은 현대의 실체 이원론자들은 영혼의 동일성이 인격의 동일성의 기준이라고 주장한다.[6] 영혼은 인격의 본질적 부분일 뿐만 아니라, 우리의 신체가 죽어도 논리적으로 신체로부터 독립적으로 존재할 수 있다. 스윈번은 부활 전과 부활 후의 한 개인의 동일성을 확보해주는 객관적인 기준은 영혼의 동일성이라고 말한다. 그러면, 한 영혼이 동일하다는 것은 무슨 말인가? 영혼의 동일성의 기준은 무엇인가? 이에 대한 가장 설득력 있는 답변은 '각개성 관점haecceity view'이다. 스콜라 철학자 둔스 스코투스D. Scotus는 이 생애에서 우리는 자신의 각개성을 알지 못하지만, 신은 알고 있을 가능성을 제시했다. '각개성 관점'의 성공 여부와 무관하게, 실체 이원론은 이미 살펴보았던 것처럼 몇 가지 난점을 가지고 있으며, 아직까지 이에 대한 설득력 있는 답변이 제시되고 있지 않다. 실체 이원론이 가정하는 영혼은 우선 물리 법칙과 자연의 진화 과정에서 벗어나 있는 존재로 이해되고 있다는 점이 가장 심각한 문제라고 할 수 있다.

동물주의는 우리 자신을 살아있는 유기체, 즉 인간 유기체와 동일하다고 주장한다. 그러나 동물주의 역시 부활의 문제에 적합한 형이상학이 될 수 없다. 왜냐하면, 고린도전서 15장의 내용을 고려해볼 때, 부활 전의 몸, 즉 자연의 몸은 부패하지만, 부활 후의 몸, 즉 신령한 몸은 부패하지 않는다. 만일 동물주의를 받아들이고, 부

---

6   Swinburne, R., *The Revolution of the Soul*, Oxford: Oxford University Press, 1997, p. 146.

신경과학 시대에 인간을 다시 묻다

활 전의 몸을 NB라고 하고, 부활 후의 몸을 SB라고 하면, 다음과 같은 결과가 나온다.[7]

NB → 부패 가능하다.

SB → 부패 가능하지 않다.

부패 가능한 것은 본질적으로 부패 가능하다.

그러므로 NB는 SB와 동일하지 않다.[8]

NB와 SB가 동일할 수 없는 이유는 양자의 지속 조건이 다르기 때문이다. 즉, NB는 특정 조건에서 부패하지만, SB는 부패하지 않는다. 만일 동물주의가 옳다면, 즉, 우리의 동일성이 곧 인간 유기체라면, 부활 전과 부활 후의 인간 유기체는 동일해야 한다. 그러나 자연의 몸과 신령한 몸에 대한 구분과 그 특징들을 받아들일 때, 부활 전과 부활 후의 몸은 동일하지 않다. 따라서 부활체의 동일성에 대한 동물주의의 제안은 틀렸다.

구성 관점은 인격의 동일성을 일인칭 시점의 동일성으로 본다. 일반적인 상황이라면, 제삼자의 도움 없이 누구나 자신을 자기 자신으로 인식한다. 인간인격은 인간 유기체에 의해 구성된 인격이

---

7 고린도전서에서 말하는 몸이 올슨 등과 같은 동물주의자들이 말하는 인간 유기체와 동일한지에 대한 물음이 제기될 수 있다. 인간 유기체는 신체와 동의어로 사용될 수 있지만, 고린도전서의 몸 개념은 단순히 신체가 가지는 특징들 이외의 특징들을 가지는 개념일 수 있다. 그러나 고린도전서의 몸도 신체가 가지는 특징들을 일차적으로 가진다고 이해할 수 있다는 점에서 두 개념을 교환 가능하게 보도록 하겠다.

8 Baker, "Persons and the Metaphysics of Resurrection," *Religious Studies* 43(3), 2007, p. 342.

다. 그러나 인간 유기체는 변화하며, 부분적으로나 완전하게 교체될 수 있다. 가령, 누군가 두뇌를 제외한 자신의 생물학적 신체를 기계로 대체했다고 해도 그의 일인칭 시점만 동일하다면, 그는 여전히 동일한 인격이 될 수 있다. 즉, 구성 관점은 신체나 신체 이외의 물질적 조건들을 인간 인격의 핵심적인 요소로 보지만, 동일성을 인간 유기체의 동일성으로 보지 않기 때문에 동물주의가 직면하는 난점을 피할 수 있다. 그리고 이미 살펴보았듯, 인간인격은 하나의 통합체를 이루는 구성 관계에 의해 형성되므로 영혼과 같은 비물질적 부분이나 요소를 끌어들이지 않는다. 그럼에도 불구하고 삼인칭 시점으로 환원 불가능한 일인칭 시점을 인격의 필요충분조건으로 보기 때문에 내적 체험의 고유함과 풍요로움을 확보해줄 수 있다는 장점을 가진다.

기독교인은 부활에 대한 성경의 약속을 믿는다. 형이상학은 완전하지는 않지만, 부분적으로 부활에 대한 합리적인 접근을 가능하게 해준다. 고린도전서에 따르면, 부활에 대한 믿음을 가진 사람들은 어느 시점에 부패하고 사라질 자연의 몸을 버리고 부패하지도 않고 영원한 신령한 몸을 취하게 될 것이다. 그러나 자기 자신을 동일한 자신으로 알게 해주는 일인칭 시점이 지속되는 이상, 몸의 바뀜은 인격 동일성의 확보에 아무런 문제가 되지 않을 것이다.

신경과학 시대에 인간을 다시 묻다

참고문헌

김균진, 「인간학적 이원론의 윤리적 측면과 근원적 문제성: 죽음의 문제와 연관하여」, 『신학논단』 57, 2009, 27-56쪽.

김선희, 『사이버시대의 인격과 몸』, 서울: 아카넷, 2004.

Baker, L. R., *Persons and Bodies. A Constitution View*, Cambridge: Cambridge University Press, 2000.

_____ , "Persons and the Metaphysics of Resurrection," *Religious Studies* 43(3), 2007, pp. 333-348.

Swinburne, R., *The Revolution of the Soul*, Oxford: Oxford University Press, 1997.

제12장

구성 이론의 응용 II:
신의 형상과 인간 인격

1. 부활과 인격 동일성

창세기 1장 26절에 나오는 하나님의 형상(히:쩰렘)과 그의 모양 (히:데무트)을 둘러싼 논쟁은 여전히 진행 중이다.[1] 소위 '신의 형상 imago Dei-논쟁'으로 불리는 이 논쟁은 그 출발부터 현재까지 우리 자신에 관한 철학적 성찰들과 인간의 생물학적, 심리학적, 신경과 학적 연구결과들이 맞물리면서 대단히 복잡한 양상을 띠고 있다. 이 논의에서 가장 핵심적인 물음은 인간과 다른 동물들 사이에 '질 적인 차이', '질적인 특징', '본질적 차이'가 존재하는지에 관한 물음이다

그러나 신의 형상-논쟁이 복잡하고 중요한 이유는 이 문제가 신학 및 기독교 철학의 다른 문제들과의 밀접한 연관성 때문이다. 인간을 어떻게 이해하는가의 문제는 신과 인간의 관계 본성에 관한 문제와 맞물리며, 이는 다시 인간의 역할과 의무, 인간의 책임 가능성과 같은 또 다른 문제들과 맞물린다. 즉, 인간을 어떻게 이해하는가에 따라 기독교적 세계관 전체가 달라질 수 있다.

이 장에서는 우선 아서 피콕arthur peacocke의 신적 행위divine action 에 관한 이해 속에서 인간 이해의 문제가 어떻게 얽혀 있는지가 분석된다. 여기서 ① 신과 인간의 관계 맺음이 가능하기 위해서는 그에 상응하는 모종의 능력이 전제되어야 한다는 점과 ② 피콕이 인

---

1   이 장에서는 어원학적인 논의나 성서 신학적인 논의가 아닌 신의 형상(imago Dei)에 관한 인간학적 논의만 다루고자 한다.

격person, 인간 인격human person, 인간 존재human being 등과 같이 용어를 혼란스럽게 사용한다는 점이 분명해질 것이다. 그다음 신의 형상에 관한 두 입장인 '실체적 입장'과 '관계적 입장'의 주요 논변을 짚어 보면서, 두 입장이 양립 가능함이 밝혀질 것이다.

이 장은 피콕 등과 같은 많은 현대의 기독교 철학자들이 혼란스럽게 사용하는 인간학적 용어들을 세 용어, 즉 '인간human', '인격person', '인간 인격human person'으로 정리할 수 있음을 보여주고자 한다. 인간은 생물 종인 호모 사피엔스로, 인격은 '강한 일인칭 시점'을 지닌 존재로, 인간 인격은 '인간에 의해 구성된 인격'으로 규정된다. 인간 인격으로서의 우리는 강한 일인칭 시점을 통해 자신의 내면을 개념적으로 이해하는 '고차적 자기의식'을 가지며, 우리의 심적 흐름mental process은 단지 '신경·화학적 결과물'이 아니며, 해석의 가능성을 허용하는 '인격적 삶'을 형성한다.

끝으로 신의 형상은 인간의 인격성이며, 신과 인간 인격이 만나는 장소는 '인격적 삶'임을 '다마스쿠스 사건'을 사례로 보여주고자 한다.

2. 신적 행위와 신의 형상

1) 아서 피콕의 경우

피콕은 그의 논문에서 아합과 이세벨에게 쫓기던 엘리야가 '미세한 소리'를 듣는다는 열왕기상의 구절을 인용하면서 신이 어떻게 인간과 상호작용을 할 수 있는지를 묻는다.[2] 이 문제에 관한 피콕의 입장은 a) 창발적 일원론emergentist monism, b) 전체-부분 영향whole-part influence으로 특징지을 수 있겠다.

피콕은 우선 신을 영적인 존재the divine "Spirit"로, 인간의 본질적 부분을 영혼the human "Spirit"으로 보는 실체 이원론적 입장을 받아들이지 않는다. 그 이유는 첫째, 이 입장은 히브리 전통이 아닌 헬라 전통이기 때문이다. 둘째, 영은 물리 및 생물학적 인과 관계의 한 부분이 아니기 때문이다.[3] 주지하다시피, 데카르트식의 실체 이원론은 '인과적 상호작용의 문제'라는 치명적인 난점을 허용한다.[4] 공간을 점유하지 않는 영혼이 어떻게 신체를 포함하는 물리계에 인과력을 행사할 수 있는지에 대해 고전적 실체 이원론은 설득력 있는 대안을 내놓고 있지 못하다. 신을 영적인 존재로 보면 같은 문제

---

2 Arthur Peacocke, "THE SOUND OF SHEER SILENCE: HOW DOES GOD COMMUNICATE WITH HUMANITY?" F. LeRon Shults & Nancey Murphy & Robert John Russell (eds.), *Philosophy, Science and Divine Action*, Leiden: Brill, 2009, p. 54.

3 Ibid., p. 55.

4 김남호, 「창발적 이원론은 데카르트적 이원론을 극복하였는가?」, 『인간연구』 제32호, 가톨릭대학교 인간학연구소, 2016, 100-102쪽 참조.

에 직면한다. 어떻게 순전히 비물리적인 실체인 신이 물리적 세계에 인과적으로 개입할 수 있는가?

피콕의 창발적 일원론은 1920년대에 모건Lloyd Morgan, 알렉산더 Samuel Alexander, 브로드Charles Dunbar Broad와 같은 영국의 철학자 및 심리학자들과 미국의 철학자 셀라스Roy Wood Sellars 등이 선보인 창발론의 기본 정신, 즉 세계와 생물체에 대한 두 주요한 관점인 기계론mechanism과 물활론vitalism이라는 양극단을 지양하자는 정신을 계승하고 있다. 즉, 생명 현상, 의식 현상[5]과 같은 고차적 현상을 '생의 약동elan vital'과 같은 신비한 에너지나 힘을 끌어들이지 않고 설명하되 그것의 물질적 토대로부터 '창발'[6]된 것으로 보자는 것이다. 이런 창발론의 정신을 계승한 피콕의 창발적 일원론은 자연 내에 존재하는 모든 것은 물리학적 근본 실재들로 분해되며, 상위 차원의 복잡성을 설명하기 위해 그 이외의 추가적인 실재들의 개입은 필요하지 않다고 주장한다.[7] 그러면서도, 동시에 하위 차원의 속성들로는 설명되지 않는 새로운 속성들이 상위 차원에서 창발된다고 본다. 피콕이 든 대표적인 창발의 예는 자보틴스키 반응zhabotinsky reaction[8] 같은 자기 조직화와 소산 시스템dissipative systems, 심적 속성,

---

5 생명 현상에 관한 과학적 지식이 부족했던 1세대 창발론자들과 달리 현재의 창발 이론가들은 대체로 현상적 의식, 자기의식, 그리고 자유의지 등을 환원 불가능한 속성들로 본다.

6 '창발(영: emergence, 독: Emergenz)'은 '올라오다', '떠오르다'라는 뜻을 가진 라틴어 동사 emergere에서 유래한 개념이다. 거칠게 말해서 창발은 이전에는 존재하지 않던, 새로운 체계(system), 속성(property), 실재(entity) 등이 생겨나는 것을 의미한다.

7 Arthur Peacocke, "THE SOUND OF SHEER SILENCE: HOW DOES GOD COMMUNICATE WITH HUMANITY?", p. 59.

8 자보딘스키(A. M. Zhabotinsky)가 고안한 것으로 브롬산칼륨, 말론산, 브롬화칼륨의 용

자유의지, 행위자, 경제 및 사회 시스템들이다.

피콕은 위의 예들이 하위 층위에 속하는 실재들, 즉 분자, 물리적 입자들이 상위 층위로 행사하는 상향 인과bottom-up causation가 아닌, 상위 층위에서 그것을 구성하는 하위 층위로 향하는 하향 인과downward causation[9]의 실재를 보여준다고 보고 있다. 가령, 어떤 사회가 개개의 구성원들에게 행사하는 인과력, 예를 들어, 민주주의가 가지는 가치와 의의가 사회 구성원에게 행사하는 인과력 등은 분자나 입자 차원의 속성에 관한 기술만으로는 설명할 수 없다. 따라서 피콕은 하향 혹은 상향과 같은 일방향적인 인과 개념 대신에 전체-부분 영향whole-part influence이라는 자신만의 인과 개념을 도입한다. 전체-부분 영향은 한 시스템 내에서 그 시스템의 하위 층위에 속하는 실재들이 상위 층위의 실재에 인과력을 행사하지만, 역으로 시스템 전체가 하위 층위의 실재에도 인과력을 행사한다는 것이다. 전체-부분 영향은 흄D. Hume처럼 인과를 시간적으로 선후 관계에 있는 사건들events의 연접conjunction으로 보는 견해와 달리, 전체와 부분이 역동적으로 얽힌 복잡한 인과적 영향을 포착해주는 개념이라고 할 수 있다.

피콕은 바로 이 부분-전체 영향이 신적 행위가 이론적으로 가능

액을 섞을 때 일어나는 반응으로, 중간체 분자들의 반복적인 요동을 통해 자기 조직화에 의해 전혀 새로운 패턴을 창출하는 비선형 현상이다.

9 하향 인과(downward causation) 개념이 최초로 사용된 논문은 캠벨의 다음 논문으로 알려져 있다. Donald T. Campbell, "'Downward Causation' in Hierarchically Organized Systems," Francisco J. Ayala & Theodosius Dobzhansky (eds.), *Studies in the Philosophy of Biology: Reduction and Related Problems*, London: Macmillan, 1974, pp. 179–186.

함을 보여준다고 본다. 전통적으로 신적 행위를 설명하는 대표적인 입장은 소위 개입주의interventionism였다. 이에 따르면, 신적 행위는 비물리적인 실체인 신이 물리계의 인과 사슬을 일순간 끊고 개입하는 '불가사의한 사건'으로 이해된다. 그러나 개입주의는 위에서 언급했듯, 초자연적 세계의 실재를 가정해야만 하고, 초자연적 실재와 자연적 실재 사이의 인과적 작용이 단지 신비로 남겨지는 '존재론적 틈ontological gap'을 허용한다.[10] 이 난점을 해결하기 위해 피콕이 제안한 모델은 신이 만물에 내재한다는 내재신론panentheism에 부분-전체 영향을 결합한 형태다. 신은 어딘가 특정 장소를 점유하는 방식으로 존재하는 존재 형태가 아닌 자연 안에 내재해 있고, 자연이라는 시스템에 개입하여 하향 인과를 행사하는 존재로 본다면, 개입주의가 직면한 난점을 모두 피해갈 수 있다는 생각이다.

그러면 신은 구체적으로 어떤 방식으로 인간과 소통하는가? 신과의 소통은 인간에게 특별한 체험을 불러일으키므로, 이 물음은 '신은 인간에게 어떤 방식으로 종교적 체험을 일으키는가?'라는 물음으로 바꿀 수 있을 것이다. 피콕은 신은 세계의 구성자들을 매개로 인간에게 종교적 체험을 일으킨다고 본다. 엘리야의 사례에서 보았던 지진, 바람, 불과 같은 자연 현상이 대표적인 예일 것이다. 그뿐만 아니라 엘리야의 '미세한 음성'의 경우처럼 그러한 자연의 매개 없이 인간의 정신에 직접적인 영향을 주는 방식도 가능하

---

10 Arthur Peacocke, "THE SOUND OF SHEER SILENCE: HOW DOES GOD COMMUNICATE WITH HUMANITY?," p. 81.

신경과학 시대에 인간을 다시 묻다

다.[11] 이 모든 경우 신의 개입은 전체-부분 영향을 통해 작동한다는 것이 피콕의 일관된 견해이다.

　신적 행위에 관한 피콕의 견해를 알아보면서, 중요한 물음에 직면한다. 그것은 도대체 인간은 어떤 존재이기에 신과 소통할 수 있느냐는 물음이다. 신과 인간의 관계는 양자가 가진 것으로 추측되는 모종의 능력이나 속성이 전제되어야 가능한 듯 보인다. 이 물음은 신적 행위의 물음이 인간 이해의 물음과 얽힌 지점을 보여준다.

2) 실체적 입장과 관계적 입장

　신과 소통하는 인간은 어떤 존재냐는 물음과 관련하여 피콕은 명확한 구분 없이 인간 존재, 인격, 인간 인격과 같은 용어를 사용한다. 그에게 '인격적personal'이란 '의식적, 무의식적', '이성적, 감정적', '능동적, 수동적', '개인적, 사회적'인 것과 같은 다양한 양태들 안에서 출현하는 인간 존재의 총체적 체험으로 이해한다.[12] 인격person은 인간의 뇌가 인간 신체와 사회적 관계성 속에서 형성된 독특한 시스템으로서 상위 층위에 관한 강한 예이다. 특히 인격

11　Arthur Peacocke, "THE SOUND OF SHEER SILENCE: HOW DOES GOD COMMUNICATE WITH HUMANITY?," p. 92.

12　Arthur Peacocke, "THE SOUND OF SHEER SILENCE: HOW DOES GOD COMMUNICATE WITH HUMANITY?," p. 81.

은 자신의 몸과 주위 환경에 관해[13] 인과적 행위자causal agent다.[14] 비록 인격, 인간 인격, 인간 존재를 구분 없이 사용하고 있지만, 피콕의 이러한 생각은 곧 인간이 다른 존재와 뭔가 다른 존재임을 암시하고 있지 않은가? 피콕은 클레이튼의 다음 구절을 인용한다.

> 우리는 우리의 특성을 구성하는 생각들, 소원과 욕구를 가지고 있다. 우리는 동시에 지각 기관이자 세계 내 다른 사물과 인간들에게 영향을 행사하는 수단이기도 한 신체를 통해 우리의 정신을 표현한다. 인격성 이론에 관한 많은 문헌은 지각과 행위, 도덕적 대리, 공동체와 자유의 조건으로서 신체성의 필수 불가결성을 명백히 지적하고 있다. 이는 철학자들이 인간의 인격성에서 필수불가결하다고 간주하는 것들이며, 신학자들이 신적 형상imago Dei에 관해 가진 견해이기도 하다.[15]

피콕이 신의 형상에 대해 논하고 있지는 않지만, 클레이튼의 인용을 미루어볼 때, 피콕은 인간에게 다른 동물들에게는 없는 어떤 특별한 능력들이 있다는 소위 '실체적 견해'에 동의하고 있다고 판단된다. 렘지P. Ramsey가 신의 형상 문제와 관련하여 구분한 '실체적 견해substantial view(이하 SV)'와 '관계적 견해relational view(이하 RV)'는 역

---

13 "with respect to their own bodies"와 같은 표현은 심신 이원론에 적합한 표현이므로 피콕의 일원론적 인간관에서는 불필요한 오해를 불러일으킬 수 있는 표현이라고 판단된다.

14 Arthur Peacocke, "THE SOUND OF SHEER SILENCE: HOW DOES GOD COMMUNICATE WITH HUMANITY?," p. 77.

15 Ibid., p. 77.

신경과학 시대에 인간을 다시 묻다

사적으로 제기되어온 다양한 의견들을 조망해볼 수 있는 기본 틀을 제공한다. SV란 인간이 지니고 있으면서 인간을 물리적 자연이나 다른 동물과 구분해주는 능력이나 인간 본성의 실체적 형상 내에서 뭔가를 특정하려는 견해다.[16] 대표적으로 어거스틴이 신의 형상을 인간의 '지성적 영혼intellectual soul'에서 찾은 이래로 서구 신학에서 오랜 시간 주류로 간주한 견해다. 반면 RV는 신의 형상을 인간의 본질적 본성 혹은 인간 고유의 능력에서 찾지 않고, 오직 하나님과의 관계성과 연관해서만 이해하고자 한다. 이 견해는 루터M. Ruther 가 신의 형상을 영원한 생명을 향한 삶으로 이해한 이래로, 바르트 Karl Barth에 의해 더욱 적극적인 형태로 표명되었다.

바르트에 따르면, 인간이 하나님에 의해 신의 형상으로 지음 받았지만, 죄로 인해 그것을 상실하고 말았다. 따라서 인간은 다시는 태초의 완전함perfection을 회복할 수 없으며, 오직 하나님과의 관계 맺음을 통해서만 그것을 회복할 수 있다. 이런 이유로 바르트는 SR이 가정하는 인간 고유의 특성 혹은 능력에 큰 의미를 두지 않는다.[17] 바르트는 『교회교의학』 제3권과 제4권에서 인간에 대한 과학적 지식이 유의미하고 교훈적일 수 있다고 말하면서도, 자연 과학은 인간의 실재 자체에 접근할 수 없으며, 오직 신학적 인간론만이 실재 자체에 관심을 가지고 진리를 주장할 수 있다고 주장한다.[18]

---

16 Paus Ransey, *Basic Christian Ethics*, New York: Schribner, 1950, p. 250.

17 Dominic Robison, *Understanding the "Imago Dei" The Thought of Barth*, von Balthasar and Moltmann, farnham: Ashgate Publishing Company, 2011, p. 46.

18 윤철호, 『인간』, 서울: 새물결플러스, 2017, 163쪽.

그러나 과학적 인간론과 신학적 인간론의 이분법은 우선 놔두더라도, 신과 인간의 관계성을 논의하면서 인간 고유의 능력에 대한 문제가 반드시 배제될 이유는 없다. A와 B가 단지 공간적으로 연결된 방식으로 관계를 맺고 있는 것이 아니라, 질적으로 뭔가 새로운 형태의 관계를 맺게 되면 A와 B에 내재한 모종의 성질, 능력 capacity 등은 필요하다. 가령, 애완견과 견주 사이에 어떤 우정이라는 질적 관계 맺음이 형성되면 견주뿐만 아니라 애완견에게 그에 상응하는 성질이나 능력이 내재해 있어야만 한다. 바르트식의 RV에서도 신과 인간이 관계를 맺기 위해서는 신뿐만 아니라 인간에게 그에 상응하는 어떤 성질이나 능력이 내재해 있어야만 한다. 누군가가 돌멩이와 친구 관계를 맺고자 단지 결심하는 것만으로는 그 관계는 성립되지 않을 것이다. 즉, 질적인 관계 맺음은 모종의 성질 및 능력이 필요하다. 만일 그렇다면, 바르트식의 RV는 SV를 배제하지 않을 것이며, 이는 곧 RV와 SV의 근본 테제가 양립 가능함을 의미할 것이다.

20세기에 와서 환경 파괴 및 서구중심주의에 대한 근본적인 비판 작업과 함께 인간 고유의 속성이나 능력을 탐색하려는 태도는 근대 철학의 산물이며, '인간중심주의'로 매도되는 경향이 있다. 아래에서는 구성적 인격 이론을 통해서 세 개념, 즉 인간, 인격, 인간 인격의 구분을 제시한 다음, 인간중심주의에 빠지지 않으면서도 여전히 SV를 지지하는 것이 가능함이 제시될 것이다.

신경과학 시대에 인간을 다시 묻다

3. 인간 인격과 새로운 인간론

1) 구성 개념과 인간 인격

(1) 구성 개념

베이커L. R. Baker, 코코런K. Corcoran 등에 의해 지지가 되는 구성주의적 인격 이론은 인격person, 인간 인격human person[19], 인간 유기체human organism[20]를 구분한다. 인격을 일인칭 시점을 본질에서 지닌 존재로, 인간 인격을 인간 유기체에 의해 구성된 인격으로 정의한다.

구성 관점constitution view은 어떤 물질적 사물과 그 사물을 구성하고 있는 부분들 사이의 관계를 어떻게 봐야 할 것인지에 대한 형이상학적 문제인 소위 '물질적 구성material constitution 문제'에 대한 하나의 해결책으로 제시된 입장이다. 가령, 미켈란젤로의 조각상 다비드$_x$와 그것을 구성하고 있는 대리석 덩어리$_y$ 사이의 관계는 무엇인가? 신용 카드$_x$와 그것을 구성하고 있는 플라스틱 조각$_y$ 사이의 관계는 무엇인가? 양자는 동일한 것인가? 만일 동일하지 않다면, 어떻게 두 대상 x, y가 동일 시점에 동일한 공간을 점유할 수가 있는가?

---

19 The human person을 한국어로 번역하기 곤란한 이유는 the person의 번역어인 인격(人格)에 이미 human을 의미하는 뜻이 들어 있기 때문이다. 이런 번역상의 오류는 인격 개념을 이해하는 데 어려움을 준다. 왜냐하면, 보에티우스와 로크 전통에서 인간 유기체가 아닌 존재도 person일 수 있기 때문이다. 인격이라는 번역어는 인간종만이 person일 수 있다는 착각을 일으킨다. 그런데도, 더 나은 대안이 아직 없으므로 the human person을 인간 인격으로 번역하고자 한다.

20 구성주의적 인격 이론에서 인간은 생물학적 종인 호모 사피엔스(homo sapience)를 지칭한다.

위 물음과 관련하여 크게 두 대상이 동일하다고 보는 입장[21]과 동일하지 않다고 보는 입장으로 나뉘며, 구성 관점은 후자에 속한다. 구성 관점이 x와 y가 동일하지 않다고 보는 이유는 다음과 같다.

(1) x는 y에 의해 *구성된다*(혹은 y는 x를 *구성한다*).
(2) 구성 관계는 동일 관계가 아니다.

먼저 구성 관계[22]가 왜 동일 관계가 아닌지를 살펴보자.

(1) x는 본질적essentially으로 F이다.
(2) y는 비본질적으로 F이다.
(3) $x \neq y$[23]

미켈란젤로의 다비드상은 본질적으로 예술 작품이다. 그러나 다비드상을 구성하고 있는 대리석 덩어리는 비본질적으로만 예술 작품이다. 이때 '본질적'이란 뜻은 '대언적 필연성de dicto necessity'이

---

21 대표적인 논문은 다음과 같다. Allan Gibbar, "Contingent Identity," *Journal of philosophical Logic*, IV, 1975, pp. 187-221; Anil Gupta, *The Logic of Common Nouns*, Yalw: New Haven, 1980; David Lewis, "Counterparts of Persons and Their Bodies," *Journal of philosophical Logic*, LXVIII, 7, 1971, pp. 203-211; Stephen Yablo, "Identity, Essence, and Indicernibility," *The Journal of Philosophy*, Vol. 84, No. 6, 1987, pp. 293-314.

22 구성 관계의 일반적인 속성들에 대해서는 김남호, 「인격, 인간 인격, 그리고 인격 동일성」 (『인간연구』 제34호, 2017), 189-212쪽 참조.

23 L. R. Baker, "Why constitution is not identity?," *The Journal of Philosophy*, Vol. XCIV, 1997, p. 600.

아닌 '대물적 필연성^{de re necessity}'을 의미한다. 즉, "다비드상은 본질적으로 예술 작품이다"는 "다비드상이 예술 작품이라는 것은 필연적이다"를 의미하지 않는다. 후자는 언어적인 의미에서 필연성을 말하고 있는 데 반해, 전자는 다비드상의 본질, 즉, 그것이 없으면 다비드상이 존재할 수 없는 속성을 말하고 있다. 다비드상을 구성하는 대리석 덩어리는 예술 작품이 되지 않을 수도 있었다. 가령, 그 대리석 덩어리가 저택의 계단이나 바닥의 타일로 사용될 수도 있었다. 혹은 예술 작품이라는 개념이 존재하지 않는 가능 세계에서는 예술 작품이 되지 않을 수도 있을 것이다. 반면, 다비드상은 예술 작품이 되지 않을 수가 없다. 예술 작품이 아닌 무언가는 다비드상이 될 수 없다. 즉, 예술 작품임은 다비드상의 본질적 속성이다.[24]
이런 이유로 x와 y의 지속 조건^{persistence condition}은 다르다고 할 수밖에 없으며, 따라서 라이프니츠의 동일성 기준 즉, $\forall F[x=y \rightarrow (Fx \ \& \ Fy)]$에 따라 x와 y는 동일하지 않다는 결론을 내릴 수밖에 없다.

만일 x와 y가 동일하지 않다면 어떻게 두 대상이 동시에 같은 공간을 점유할 수 있는가? 다비드상을 구성체^{the constituted thing}, 대리석 덩어리를 구성자^{the constituting thing}라고 한다면, 구성체의 속성들은 구성자의 물리적 속성들에 '의존적'이다. 만일 다비드상의 구성자가 얼음이라고 한다면, 미켈란젤로의 다비드상과는 전혀 다른 구성체가 만들어질 것이다.

구성^{constitution}은 단순한 의존 관계와 달리 적절한 환경^{circumstance}

---

24 본질적 속성(essential property)은 그것이 없이는 어떤 대상이 존재할 수 없게 되는 그러한 속성을 말한다.

속에서 실현된다. 예술계라는 특정 환경 속에서 예술 작품 다비드는 대리석 덩어리에 의해 구성된다. 뒤샹M. Duchamp의 샘fountain 역시 특정 환경 속에서만 혁신적인 예술 작품으로 흙덩어리에 의해 구성된다. 플라스틱 조각은 특정 제도적 실재와의 관계 속에서만 신용카드를 구성한다. 즉, 구성체가 특정 환경 속에서 구성자에 의해 구성되면, 새로운 인과력과 속성이 발생한다. 플라스틱 조각과 달리 신용카드는 현금을 찾거나 계좌 이체를 할 수 있으며, 대리석 덩어리와 흙덩어리와 달리 다비드상과 샘은 관람자에게 특정한 감정과 생각을 불러일으킬 수 있다. 이 새로운 속성과 인과력은 단순히 구성자의 물리적 속성들로 환원할 수 없는 속성들이라는 점에서, '창발적 속성들emergent properties'이라고 할 수 있다.

(2) 인간 인격

로크J. Locke가 인간human과 인격person을 구분한 이래로 이 두 구분에 대한 논의는 계속됐다. 로크에게 인간은 '생물학적 유기체'이며, 인격은 "이성과 반성 능력을 갖추고, 자기 자신을 자기 자신으로 생각할 수 있다고 생각하는 지적인 존재a thinking intelligent thing"[25]다. 로크가 이러한 구분을 시도한 이유는 형이상학 전통의 실체 개념을 받아들이지 않으면 개별자 동일성의 문제에 직면하기 때문이다. 로크에 따르면, 생물학적 유기체로서 인간은 그 조직의 같음에 의해 동일성이 확보되는 반면, 인격은 의식의 지속성에 의해 동

---

25 J. Locke, *An Essay concerning Human Understanding*, Oxford: Clarendon Press, 2008, p. 335.

신경과학 시대에 인간을 다시 묻다

일성이 지속한다. 더 구체적으로 말하자면, 우리가 뭔가를 의지하고, 감각하고 생각하는 등의 활동을 통해 '자기self'가 형성되며, 다른 사물과 자신을 다른 것으로 구별하는 이 자기의식이 과거의 어떤 행동이나 생각이 미칠 수 있는 만큼 그 인격의 동일성이 확보된다는 것이다.[26]

그러나 데그라치아D. DeGrazia가 지적하고 있듯, 로크의 인격에 관한 입장은 대언적 주장the de dicto thesis일 뿐, 대물적 주장the de re thesis이라고 보기는 힘들다.[27] 그 이유는 로크의 인격 규정이 혼란스럽기 때문이다. 인격에 대한 로크의 규정에 '이성', '반성 능력', '자기 자신을 자기 자신으로 생각할 수 있는', '지적인' 등과 같은 용어들이 뒤섞여 있다. 만일 인간과 인격에 관한 '존재론적 구분'을 시도하려 한다면, 대언적 주장만으로는 충분하지 않다.

그렇다면, 인격을 인격으로 만들어주는 본질적 속성은 무엇인가? 인격임의 필요충분조건은 무엇인가? 그것은 바로 일인칭 시점the first-person perspective이다. 일인칭 시점은 자기 자신을 자기 자신으로 인지하게 해주는 고유한 시점이다. 로크가 말한 '반성 능력', '자기 자신을 자기 자신으로 생각할 수 있는 능력' 등은 일인칭 시점을 전제로 해서만 가능하다는 점에서 일인칭 시점이 존재론적으로 디 근본적이라고 할 수 있다. 그러나 일인칭 시점은 다시 기초적 일인칭 시점the rudimentary first-person perspective과 강한 일인칭 시점the

---

26 Ibid., p. 335.

27 D. DeGrazia, *Human Identity and Bioethics*, New York: Cambridge University Press, 2005, p. 30.

robust first-person perspective으로 구분된다. 이를 구분하는 기준은 개념적 수준의 자기의식이다. 기초적 일인칭 시점을 소유한 존재는 베이커가 말하는 '지각적 존재sentient being'에 해당한다. 지각적 존재는 자기 자신의 욕구, 충동, 정서, 계획 등을 자신의 것으로 인지하지 못한다. 반면, 강한 일인칭 시점을 소유한 존재는 자기 자신을 개념적 수준에서 — '나'라는 인칭대명사와 '나의'라는 소유대명사를 통해서 — 할 수 있는 존재이다. 자기 자신과 '자기 자신에게 속한 것'으로 간주하는 욕망, 욕구, 충동, 정서, 행위 이유, 기억의 내용 등을 개념적인 수준에서 이해하는 존재와 그렇지 못한 존재 사이에는 존재론적인 차이가 있다고 할 수밖에 없다. 전자와 달리 후자에게는 개념화를 통한 자기 객관화가 가능할 것이고, 선택이나 행위의 이유를 숙고하는 것이 가능할 것이다. 즉, 후자의 경우 프랭크퍼트가 말하는 반성적 자기평가 능력the capacity for reflective self-evaluation[28]이 가능할 것이다. 이는 후자가 전자와 달리 도덕적 행위자의 지위를 갖출 수 있음을 암시한다.[29] 이러한 존재론적 차이로 인해, 강한 일인칭 시점을 소유한 존재는 '지각적 존재'가 아닌 '인격적 존재'가 된다.[30] 그렇다면, 인격과 인간은 어떤 관계인가?

---

28 H. G. Frankfurt, "Freedom of the Will and the Concept of a Person," *The Journal of Philosophy*, Vol. 68, 1971, p. 7.

29 강한 일인칭 시점과 도덕적 행위자의 지위에 관해서는 김남호, 「인공물과 책임 귀속성 조건」(『철학연구』 제147집, 2018), 59-76쪽 참조.

30 이러한 생각은 바너(G. E. Varner)에게서도 확인해볼 수 있다. 그는 인간의 경우 다른 동물들과 달리 언어 사용을 하며, 이 능력으로 '전기적 자아감(biological sense of self)'을 갖게 되며, 따라서 인간은 '인격체'의 지위를 갖는다고 주장한다. Varner, *Person hood, Ethics, and Animal Cognition: Situating Animals in Hare's Two Level*

위에 언급한 '구성' 개념을 적용하면, 인간 인격human person은 인간human에 의해 구성된 인격person이다. 다비드상과 대리석 덩어리가 동일하지 않으면서도 동시에 동일 공간을 점유할 수 있듯, 생물학적 유기체로서의 인간과 인격도 그러하다. 인간 인격은 인간이 가지는 여러 물리적, 생물학적 속성들에 의존적이다. 가령, 인간이 성장해감에 따라 특정한 두뇌 변화가 일어나며, 어느 시기에 '강한 일인칭 시점'이 형성된다. 또한 다비스상은 본질적으로 예술 작품이지만, 대리석 덩어리는 우연적으로만 예술 작품이듯, 한 인간 인격, 가령 소크라테스는 본질적으로 인격이지만, 인격으로서의 소크라테스를 구성하는 몸은 우연적으로만 인격이다.

2) '다마스쿠스 사건'과 인격적 삶

강한 시점이 인격임의 필요충분조건이지만, 쉑트먼이 지적한 바와 같이 인격적 삶의 특징은 수적 동일성의 기준 제시만으로는 충분히 설명되지 않는다. 그 이유는 이야기의 구조, 즉 서사적 구조가 인격적 삶의 필요조건도 아니고, 인격적 삶의 필연적인 귀결도 아님에도 불구하고, 매킨타이어A. Macintyre가 지적한 바대로 누군가의 행위는 더 큰 이야기의 맥락 속에서만 의미가 있을 수 있으며, 이해될 수 있기 때문이다.[31] 또한, 쉑트먼의 '특성 귀속의 문제'가

Utilitarianism, Oxford: Oxford University Press, 2012, p. 134.

31 A. Macintyre, _After Virtue. A Study in Moral Theory_, Nord Dame, Indiana: University of Notre Dame Press, 2007, 216쪽.

말해주듯이, '나는 누구인가?'라는 물음은 곧, '나는 어떤 욕구, 어떤 믿음, 어떤 의도, 어떤 희망을 품고 살아왔는가?'라는 물음이며, 이에 대한 답을 하기 위해서는 '내 삶의 이야기'에 관심을 기울여 볼 수밖에 없기 때문이다.

더욱더 근본적으로 인격적 삶이 갖는 서사적 내용에는 도덕적 행위자로서의 특징이 반영될 수밖에 없다. 도덕적 행위자는 다음과 같은 세 조건을 충족시킨다.

> 도덕적 행위자: S가 (i) '최소 행위'[32]의 의미에서 뭔가를 행하며, (ii) S가 이차적 욕구를 가지고, (iii) S가 행하고 있는 바에 대해 정상적으로 평가할 수 있는 능력이 있는 경우에만 그리고 오직 그 경우에만 S는 도덕적 행위자이다.[33]

인격적 존재는 다른 동물과 달리 일차적 욕구에 곧바로 순응하는 '즉각적인 삶'을 살지 않는다. 반성의 자기평가 능력the capacity for reflective self-evaluation[34]을 통해 일차적 욕구를 평가하여 응할 것인지 말 것인지를 결정할 수 있는 의지적 힘을 행사할 수 있다. 이러한 숙고 행위를 통해서 행위자는 행위 이유reason를 얻는다. 행위 이유

---

32 최소 행위에 관한 규정은 다음과 같다. "최소 행위자: S가 실천적 추론(목적과 수단)에 사용된 태도들에 의해서 설명 가능한 행위를 하는 경우에만 그리고 오직 그 경우에만 S는 최소 행위자이다."(김남호, 「인공물과 책임귀속 조건」, 『철학연구』 제147집, 대한철학회, 2018, 69쪽)

33 같은 논문, 71쪽.

34 H. G. Frankfurt, "Freedom of the Will and the Concept of a Person," p. 7.

신경과학 시대에 인간을 다시 묻다

는 '욕구, 믿음 등'으로 이뤄지며, 명제적 태도propositional attitude를 지닌다. 행위자로서의 인격은 살아가면서 부단히 숙고하고, 행위 이유를 검토하는 존재다. 그런데, 삶의 내용이 저마다 다르고, 상황과 삶의 조건이 저마다 다양한 인격의 삶에서 행위의 이유는 필연적으로 어떤 맥락에 위치할 수밖에 없다. 어떤 인격의 행위 이유는 그 이전에 그가 살아온 삶의 서사적 내용에 위치 지어지며, 그 서사적 내용은 그가 이전에 가진 수많은 행위의 이유를 통일적으로 이해할 수 있는 해석적 토대를 제공해준다.

사도 바울의 소위 '다마스쿠스-사건Damaskus-Geschehen'은 지금까지의 논의에 따르면, '전체-부분 영향'을 행사하는 신이 '인간 인격'으로서의 사울에게 일으킨 체험이다. 이 체험은 이후 사도 바울이 써 내려간 삶의 이야기의 극적인 전환점을 가능하게 했던 체험이고, 그의 인격적 삶의 일부를 구성하는 에피소드episode이기도 하다. 롯Gehard Roth은 사울의 이 체험이 '측두엽 간질 발작Temporallappen-Epilepsie'의 증거Befund일 뿐이라고 주장한다.[35] 우반구 측두엽 간질 발작의 증상이 융통성 없는 언어 구사, 편집증, 공격적 성향, 종교적 문제에 대한 과한 집착, 주위가 밝아지는 체험 등이며, 이것이 사울의 '다마스쿠스-사건'의 정체라는 것이다.

롯의 논증은 '다마스쿠스-사건'이 신적 행위 때문에 사울에게 일어난 사건이 아니라는 것을 보여주지 못한다. 첫째, 그 사건이 설령 특정한 '두뇌 과정에 의해' 일어났다고 할지라도, '전체-부분 영

---

35 G. Roth, *Persoenlichkeit, Entscheidung und Verhalten*, Stuutgart: Klett-Cotta, 2007, p. 305.

향'이 옳다면, 신은 '두뇌 과정을 통해' 신적 행위를 일으킬 수 있는 논리적 가능성이 있기 때문이다. 둘째, 그 사건은 신경-화학적 과정들이 속하는 층위로 환원될 수 있는 사건이 아니다. 그 사건은 사울의 인격적 삶의 이야기를 구성하는 에피소드이기 때문이다.

4. 결론

신의 형상 논쟁에서 '실체적 견해'는 고정불변의 종적 본질이 없음을 보여주는 진화 이론의 등장, 세계 대전과 환경 문제와 관련하여 발생한 인간중심주의에 대한 반성 등이 맞물리면서 큰 위기를 맞고 있다. 그러나 인간 인격 개념의 도입을 통해서, 인간중심주의에 빠지지 않고서도 '실체적 견해'를 고수할 수 있다.

'강한 일인칭 시점'은 존재론적으로 분명 새로운 속성이며, 이는 단지 '정도의 문제a matter of degree'로 치부될 수 없다. 혹자는 침팬지나 돌고래처럼 거울 자기인지 실험에 통과한 동물들도 일인칭 시점을 갖고 있으며, 자기의식이 있다고 반론할지도 모르겠다. 그러나 거울 자기인지 실험의 통과가 곧 높은 수준의 자기의식의 증거로 보기에는 충분하지 않다.[36] 또한, 개념적인 수준의 자기의식을

---

36 M. S. Gazzaniga, *Human: The Sience Behind What Makes Us Unique*, New York: Harper Perennial, 2009, pp. 309-314 참조.

갖춘 종은 호모 사피엔스밖에 없다.[37]

그러나 이것이 인간 인격으로서의 인간은 자연 내에서 '우월한' 존재임을 말해주는 것은 아니다. 고도의 자기반성 능력과 도덕적 행위 가능성은 오히려 우리에게 더 엄격한 자기 점검과 피조 세계에 관한 관심과 배려 그리고 무거운 책임을 촉구할 것이기 때문이다.

---

37 G. M. Edelman, *Second Nature: Brain Science and Human Knowledge*, New York: Yale University Press, 2006, pp. 35-42 참조.

참고문헌

김남호, 「창발적 이원론은 데카르트적 이원론을 극복하였는가?」, 『인간연구』 32, 가톨릭대학교 인간학연구소, 2016, 91~120쪽.

_____ , 「인격, 인간인격, 그리고 인격 동일성」, 『인간연구』 제34호, 가톨릭대학교 인간학연구소, 2017, 189~212쪽.

_____ , 「인공물과 책임귀속 조건」, 『철학연구』 제147집, 대한철학회, 2018, 59~76쪽.

김선희, 『사이버시대의 인격과 몸 사이버자아의 인격성 논의를 중심으로』, 아카넷, 2004.

윤철호, 『인간: 인간의 본성과 운명에 관한 학제간 대화』, 새물결플러스, 2017.

Baker, Lynne Rudder, *Persons and Bodies. A Constitution View*, Cambridge: Cambridge University Press, 2000.

_____ , *The Metaphysics of Everyday Life*, Cambridge: Cambridge University Press, 2007.

_____ , *Naturalism and The first-person Perspective*, Oxford: Oxford University Press, 2013.

_____ , "Why constitution is not identity?," *The Journal of Philosophy*, Vol. XCIV, 1997.

DeGrazia, David, *Human Identity and Bioethics*, Cambridge: Cambridge University Press, 2005.

Edelman, Gerald M., *Second Nature: Brain Science and Human Knowledge*, New York: Yale University Press, 2006.

Frankfurt, H. G., "Freedom of the Will and the Concept of a Person," *The Journal of Philosophy*, Vol. 68, Columbia University Press, 1971.

Gazzaniga, M. S., *Human: The Sience Behind What Makes Us Unique*, New York: Harper Perennial, 2009.

Locke, John, *An Essay concerning Human Understanding*, Oxford: Clarendon Press, 2008.

Macintyre, Alasdair, *After Virtue. A Study in Moral Theory*, Nord Dame, Indiana: University of Notre Dame Press, 2007.

Ransey, Paus, *Basic Christian Ethics*, New York: Schribner, 1950.

Robison, Dominic, *Understanding the "Imago Dei" The Thought of Barth, von Balthasar and Moltmann*, farnham: Ashgate Publishing Company, 2011.

Roth, Gerhard, *Persoenlichkeit, Entscheidung und Verhalten*, Stuutgart: Klett-Cotta, 2007.

Varner, Gary E., *Personhood, Ethics, and Animal Cognition*, Oxford: Oxford University Press, 2012.,